Cea mai

ADRIAN CIOROIANU

ADRIAN CIOROIANU este Decan al Facultății de Istorie a Universității din București, instituție în care lucrează de două decenii.
A publicat consistent în multe ziare și reviste din țară și adesea poate fi văzut — în calitate de colaborator sau realizator — în programe ale televiziunilor din România.
Autor al mai multor volume de istorie, culegeri de eseuri pe teme istorice sau politice, scenarii pentru documentare istorice de televiziune și, mai recent, al unui roman; în prezent, lucrează la scenariul unui documentar istoric în serial pentru Televiziunea Română.
Și toate acestea și pentru că, în copilărie, i-au plăcut poveștile. Mai întâi numai poveștile, apoi guma de mestecat și poveștile, apoi romanele lui Jules Verne și poveștile, apoi benzile desenate și poveștile, apoi Istoria și poveștile, apoi Marylin Monroe și poveștile, apoi parfumurile și poveștile… În prezent trăiește el însuși o poveste frumoasă: are un fiu admirabil și iubește o femeie admirabilă. *(va urma)*

De același autor:

Adulter cu smochine și pescăruși, Curtea Veche Publishing, București, 2012.
Epoca de aur a incertitudinii. America și China, ideile și Primăvara arabă, Clio, Clausewitz *și* Lady Gaga *la începutul secolului XXI*, Curtea Veche Publishing, București, 2011.
Visul lui Machiavelli. 150 de povești despre lucruri pentru care ați putea renunța la Paradis, Curtea Veche Publishing, București, 2010 și versiune ebook, 2013.
Geopolitica Matrioșkăi. Rusia postsovietică în noua ordine mondială (vol. 1), Curtea Veche Publishing, București, 2009 (ediția a II-a, în pregătire; volumul 2, de asemenea în pregătire).
Istorie, eroi, cultură politică, Ed. Scrisul Românesc, Craiova, 2008.
Sic transit gloria. Jurnal subiectiv al unui cincinal în patru ani și jumătate, 2000–2004, Ed. Polirom, Iași, 2006.
Pe umerii lui Marx. O introducere în istoria comunismului românesc, Curtea Veche Publishing, București, 2005 (ediția a II-a, 2007) și versiune ebook, 2013.
Ce Ceaușescu qui hante les Roumains. Le mythe, les représentations et le culte du Dirigeant dans la Roumanie communiste, Curtea Veche Publishing & L'Agence universitaire de la francophonie, București, 2004 (ediția a II-a, 2005).
Focul ascuns în piatră. Despre istorie, memorie și alte vanități contemporane, Ed. Polirom, Iași, 2002.
Scrum de secol. O sută una de povești suprapuse, Curtea Veche Publishing, București, 2001.

Autorul acestui volum așteaptă mesajele cititorilor la adresa:
adrian.cioroianu@gmail.com

Adrian Cioroianu

CEA MAI FRUMOASĂ POVESTE

Câteva adevăruri simple despre Istoria românilor

BUCUREȘTI, 2013

Descrierea CIP a Bibliotecii Naționale a României
CIOROIANU, ADRIAN
    Cea mai frumoasă poveste : câteva adevăruri simple despre Istoria românilor / Adrian Cioroianu. - București: Curtea Veche Publishing, 2013
    ISBN 978-606-588-643-8

94(498)

Coperta: GRIFFON AND SWANS
       www.griffon.ro

ISBN 978-606-588-643-8

În amintirea bunicilor mele Elena și Stana,
care mi-au spus primele povești

Istoria, ca poveste

În toamna anului 2012 am primit din partea Televiziunii Române propunerea de a face un film-documentar istoric dedicat zilei de 1 Decembrie. Doar o singură dată (în urmă cu mai bine de un deceniu) mai scrisesem un scenariu pentru un documentar de televiziune (pentru un foarte cunoscut post privat din București), dar acela, până la urmă, nici nu trecuse, în faza de montaj, dincolo de un episod-pilot — nu din vina mea (eu scrisesem cele 11 episoade care mi se ceruseră), ci în urma unei decizii manageriale a postului.

Am scris, așadar, în 2012, pentru TVR, o poveste (de 50 de minute) axată pe zece priorități pe care statul român (spuneam eu) le-a avut de la Primul Război Mondial (1916) și până la aderarea la Uniunea Europeană (2007). Sub titlul *Un secol pentru România*, filmul a fost gata la sfârșitul lui noiembrie 2012. A fost difuzat de Ziua Națională, pe trei dintre posturile televiziunii de stat — *TVR 1, TVR 2* și *TVR Internațional*, iar audiența a fost peste așteptări. Vreme de câteva luni, filmul a fost oferit apoi liber, spre vizionare, pe o platformă *online* a *TVR*. Ulterior, documentarul a apărut și în format DVD — și a avut o primire îmbucurătoare pentru profesorul de Istorie care sunt. Nu voi uita sala mare de la parterul unui *mall* foarte nou și modern din Iași unde, în ianuarie 2013, peste 300 de oameni au venit la lansarea producției. Cele 40 de exemplare din acel DVD, distribuite printr-o librărie bine cunoscută în ţară, s-au epuizat în câteva minute. O lansare similară avea loc peste o lună la Cluj-Napoca — tot într-un *mall*, unde de regulă oamenii vin cu alte curiozităţi decât Istoria.

În lunile următoare, printr-un parteneriat între *TVR* şi *Institutul Cultural Român*, am fost cu acest documentar la Paris, la Berlin şi chiar — în octombrie 2013 — la Reykjavik, în Islanda. Nu voi comenta aici ecourile străine — o voi face, sper, altădată. Mă voi rezuma la a spune că, printre români, există un real apetit pentru istoria lor. Ceea ce mi se pare — mă veţi înţelege — dătător de speranţă.

La începutul verii 2013, proiectul *Un secol pentru România* a mers mai departe, printr-o continuare şi o dezvoltare a sa. Tot împreună cu *TVR*, am trecut la realizarea unui serial de 101 episoade (!) din istoria noastră: despre oameni, fapte şi întâmplări care ne-au marcat trecutul în ultimul secol şi jumă-tate, de la domnia Regelui Carol I şi până la anii lui Nicolae Ceauşescu. Vorbind familiei şi prietenilor mei despre aceste 101 episoade, cu toţii m-au privit neîncrezători. Dar fiecare astfel de episod spune o poveste în numai 5 minute de film. Aşadar, proiectul ca atare ajungea undeva la peste 500 de minute de imagini... istorice — ceea ce înseamnă, cu totul, ceva peste opt ore de film. Numai că opt ore de film au însem-nat zeci şi sute de ore de filmare (nu exagerez!). O bună parte din vara şi toamna anului 2013 am ocupat-o în acest fel. Dar nu mi-a displăcut deloc. La începutul lunii octombrie 2013, primele episoade ale serialului au început să fie difuzate de *TVR Internaţional* şi *TVR 2*. După câteva zile, exigenta pro-ducătoare Irina Ifrimache m-a sunat să-mi spună că numărul accesărilor de pe platforma *online TVR Plus* — care a dus serialul pe tărâmul internetului — este cu totul şi cu totul îmbucu-rător. Încă o dată, profesorul de Istorie care sunt a fost încân-tat de veste.

Paginile ce urmează reprezintă, adaptate, scenariile propuse pentru aceste scurte episoade TV. Sunt poveşti reale, despre o lume reală — dar și despre fantasmele românilor dintr-o epocă sau alta. De la povestea coroanei regale a lui Carol I și până la vânătorile lui Nicolae Ceaușescu, de la războaiele pe care le-am câștigat și până la tratatele care ne-au modificat frontierele, trecutul nostru este fragmentat la tot pasul de astfel de povești. Spun *povești* nu pentru că idealizarea trecutului ar fi obligatorie — ci pentru că Istoria, de fapt, aceasta este: *o poveste*, cât mai apropiată posibil de realitatea de altădată. Un istoric este un cercetător al trecutului, desigur — dar, înainte de toate, el este un om a cărui misiune este să spună o poveste despre cei ce-au fost și cele ce s-au întâmplat.

După 20 de ani de profesorat la o catedră a Facultății de Istorie din Universitatea bucureșteană*, am ajuns la concluzia că cel mai mare inamic pentru Istoria noastră nu-l reprezintă minciuna și nici manipularea pe care unele regimuri (din interior sau din exterior) le-au practicat. În timp, acestea pot fi corectate.

În schimb, amenințarea cea mai mare este indiferența. Ea conduce nu numai la neștiință, ci și la anestezierea dorinței de a ști. Astăzi, pentru un om curios, sursele istorice sunt relativ la îndemână. Arhivele și bibliotecile sunt deschise, cu restricții minime. În plus, vastele orizonturi ale internetului par

---

* În iunie 2013, în calitatea mea de Decan al Facultății de Istorie din Universitatea bucureșteană, am organizat — cu ajutorul câtorva admirabile foste colege, categoric întinerite prin vreo minune — o întâlnire a celor ce terminam acolo studiile universitare în anul 1993. *După 20 de ani* — cum ar spune Dumas — ne-am regăsit la fel de îndrăgostiți de Istorie, chiar dacă nu toți absolvenții promoției '93 am ajuns profesioniști ai acestei discipline. Le-am vorbit, atunci, unor colegi despre ambiția mea de a transpune în film-documentar o istorie modernă și contemporană a României, în 101 de episoade. Puțini dintre ei au crezut că așa ceva va fi posibil în România, cel puțin în viitorul apropiat. Peste nici patru luni, cum am spus, serialul începea să fie difuzat de două canale ale TVR. De unde concluzia mea: niciodată nu trebuie să pariem împotriva unui miracol românesc.

a oferi răspuns la orice întrebare. Totuși, *cultura internetului* are avantaje, dar și capcane foarte multe. Drept care îmi propun, în paginile care urmează, să înlătur câteva clișee care s-au inserat în discursul public despre istoria noastră. Sau să ofer o explicație ferită de *teorii ale conspirației* și accente senzaționaliste — în condițiile în care și unele și altele au contaminat uneori discursul despre trecutul nostru.

Cum anume a ajuns Gheorghe Gheorghiu-Dej în fruntea comuniștilor români? Cât de *playboy* a fost Regele Carol al II-lea? Cum anume a ajuns o tânără pe nume Cătălina Toderiu să intre în galeria eroilor naționali sub numele de Ecaterina Teodoroiu? De ce au venit în România președinții Charles de Gaulle sau Richard Nixon? De ce Regina Angliei l-a plimbat în caleașca regală pe Nicolae Ceaușescu? Sau de ce s-a dus acesta din urmă într-o vizită în Iran, în chiar ultimele sale zile de viață? Acestea și alte câteva zeci de întrebări își regăsesc un răspuns — cât mai apropiat de adevăr, sper — în paginile ce se deschid aici.

Este ușor de imaginat că toate spațiile locuite de români au propriile povești adevărate istorice — toate frumoase și instructive pentru cel curios să le afle. Din motive care țin de secretele logistice ale unui serial TV precum acesta, nici deplasările mele pentru filmări — și, implicit, nici poveștile scrise pentru acest proiect — nu au putut acoperi toată harta țării. Poate într-o altă ediție a acestei cărți voi putea insera povestea statuii lui Ștefan cel Mare din Chișinău (da, este o poveste fascinantă!) sau povestea Catedralei din Timișoara (care merge de la Regele Mihai și până la revoluția anticomunistă din 1989!). Iașiul și Clujul, Craiova sau Alba Iulia au propriile episoade de trecut — după cum au Cernăuțiul sau Baia Mare, Constanța, Curtea de Argeș, Aradul sau Târgoviștea. Toate fostele sau prezentele localități de pe harta României mustesc de povești; cel dispus să le strângă și să le spună mai departe are de unde alege.

Capitolele ce urmează în acest volum strâng 91 dintre aceste capsule de trecut. Cum se va vedea, stilul în care au fost scrise este mai apropiat de necesitățile expunerii orale pe care o presupune un documentar TV. Destinatarul poveștilor nu este decât într-o accepție foarte largă profesionistul în Istorie. Dat fiind că singura calitate pe care autorul sus semnat și-o revendică este *curiozitatea*, cel la care m-am gândit în timp ce scriam sau filmam aceste episoade este mai ales omul *curios* din România, indiferent de pregătirea, vârsta sau profesia lui. Istoria, în fond, este o disciplină foarte democratică. Nu numai că oricine poate deschide o carte de istorie, dar (aproape) oricine are dreptul la o opinie despre trecutul țării sale — de preferat, după ce mai și citește câte ceva. În fond, cu toții năzuim spre Adevăr și nimeni, în Istorie, nu are monopol asupra lui.

Aceste pagini, în această formă, nu ar fi fost povestite (și nici scrise) dacă nu m-aș fi simțit încurajat de oameni cărora trebuie să le arăt aici gratitudinea mea. Beatrice Comănescu — directoarea *TVR Internațional* — a sprijinit și a tutelat de la bun început acest proiect, cu o eleganță și cu o fermitate admirabile (și cu un parfum *de junglă* al cărui nume îl știu, dar nu-l pot reda aici); la fel și președintele *TVR*, Claudiu Săftoiu, care, într-o perioadă deloc simplă din viața instituției, a avut totuși timp pentru discuții aplicate despre promovarea Istoriei naționale — ceea ce mi se pare (ca unul care am cunoscut destul de mulți directori de instituții din această țară) cu totul meritoriu. Irina Ifrimache, Ștefania Țene, Dan Ionescu și Gabriel Rusu au fost producătorii foarte îngăduitori cu mine ai variantei filmate, tot ei strângând o echipă de profesioniști ai imaginii, luminii sau sunetului a căror colaborare m-a onorat (pentru cameramanii Florin Ioniță & Viorel Popescu: *fiecare zi de filmare a fost o plăcere, stimabililor!*). Realizatoarea TV Irina Negraru ne-a fost mereu aproape, cu cele mai calme abordări de care crizele inerente din lumea televiziunii aveau nevoie.

Cum vă puteți imagina, toate aceste povești au fost spuse, mai întâi, chiar echipei cu care am filmat fiecare episod în parte — în București sau la Brașov, la Constanța, la Sinaia, la Ploiești și în alte câteva peisaje urbane sau rurale. Ar merita o poveste aparte toată gama de întâmplări de la filmările noastre — de la marginile de sat în care am ajuns și până la casa lui Nicolae Iorga de la Sinaia sau la Piața Obor din București. Mă simt dator să spun că acest serial TV a avut o parte care cu siguranță nu se va vedea niciodată: în cea mai mare parte, ea este alcătuită din femeile și bărbații amabili pe care i-am întâlnit de-a lungul filmului nostru. Directori de muzee sau administratori de piețe, comandanți ai unor unități militare sau angajați ai primăriilor, toți acești oameni au fost mai mult decât amabili atunci când au aflat că este vorba despre o suită de povești din Istoria Românilor. Interesul pe care astfel de concetățeni l-au arătat față de aceste narațiuni m-a făcut să merg mai departe — și mi-a dat mereu sentimentul că Istoria noastră rămâne o poveste ce merită spusă.

Mai presus de orice dubiu, directorii Irén & Grigore Arsene de la *Curtea Veche Publishing* m-au încurajat (cu aceeași prietenie dintotdeauna) să pregătesc varianta pentru tipar a acestor povești; lor și echipei lor, de asemenea, mulțumirile mele. Puțini dintre cei ce citesc o carte știu ce greu e să produci, ca atare, una.

Este de la sine înțeles că responsabilitatea pentru toate erorile din paginile ce urmează cade doar în sarcina autorului. Indiferent dacă sunt multe sau puține aceste erori, fiți convinși că au fost neintenționate. În măsura în care le veți găsi, vă invit să-i dați un semn autorului — pentru ca povestea generică despre Istoria Românilor să fie din ce în ce mai *adevărată*.

Ce-ar mai fi de spus? Oare Istoria ne învață câte ceva, peste decenii și veacuri? — iată una dintre întrebările fundamentale ale breslei din care fac parte. Nu dau aici un răspuns. Cred doar că unii învață ceva, oarece, din Istorie, iar alții nu. Nu am curajul de-a spune că inițierea în Istorie ar fi o rețetă pentru succes sau pentru fericire. Am încercat să găsesc fiecărei povești de aici câte o morală, dar nu pentru a fixa vreun adevăr axiomatic — ci pentru că, în lumea oamenilor, orice poveste (adevărată sau nu) poate oferi o lecție. Orice creație a omului are *lecția* sau *lecțiile* sale. Dacă le învățăm (sau nu) — aceasta este o cu totul altă poveste. Unele povești au câteva detalii care se repetă de la o pagină la alta — și trebuie să spun că am făcut-o intenționat, astfel încât aceste povești să poată fi citite disparat, atunci când lectorul va avea timpul și dispoziția de a deschide cartea la un capitol sau altul.

Acestea fiind spuse, probabil că singura concluzie a acestor pagini este și cea mai simplă: Istoria e, mai presus de toate, o poveste apropiată de adevăr despre ceea ce a fost.

Iar pentru unii dintre noi, tocmai acest lucru o face cea mai frumoasă poveste dintre toate câte există.

Regele Carol I și oltenii
(mai 1866)

Există, în trecutul nostru, unele evenimente care, deși sunt cu totul reale, par a fi decupate dintr-o comedie cinematografică. Este și cazul poveștii noastre din deschiderea acestui volum, care trimite la una dintre paginile puțin cunoscute ale istoriei. Pur și simplu, imaginați-vă că în primăvara anului 1866 țăranii olteni din sudul județului Dolj au amenințat că-l vor detrona pe nou-venitul domnitor de la București! Nu este nicio glumă — drept care acest fragment de istorie s-ar putea intitula *Regele Carol I și oltenii*.

Cei mai mulți dintre români, atunci când aud de numele comunei doljene Dăbuleni, se gândesc automat la cei mai buni pepeni verzi — sau *lubenițe*, cum li se spune în partea locului. Dar puțini știu că toată acea zonă din sudul României, de la Calafat și până la Dăbuleni, a fost în anul 1866 centrul unei mișcări de protest care a stârnit panică până la București. Iată cum s-au desfășurat lucrurile.

La începutul lunii mai a anului 1866, toată floarea politică și administrativă a țării pregătea cu emoție venirea în țară a domnitorului Carol I — cel care în data de 10 mai a acelui an urma să fie primit triumfal în București. Dar, când oricine s-ar fi așteptat mai puțin, într-un colț al României câțiva țărani olteni au decis să se opună noului regim și să-l răzbune pe domnitorul detronat Alexandru Ioan Cuza! De fapt, acești olteni nu erau chiar țărani obișnuiți. Ei erau așa-numiții țărani-grăniceri de pe linia Dunării, aleși dintre fiii satelor din jurul Calafatului. Pe data de 4 mai 1866, ei au primit ordinul să se încoloneze și să plece spre Craiova, urmând ca de acolo să fie trimiși la București, pentru a asista la ceremonia de primire a noului domn Carol. Dar, cum acești fii de țărani nu aveau prea multă carte și cum nimeni nu se străduise să le explice misterele politicii, printre acești olteni au început să apară zvonuri ciudate. În primul rând, ei nu înțelegeau de ce fusese dat jos un domnitor român pentru a veni un alt domnitor tocmai din Germania. Apoi, ei au început să se teamă că reformele lui Cuza, care tocmai le dăduse niște loturi de pământ, vor fi anulate, iar noul domn neamț le va lua pământurile înapoi. În fine, în al treilea rând, grănicerii și-au adus aminte că guvernul nici măcar nu era foarte punctual cu solda pe care trebuia să le-o plătească: din primele patru luni ale anului 1866, ei primiseră banii doar pe o lună.

Și astfel, în ziua de 7 mai, în Calafat și în satele învecinate — Maglavit, Pisc, Poiana Mare, Cetate și alte câteva — grănicerii au pornit o adevărată revoltă. Ei au cutezat să-și alunge ofițerii și au refuzat să asculte ordinele primite. În plus, strigau că *ciocoii l-au dat jos pe Cuza* și chiar amenințau că vor merge spre București pentru a da jos pe *domnul neamț* și guvernul său.

Imediat, prefectura și primăria de la Craiova s-au alarmat, iar vestea a ajuns și la vârful Ministerului de Interne. Pe 10 mai 1866, domnitorul Carol I a intrat în București, dar Istoria va reține că oltenii-grăniceri de pe malul Dunării au refuzat să vină să-l întâmpine.

Abia după lungi săptămâni și după lungi tratative și amenințări, grănicerii au fost potoliți și li s-au dat asigurări că nimeni de la București — și cu atât mai puțin noul domnitor — nu are de gând să le ia pământurile. Printre ultimii rebeli liniștiți s-au numărat cei din satul Dăbuleni.

Peste alți 10 ani, mulți dintre acei țărani olteni aveau să lupte ca niște eroi pe fronturile războiului de independență din 1877, chiar sub steagul purtat de cel pe care ei îl priviseră cu suspiciune în mai 1866 — adică gloriosul viitor rege al României Carol I.

Morala poveştii de faţă pleacă de la un detaliu real: ani la rând după acea revoltă din 1866, ori de câte ori o nouă lege anunţa probleme, Regele Carol I îi întreba pe sfetnicii săi: *dar, oare, dăbulenii ce zic?* De unde rezultă că mulţimile se pot înşela uneori în istorie, dar, cu toate acestea, un conducător înţelept este dator să fie atent la talpa ţării.

Povestea și poveștile Castelului Peleș
(1873–1883)

În geografia sentimentală a oricărui popor există anumite clădiri reprezentative, care oglindesc istoria locurilor și care vorbesc despre oameni și fapte din trecut. În cazul României, un astfel de loc se află chiar în centrul țării, pe o vale a munților Carpați, la 120 de kilometri de București. Vă propun, așadar, să vorbim acum despre povestea și poveștile Castelului regal Peleș.

Istoria Castelului Peleș începe în vara anului 1866, când nou-venitul domnitor Carol I vizitează pentru prima dată micul sat de munte care avea să devină orașul Sinaia. Încântat de frumusețea locurilor, el a decis să ridice în aceste locuri o reședință de vară pentru familia sa. În acest scop, a vândut o moșie din Germania și, din banii proprii, a cumpărat la Sinaia, în anul 1872, o suprafață mlăștinoasă de teren de 1000 de pogoane. În anul următor, 1873, au început lucrările de asanare și de stabilizare a terenului.

Construcția Castelului Peleș a durat 10 ani, din 1873 și până în 1883. De fapt, Peleșul avea să devină un întreg complex, ce urma să cuprindă în final mai multe clădiri — precum castelele Pelișor și Foișor, Corpul de gardă, Uzina electrică, Economatul sau Grajdurile regale. Planurile inițiale au fost schițate de arhitecții Schultz, Benesch și Liman — dar, în cursul anilor, câteva zeci de ingineri, arhitecți și artiști, români sau străini, au lucrat pentru lărgirea complexului. De reținut că în anul inaugurării sale, în 1883, Castelul Peleș era foarte aproape de granița cu Austro-Ungaria, care începea dincolo de Predeal. Dar, după unirea Transilvaniei din 1918, Castelul regal de la Peleș a devenit a doua capitală a țării, aflată chiar în mijlocul României Mari.

Elegant și cochet, complexul din jurul Castelului Peleș a fost decorul unor episoade importante din istoria țării. Aici, la Peleș, au avut loc mai multe consilii de coroană, care au luat decizii capitale pentru politica externă a țării. La Peleș a încetat din viață, în toamna lui 1914, Regele Carol I, iar în apropiere, la Pelișor, Regina Maria și-a trăit ultimele zile, în vara lui 1938. Și tot aici, în aceste clădiri, s-a născut în 1893 Regele Carol al II-lea, iar mai apoi, în 1921, Regele Mihai.

Chiar dacă nu fusese niciodată domeniu al statului, Castelul Peleș a fost naționalizat în 1948, după abdicarea forțată a Regelui Mihai și după transformarea României în republică. Începând din anul 1953, Peleșul a devenit muzeu — și la fel este și astăzi. În anul 2006, acest castel a fost retrocedat proprietarului său de drept, Regele Mihai, care l-a primit moștenire de la Regele Ferdinand. În prezent, statul român gestionează exploatarea turistică a muzeului și plătește familiei regale, drept chirie, o sumă lunară de circa 11 000 de euro. După Palatul Parlamentului din București și după Castelul Bran, Castelul Peleș este cea de-a treia atracție turistică a României — spre care vin anual câteva sute de mii de vizitatori.

Ca orice castel, Peleșul are legendele și misterele sale. Unii spun că, în anumite nopți din an, prin parcul castelului se văd focuri plutind deasupra pământului — aceasta, pentru că Regele Carol I a îngropat la fundația clădirii, așa cum se obișnuia atunci, mai multe monede de aur. Alții spun că pe culoarele castelului, în nopțile cu lună, se văd umbrele fantomatice ale foștilor săi stăpâni — regii și reginele României. Toate acestea, desigur, sunt legende. Un lucru este cert: Nicolae și Elena Ceaușescu niciodată nu au apreciat acest castel — mai ales după ce au aflat că lemnul clădirii ar fi fost infectat de o ciupercă.

Cuplul Ceaușescu a dormit aici doar o noapte, după care a evitat să revină prin aceste locuri.

Morala acestei povești nu vorbește despre fantome, ci despre geografie: acum 130 de ani, în România Mică, Peleșul era un castel de graniță, aflat la marginea țării. Astăzi, el este chiar în mijlocul României. Acele ziduri și vitralii maiestuoase vorbesc despre puterea transformatoare a omului. Și, mai ales, ele vorbesc despre istoria celor 80 de ani ai monarhiei române.

Independența României:
9 sau 10 mai 1877?

Când ești profesor de istorie, unul dintre lucrurile la care trebuie să te aștepți mereu este să ți se pună diverse întrebări privitoare la trecutul țării. Nu numai elevii sau studenții au curiozități — ci și prietenii sau cunoscuții. De exemplu, una dintre întrebările care mie mi s-au pus cel mai des în ultimii ani a fost: *care anume este adevărata zi a Independenței României — 9 sau 10 mai?*

Când vorbim despre independența de stat a României, cu toții știm că ea a fost obținută, prin luptă, în anul 1877. Așadar, în privința anului nu există dubii. La fel, cu toții cădem de acord că luna în care s-a declarat independența a fost luna mai. Probleme apar doar în privința zilei: a fost oare ziua de 9 mai, când declarația de independență a fost citită în Parlament, sau a fost 10 mai, ziua în care domnitorul Carol I a proclamat independența statului? Vă propun, acum, să vedem dacă și ce enigmă se ascunde aici.

În cursul secolului al XIX-lea, între Imperiul Turciei Otomane și Imperiul Rusiei Țariste au avut loc mai multe războaie. Ele toate au afectat din plin viața din Moldova și Țara Românească — aceasta, pentru că teritoriul românesc se afla exact în aria de intersecție dintre interesele Rusiei și ale Turciei pe harta Europei.

La fel s-a întâmplat și în primăvara anului 1877. Rusia — doritoare să-și extindă influența în Peninsula Balcanică — căuta un prilej pentru a declara război Turciei. Tânărul stat român de atunci și-a dat seama că poate profita de acest război. România mică fusese unită în 1859 sub domnitorul Cuza și era condusă din 1866 de domnitorul Carol I. Dar, cu toată conducerea reformatoare a lui Carol I, România avea totuși o problemă de reglat cu Imperiul Otoman. Mai precis, România nu era un stat suveran, de sine stătător — ci era într-o stare de dependență față de Turcia.

Profitând cu abilitate de conflictul ce plutea în aer, pe 4 aprilie 1877 Guvernul României a semnat o convenție militară cu Rusia, prin care trupele țarului puteau trece pe teritoriul nostru pentru a ataca Turcia pe linia Dunării. Totodată, Rusia se obliga să respecte integritatea teritorială a României — ceea ce nu va face, dar aceasta deja este o altă istorie. Războiul ruso-turc a început pe 12 aprilie 1877. Supărată că Bucureștiul dăduse drept de trecere trupelor ruse, Turcia a bombardat malul românesc al Dunării. Începând din ultimele zile ale lui aprilie, artileria noastră de la Calafat a deschis și ea foc peste Dunăre, asupra orașului turcesc (atunci) Vidin. Legenda spune că, la auzul primelor focuri ale tunurilor românești, domnitorul Carol I a spus faimoasele cuvinte: *„Asta-i muzica ce-mi place!"*

Așadar, de la sfârșitul lui aprilie 1877, România s-a aflat în stare de război cu Turcia Otomană. Pe 9 mai 1877, ministrul de externe al țării, Mihail Kogălniceanu, a mers în Parlamentul de la București și a citit *Declarația de independență* a țării. Iar a doua zi, pe 10 mai, domnitorul Carol I proclama solemn independența de stat a României. Așadar, care din cele două date este ziua Independenței noastre?

Adevărul se află ascuns chiar în Constituția României din acel moment. Potrivit legii, domnitorul numea și revoca miniștrii și orice act al suveranului trebuia validat apoi de ministrul de resort. Cu alte cuvinte, pe 9 mai 1877 a avut loc citirea declarației de independență de către ministrul Kogălniceanu şi mai apoi discutarea ei în Parlament. Dar intrarea în vigoare a acestei declaraţii s-a produs după ce, a doua zi, pe 10 mai, domnitorul Carol I a proclamat starea de independenţă ca stare de fapt. Aşadar, din punct de vedere legal, ziua independenţei a fost în mod voit legată de ziua de 10 mai. Altfel spus, Kogălniceanu însuşi a citit declaraţia în ziua de 9 mai pentru a-i da ocazia lui Carol I să proclame a doua zi Indepedenţa, pe 10 mai — de ziua dinastiei.

Polemica dintre susţinătorii zilei de 9 mai şi cei ai zilei de 10 mai nu este o dispută istorică, ci una politică. Începând cu anul 1948, regimul comunist a insistat voit pe declaraţia lui Kogălniceanu din 9 mai, tocmai pentru a-l scoate din istorie pe Regele Carol I şi pentru a trece sub tăcere ziua de 10 mai, care era ziua României regale. La drept vorbind, Kogălniceanu însuşi ar fi fost supărat de maniera ostentativ-politică în care a fost folosită declaraţia lui — cu atât mai mult cu cât Kogălniceanu n-a fost niciodată republican!

Morala poveştii noastre este şi un sfat pentru conducătorii României de azi: aveţi grijă cum vă alegeţi zilele declaraţiilor politice, pentru că niciodată nu se ştie cum le vor interpreta generaţiile viitoare!

Universitatea din Bucureşti la 150 de ani

Povestea de faţă ne aduce în atenţie una dintre cele mai cunoscute instituţii ale României. Vom vedea ce legătură există între Alexandru Ioan Cuza şi... ziua naţională a Americii. Va fi o poveste în care apar mulţi savanţi, dar mai apar şi legionari cu pistoale, comunişti cu dosare sau mineri cu panseluţe. În cazul în care n-aţi ghicit încă, aici voi vorbi despre o instituţie ce există în viaţa statului nostru de 150 de ani. Este vorba despre Universitatea din Bucureşti.

Cei mai mulţi români ştiu că data de 4 iulie e ziua naţională a Statelor Unite ale Americii — dar mai puţini ştiu că tot 4 iulie, pe stil vechi, a fost şi ziua de naştere a Universităţii din Bucureşti. Printr-un decret al domnitorului Alexandru Ioan Cuza, atunci, în iulie 1864, facultăţile de Drept, Ştiinţe şi Litere (înfiinţate în anii precedenţi) au fost unite într-o Universitate, al cărei prim rector era savantul jurist Gheorghe Costaforu. Ca element picant al istoriei, reţineţi că acest prim rector era şi un om foarte orgolios — într-atât de orgolios, încât la un moment dat l-a provocat la duel cu spade pe un bărbat din familia Lahovari, ocazie cu care chiar a fost rănit. În România, dintotdeauna, calmul universitar se pare că a avut limitele sale!

Totuşi, generaţiile acelei epoci n-au dat numai spadasini, ci şi pe primii autentici profesori universitari ai ţării — cu o prestaţie calitativă atât de ridicată, încât şi astăzi ne raportăm cu respect și admirație la nume precum Ion Zalomit, Titu Maiorescu sau Nicolae Iorga.

După 1919, în noua Românie Mare, Universitatea a devenit centrul activității culturale și de cercetare. Dar amprenta epocii a adus și probleme grave. Ca și în alte universități din țară, în Universitatea din București s-au auzit cântecele de sirenă ale extremismului politic. La sfârșitul anilor '20 și o bună parte din anii '30, parte din elita legionarilor români provenea din facultățile de Drept, de Teologie sau de Medicină de la București. Totuși, acel deceniu tulbure a avut și momentele sale luminoase: în anul 1936, în stilul arhitectonic propriu al epocii, a fost inaugurat Palatul monumental al Facultății de Drept — cel care este azi și sediul Rectoratului Universității bucureștene.

Al Doilea Război Mondial avea să afecteze din plin viața universitară bucureșteană. La mijlocul lui aprilie 1944, într-un mare bombardament anglo-american asupra Bucureștiului, mai multe clădiri ale Universității — printre care și sediul actualei Facultăți de Istorie — au fost distruse și abia în anii '50 va începe reconstrucția lor. Inaugurarea noilor spații universitare va avea loc abia la începutul anilor '70.

După anul 1945, regimul comunist din România va începe o drastică epurare după criterii politice a profesorilor din Universitate. Unele dintre cele mai mari nume ale științei românești au fost alungate din amfiteatre, iar locul lor a fost ocupat deseori de profesori improvizați, dintre care mulți nici măcar nu vorbeau fluent limba română. Într-un alt fragment al acestei cărți vom vorbi despre legea învățământului din august 1948 și despre dramatica schimbare pe care ea a adus-o în viața universitară.

O perioadă mai fastă a urmat în anii '60, pe măsură ce partidul unic de la București se îndepărta de controlul Moscovei. Pentru o vreme, s-a părut că mediul universitar își va recăpăta independența. Totuși, putem spune că regimul Ceaușescu s-a temut de Universitate şi a privit-o cu suspiciune. În anii '70 şi '80, mai multe facultăţi sau catedre au fost desfiinţate, iar avansarea în ierarhia didactică era rezervată numai membrilor de partid. În anul 1989, Universitatea din Bucureşti avea doar 6 facultăţi, cu 8 000 de studenţi. Astăzi, aceeaşi universitate are 19 facultăţi şi peste 30 000 de studenţi.

După căderea comunismului, Universitatea Capitalei ţării a rămas în centrul durerosului proces de tranziţie pe care l-am traversat. De la un balcon al Universităţii — de pe faţada dinspre Teatrul Naţional — s-a lansat mitingul-maraton din primăvara anului 1990. Tot aici, în Piaţa Universităţii, au venit mai apoi minerii, provocând un uriaş scandal intern şi internaţional. La şapte ani după mineri, tot lângă Universitate a venit preşedintele american Bill Clinton, pentru a spune că România va deveni membră a alianţei NATO. Şi tot aici, în acest spaţiu, se consumă şi azi cele mai mari manifestaţii din Bucureşti — fie că ele sunt de bucurie sau de protest.

Şi astfel ajungem la morala acestei poveşti: în sens propriu sau în sens metaforic, fie că e vorba despre ştiinţă sau despre crizele sociale, de 150 de ani Universitatea din Bucureşti rămâne *kilometrul zero* al prezentului românesc.

Aventurile politico-istorice
ale Academiei Române

Întotdeauna, istoria unui popor se reflectă ca într-o oglindă în evoluția instituțiilor sale fundamentale. Pentru viața românilor, o astfel de instituție-oglindă a fost Academia Română. Vă propun, în rândurile ce vin, să urmărim aventurile politico-istorice ale celui mai înalt for de cultură național.

Data de naștere a actualei Academii Române este ziua de 1 aprilie 1866 — atunci lua naștere la București *Societatea literară română*, al cărei scop prim era stabilirea ortografiei, dicționarului și gramaticii limbii române. În anul următor, pe 24 august 1867, Societatea literară își schimba numele în *Societatea Academică Română*, iar primul ei președinte era Ion Heliade Rădulescu — acesta este de altfel motivul pentru care statuia lui Heliade Rădulescu se află azi în Piața Universității din București. Prima donație de carte, care a pus bazele actualei Biblioteci a Academiei, s-a făcut tot atunci, în 1867 — este vorba despre biblioteca de 6 000 de volume și 400 de manuscrise a unui căpitan din Buzău, pe nume Constantin Cornescu-Oltelniceanu. După câștigarea independenței de stat a țării, un decret regal din 29 martie 1879 schimba pentru totdeauna denumirea instituției în *Academia Română* — al cărei scop declarat era promovarea *„culturii limbii și istoriei naționale, a literelor, a științelor și a frumoaselor arte"*.

Actualul sediu al Academiei Române, de pe Calea Victoriei nr. 135 din București, a fost cumpărat de la familia Cesianu în martie 1890. În anii următori, spațiul s-a lărgit prin cumpărarea altor proprietăți învecinate — astfel încât inaugurarea clădirii principale a Academiei s-a produs în martie 1898. După Primul Război Mondial, în entuziasmul de început al României Mari, Academia Română s-a extins înființând filiale și în afara țării — așa au luat naștere *Școala Română de la Fontenay-aux-Roses*, de lângă Paris (în 1922 — condusă inițial de istoricul Nicolae Iorga) și mai apoi *Accademia di Romania* de la Roma, inaugurată în 1933 într-o monumentală clădire proiectată de arhitectul Petre Antonescu.

Ca întreg poporul român, Academia națională avea să suporte din plin șocul stalinizării țării de după al Doilea Război Mondial. Pe 9 iunie 1948, instituția intra sub controlul regimului comunist și își schimba numele în *Academia Republicii Populare Române* — iar ulterior, din august 1965, *Academia Republicii Socialiste România*. Ea nu mai era un for independent, ci depindea direct de guvernul României comunizate. Controlul politic se extindea, evident, și asupra alegerii membrilor Academiei. Cei care nu erau în grațiile partidului au fost epurați, iar în locul lor au fost promovați alții, care promiteau fidelitate cauzei comuniste. În schimbul acestei supuneri, regimul a dezvoltat oarecum Academia Română: noi filiale s-au deschis la Iași și la Cluj, iar Editura Academiei, înființată în 1948, a devenit una dintre cele mai prestigioase din țară — chiar dacă producțiile ei trebuiau să respecte linia ideologică a partidului unic.

Eliberarea Academiei a survenit odată cu eliberarea tuturor românilor. O ședință specială din 26 decembrie 1989 i-a exclus din rândul membrilor săi pe doi dintre intrușii politici ai ultimelor decenii — numele lor era Nicolae și Elena Ceaușescu. Nicolae Ceaușescu devenise academician pentru lucrările lui în economie, iar soția sa pentru studiile sale în domeniul chimiei — chiar dacă este cert că nu ei își scriseseră lucrările științifice respective.

Morala acestei povești este aceea că Academia este un barometru foarte fidel al stării de sănătate a unei țări. Atât bunăstarea, cât și crizele României s-au oglindit mereu în activitatea Academiei. Și, ca și istoria României, istoria Academiei Române merge mai departe.

Povestea coroanelor regale ale României

Povestea coroanelor de pe fruntea regilor şi reginelor României începe nu în palatele de la Bucureşti sau de la Sinaia, ci îşi are originea în vara anului 1877, pe unul dintre fronturile Războiului de Independenţă. Vă propun să intrăm împreună în culisele acestei istorii cu aur, pietre preţioase şi, mai ales, oţel.

În dimineaţa zilei de 30 august 1877, în cea de-a treia bătălie din faţa Plevnei, un detaşament de dorobanţi români a capturat de la inamic mai mult material de război — printre care şi un tun turcesc cu calibru de 90 de milimetri, ce fusese fabricat într-o uzină de armament din Berlin. Acest tun a fost adus în Capitala României drept captură de război şi nimeni nu bănuia atunci ce rol simbolic va juca el în istoria ţării.

Peste patru ani, în primăvara anului 1881, România deja independentă a devenit regat, iar domnitorul Carol I a devenit primul rege din istoria noastră modernă. Şi atunci reintra în scenă fostul tun otoman capturat în vara lui 1877.

Viitoarea coroană a regelui ar fi putut fi fabricată din aur — acesta fiind materialul preferat de toate casele regale ale lumii; de altfel, România avea suficiente rezerve de aur, care ar fi putut fi folosite inclusiv în acest scop. Dar, la dorinţa Regelui Carol I, din vârful ţevii acelui tun ce amintea de asediul Plevnei au fost secţionate trei bucăţi — dintre care una avea să ajungă coroana regală a României. Aceste bucăţi de oţel au fost prelucrate de meseriaşii Arsenalului Armatei din Bucureşti — astfel încât a rezultat o coroană maiestuoasă dar sobră, cu o bază reprezentată de un cerc frontal din oțel de la care pleacă opt fleuroane împodobite cu pietre prețioase. Simbolistica acestei piese era foarte clară — ea dorea să transmită generațiilor viitoare că independența statului a fost câștigată prin luptă și că libertatea este mai valoroasă decât aurul. Coroana de oțel a Regelui Carol I și relativ modesta coroană de aur a Reginei Elisabeta au fost sfințite în Catedrala Patriarhală a României și au fost puse pe capetele Regelui și Reginei pe 10 mai 1881, într-o ședință specială desfășurată în Sala Tronului din Palatul Regal.

Coroana de oțel a Regelui Carol I va mai intersecta un alt moment important al istoriei noastre. Pe 15 octombrie 1922, în Catedrala Reîntregirii din Alba Iulia, Regele Ferdinand și Regina Maria au fost încoronați ca suverani ai României Mari. Regele Ferdinand a primit aceeași coroană de oțel a unchiului său. În schimb, Regina Maria a primit o coroană nouă, cu un model bizantin, cizelată din aur și pietre prețioase la o casă de bijuterii din Paris după desenele pictorului român Costin Petrescu — cel căruia-i datorăm și marea frescă circulară de pe friza Ateneului Român. Ambele coroane regale — precum și alte piese inestimabile pentru istoria noastră — se află azi depuse, cu totul accesibile publicului, în Sala Tezaurului a Muzeului Național de Istorie din București.

Coroana de oțel a Regelui Carol I a rămas până în 1947 pe stema țării. Cele două coroane sunt astăzi vestigii ale unui trecut pentru care unii români au nostalgie, alții curiozitate, alții doar indiferență. Coroana regelui are 1115 grame, iar coroana reginei are 1854 de grame. Valoarea lor este însă neprețuită. Pentru că leagă prezentul țării de atât de multe momente din istoria ultimilor 150 de ani, se poate spune că valoarea simbolică a acestor piese este cu mult mai mare decât valoarea intrinsecă a materialelor folosite în fabricare.

Morala poveștii noastre este că în istoria românilor, oțelul a fost uneori cu mult mai necesar — și mai important — decât aurul. Coroana Regelui Carol I o dovedește peste veac.

Eugeniu Carada
şi Banca Naţională a României

În istoria românilor, generaţia politică de la sfârşitul secolului al XIX-lea este privită ca un model de eficacitate şi ca un exemplu de patriotism. Regele Carol I, Ion C. Brătianu sau C.A. Rosetti sunt nume bine-cunoscute. În povestea de faţă voi vorbi despre un personaj cu mult mai discret — dar căruia România modernă îi datorează foarte mult. Vom intra, aşadar, în tainele vieţii celui care a fost Eugeniu Carada — fondatorul Băncii Naţionale a României.

Eugeniu Carada s-a născut în noiembrie 1836 la Craiova, într-o familie al cărei cap era, se pare, de origine aromână. Prin temperamentul său neliniştit, dar totodată pragmatic, el semăna mai mult cu mama sa, provenită dintr-o familie de boieri olteni. Carada a fost un elev meritoriu al actualului Colegiu Naţional „Carol I" din Craiova, apoi şi-a continuat studiile în Franţa, la Paris.

La mijlocul secolului al XIX-lea, Parisul era oraşul boemei artistice, dar mai ales era un oraş ce fremăta de ideile revolu-ţionarilor din toată Europa. Foarte repede, Carada a fost con-taminat de aceste idei reformatoare. Acolo, Carada a cunoscut o bună parte din elita intelectuală a Franţei, printre care isto-ricii Edgar Quinet sau Jules Michelet. Convins că România merită un viitor mai bun, Eugeniu Carada s-a întors în ţară şi s-a implicat cu energie în lupta pentru înfăptuirea Unirii. În anul 1857, la vârsta de 21 de ani, Carada era ales deputat în Consiliul municipal al Bucureştiului. A fost apoi secretar al Adunării *ad-hoc* a Ţării Româneşti — prilej cu care devenea un apropiat al liderilor liberali C.A. Rosetti şi Ion C. Brătianu. După Unirea din 1859, Carada este la un pas de a fi arestat — acuzat fiind de instigare la asasinarea prim-ministrului conservator Barbu Catargiu. Această acuzaţie nu s-a probat niciodată. Scos de sub anchetă, Carada a plecat pentru doi ani la Paris, pentru terminarea studiilor. Pe lângă studii, Carada a desfăşurat în Franţa şi o activitate politică. Dezamăgit de stilul de conducere al lui Al.I. Cuza, Carada a făcut propagandă intensă pentru detronarea acestuia şi pentru aducerea în ţară a unui principe străin. Alături de Ion. C. Brătianu, Carada a fost unul dintre cei care au pregătit venirea în România a viitorului Rege Carol I. Dar firea neastâmpărată a lui Carada îi va crea din nou probleme.

În anul 1870, când Franţa şi Prusia germană au fost în război, Carada a fost un aprig susţinător al Franţei. Din acest motiv, el a fost parte dintr-un complot care dorea să-l înlăture de pe tronul României pe Carol I — pe care, firesc, îl credea a fi omul Germaniei. Această mişcare nu a avut succes, dar Carol I nu s-a răzbunat niciodată pe Carada. Dimpotrivă: tocmai pentru că-i aprecia patriotismul şi încăpăţânarea altruistă, Carol I l-a lăsat pe Carada să se ocupe de pregătirea logistică a Războiului de Independenţă din 1877.

În calitate de administrator al banilor armatei, Carada a dat un strălucit exemplu de eficacitate şi de chibzuinţă. Maniera în care a pregătit Războiul de Independenţă l-a propulsat pe Eugeniu Carada în fruntea economiştilor români ai epocii. Având sprijinul regelui şi al prim-ministrului Ion C. Brătianu, Carada a fost în aprilie 1880 geniul din spatele creării Băncii Naţionale a României. Interesant este că el nu a vrut niciodată să fie guvernator al Băncii şi s-a mulţumit doar cu titlul de director — legenda spune că motivul era că nu dorea ca actul numirii sale să fie semnat de rege! Logodit cu o nepoată a istoricului francez Jules Michelet, Carada a rupt logodna — pentru că tânăra lui viitoare soție nu dorea să locuiască în România.

Viața lui Eugeniu Carada este mai palpitantă decât un scenariu de film. De patru ori arestat, el nu a fost niciodată condamnat. De două ori logodit, el totuși nu s-a căsătorit. Unul dintre marii săi adversari ideologici a fost însuși Mihai Eminescu. De câte ori Regele Carol I dorea să-l întâlnească, Carada pretexta că este plecat la Craiova (sau chiar pleca, pe ușile din dos ale clădirii). Republican în sufletul său, Carada a acceptat totuși că cea mai bună formă de guvernare pentru români este monarhia constituțională.

Acesta a fost omul la a cărui moarte, în februarie 1910, Regele Carol I a cerut ca defunctului să i se dea onorul cu steag în bernă chiar în fața Palatului regal. Morala poveștii noastre este o frază pe care Eugeniu Carada a lăsat-o ca un testament, spunea el: *„Pentru o Românie liberă: oricând, oricum, cu oricine, contra oricui.“* Merită să meditām și azi asupra acestor cuvinte.

Expoziția națională din Parcul Carol
(vara–toamna 1906)

Puțini dintre românii de astăzi știu că în anul 1906, la Bucu-
rești, s-a petrecut un episod de istorie care a schimbat poate
pentru totdeauna reperele vieții naționale. Vă propun aici să
rememorăm această poveste, care vorbește despre simboluri și
despre orgoliu, despre istorie și despre speranțele poporului
românilor de-acum o sută și mai bine de ani.

Celor mai mulți dintre dumneavoastră anul 1906 nu le
spune azi mai nimic. Totuși, pentru generația bunicilor buni-
cilor noștri, lucrurile se vedeau altfel. Anul 1906 a fost, în
viața românilor de atunci, o triplă sărbătoare. În primul rând,
se aniversau 25 de ani de când România devenise regat, în
1881; apoi, tot atunci se aniversau și 40 de ani de la înteme-
ierea dinastiei române; și, în fine, tot în acel an se aniversau
1800 de ani de când Traian cucerise Dacia și înscrisese pe
orbita Occidentului pământul ce avea să fie România.

Pentru a celebra această întreită aniversare, guvernul țării
și primăria Bucureștiului au organizat o mare expoziție națio-
nală. Era, pentru români, o premieră — dar și manifestarea
unei frumoase ambiții. Expozițiile de acest gen erau, în acel
moment, la mare vogă în Europa. Cele mai fastuoase expoziții
se organizau deja de ani buni la Paris sau la Londra — iar ele
nu aveau numai un caracter național, ci de-a dreptul univer-
sal. Expoziția națională de la București dorea să aducă și pe

plaiurile noastre această modă — pe care oricum elita româ-
nească o cunoștea bine din călătoriile sale.

În organizarea expoziției din 1906 s-au prins Parlamentul
țării, Guvernul, tânăra Academie Română, Universitatea din
București, Primăria Capitalei și multe firme private. Terenul
ales ca decor a fost oferit de niște mlaștini din partea de Sud
a orașului, din cartierul Filaret — adică fosta Câmpie a Liber-
tății din 1848, sau Parcul Carol din Bucureștiul de azi. Des-
chiderea măreţului eveniment s-a făcut în dimineața zilei de
6 iunie 1906, când Regele Carol I și Regina Elisabeta au tăiat
simbolic panglica inaugurală în zona care de atunci se cheamă
Arenele Romane. Astăzi, când merg la spectacolele pop-rock
găzduite de aceste Arene, tinerii trebuie să știe că pășesc pe
urma primului rege al țării — chiar dacă scopul vizitei e puțin
diferit.

Suprafața totală a acestui colț de București răsărit practic
peste noapte în vara lui 1906 era de 41 de hectare. Un lac,
mai multe insule, cascade și peșteri, biserici, grupuri statuare,
o rezervaţie zoologică, un teatru de vară și multe altele — plus
un *arc de triumf* — au fost amenajate în acest loc, pentru a arăta
dezvoltarea recentă și ambițiile de viitor ale României. Toate
ministerele și multe firme românești aveau propriile pavili-
oane. Expoziția din 1906 n-a fost scutită de scandaluri. Am-
basadorul Turciei la București a protestat când în festivități au
apărut tunurile bateriei de la Calafat, care luptase în Războiul
de Independență. La fel, autoritățile imperiale de la Budapesta
au fost deranjate de numărul mare de români din Transilvania
care au venit cu trenul până la București pentru a vedea
această manifestare. Spre deosebire de autoritățile austro-un-
gare, care măcar i-au lăsat pe transilvăneni să vină, autori-
tățile Rusiei țariste nu le-au dat voie românilor din Basarabia
să treacă granița Prutului. Dar au fost și multe momente emo-
ționante: printre ele, darul pe care primăria din Roma l-a
făcut cu acea ocazie Bucureștiului. Este vorba despre statuia

Lupoaicei Capitoline, care în acești mai bine de 100 de ani s-a plimbat prin diferite zone ale Capitalei noastre și se află acum pe Bulevardul Magheru. Toți vizitatorii — români sau străini — care intră în Centrul Vechi al Capitalei se află la doi pași de acest simbol al latinității noastre.

Expoziția din 1906 s-a desfășurat pe parcursul a șase luni: de la începutul lui iunie până la sfârșitul lui noiembrie. De pe urma ei, așadar, au rămas un mare parc al Bucureștiului și mai multe clădiri, bisericești sau laice.

Dar a mai rămas ceva: Nicolae Iorga spunea că atunci, în 1906, Bucureștiul a devenit capitala tuturor românilor. Imaginați-vi-i pe ardelenii care coborau uimiți în Gara de Nord și erau conduși de bucureșteni, cu mare alai, pe Calea Victoriei spre Sud, până în Parcul Expoziției.

Morala poveștii noastre este aceea că unirea din 1918 s-a pregătit și atunci, în anul 1906.

Din istoria alimentară a românilor

Priviți un cartof, o roșie sau un știulete de porumb și veți putea medita la relativitatea timpului în istorie. M-ați putea întreba ce legătură au ele cu istoria românilor. În acest caz, voi fi nevoit să vă aduc aminte că Decebal nu a mâncat niciodată mămăligă, iar Ștefan cel Mare nu știa ce-s acelea tomatele. Mulți dintre eroii istoriei noastre, dacă prin absurd ar intra într-un *supermarket* de azi, s-ar simți ca pe o planetă străină. Vă propun, așadar, aici să recapitulăm câteva repere din istoria alimentară a poporului român.

Despre strămoșii noștri daci știm cu siguranță, măcar din dicționare, că mâncau *varză* și *brânză* — precum, desigur, și alte alimente probabil foarte ecologice. De asemenea, strămoșii latini mâncau ceapă, măsline și tratau cu mare respect usturoiul. Dar nici dacii și nici romanii nu mâncau porumb, nici cartofi și nici vinete — din simplul motiv că aceste legume și multe altele nu creșteau atunci în Europa. A trebuit ca Magellan și Columb să ajungă în America pentru ca masa europenilor să devină ceva mai bogată.

Cartoful, care este astăzi una dintre cele mai banale legume din bucătăria tuturor popoarelor, a ajuns în Europa în a doua jumătate a secolului al XVI-lea — adică abia după anul 1550, odată ce spaniolii au colonizat America de Sud. Cu alte cuvinte, domnitori precum Mircea cel Bătrân sau Vlad Țepeș cu siguranță nu au gustat cartofi prăjiți! La noi, primele culturi ale cartofului apăreau abia după anul 1800. Primul român mai cunoscut nouă care (poate) a mâncat cartofi copți e posibil să fi fost Tudor Vladimirescu.

Ca și cartoful, porumbul a ajuns în Europa tot în urma descoperirii Americilor. Pe teritoriul României de azi, primele culturi de porumb se pare că au apărut în Transilvania, la mijlocul secolului al XVII-lea — așadar, în jurul anului 1650 —, iar apoi porumbul a pătruns și în Țara Românească și Moldova. Cu alte cuvinte, Mihai Viteazul, atunci când a unit Țările Române, nu știa ce este aceea mămăliga de porumb și nici nu bănuia că peste 400 de ani urmașii lui români vor degusta *pop-corn*. Este drept că soldaților lui Mihai Viteazul li se dădea un fel de *mămăligă* — dar ea era o fiertură sărată din mei râșnit, care nu avea nicio legătură cu mămăliga pe care o știm noi — sau italienii, care-o numesc *polenta*.

De asemenea, deseori sunt întrebat cu ce-și îndulceau strămoșii noștri viața lor de zi cu zi. Răspunsul e simplu: cu miere. Dacii erau foarte mândri de mierea lor, iar de-a lungul Evului Mediu în Câmpia Dunării sau în Moldova se obținea o miere de o calitate excelentă. Zahărul a apărut mult mai târziu în bucătăria noastră, tot în urma colonizării Americilor. Mai întâi, în jurul anului 1650, a pătruns în Europa zahărul din trestie-de-zahăr, care era o delicatesă scumpă. Prima fabrică de zahăr de pe teritoriul României, bazată pe cultura sfeclei albe, a apărut în jurul anului 1830, în județul Sălaj de astăzi.

Câteva cuvinte, acum, despre banala roșie. Cum spuneam, nici Decebal, nici Mircea cel Bătrân, nici Vlad Țepeș și nici Ștefan cel Mare nu au gustat în viața lor o salată de roșii. Motivul este același: tomatele au ajuns în Europa doar după ce spaniolii au colonizat America de Sud. Cultivarea tomatelor în bazinul Mării Mediterane și al Mării Negre a început abia în jurul anului 1550. Prima carte de bucate în care erau incluse rețete cu tomate apărea abia în anul 1692, în Italia. În Țările

Române, probabil — repet, *probabil* — Mihai Viteazul a fost primul domnitor important care a gustat această legumă.

În privința cărnii, strămoșii noștri de până la anul 1700 au mâncat carne de vită, de porc, de găină sau carne de vânat. De reținut să boierii români nu apreciau deloc peștele de apă dulce — pe care-l considerau *mâncarea săracului*. La fel, marii noștri domnitori de până la Mihai Viteazul nu au mâncat carne de curcan — această pasăre a venit tot din America, tot după colonizarea europeană.

În fine, câteva cuvinte despre tutun. În ciuda a ceea ce ați fi tentați să credeți, românii nu au fumat dintotdeauna. Tutunul a venit tot din America și a pătruns la noi de la turci, după anul 1600. În popor, tutunului i se spunea *tămâia dracului*. Morala acestei povești sună ca un sfat medical: dacă Vlad Țepeș v-ar fi prins fumând o țigară, foarte posibil v-ar fi considerat posedați de diavol și, poate, v-ar fi tras în țeapă.

Da, (și) așa se scrie Istoria!

Cazinoul din Constanța
(1904–1910)

În rândurile ce urmează vom vorbi despre o construcție splen-
didă, de pe malul Mării Negre. Este o clădire care a împlinit
100 de ani și mai bine. Istoria sa e copleșitoare. În anul 1914,
țarul Nicolae al II-lea al Rusiei, venit într-o vizită la Constanța,
a admirat-o alături de toată familia sa. Toți regii României —
Carol I, Ferdinand, Carol al II-lea și Regele Mihai — au admi-
rat-o la rândul lor. Ați ghicit despre ce e vorba?

Dacă n-ați ghicit, vă mai dau câteva detalii. De la începu-
tul secolului XX și până azi, toți conducătorii României au
vizitat cel puțin o dată fiecare această superbă clădire. La
drept vorbind, este una dintre cele mai cunoscute construcții
din România — aproape fiecare român care ajunge pe litoralul
Mării Negre o cunoaște. Este vorba despre impresionanta
clădire a Cazinoului din Constanța, inaugurată în anul 1911.

Această construcție a Cazinoului urma să fie de la bun
început un imn arhitectonic dedicat stăpânirii românești în
Dobrogea. Pe locul Cazinoului de azi, la sfârșitul secolului
al XIX-lea, se afla o sală de spectacole pentru trupele de teatru
care ajungeau la Marea Neagră. În anul 1904, Primăria Con-
stanței l-a angajat pe arhitectul Petre Antonescu să ridice pe
malul mării o clădire demnă de ambițiile orașului. Dar Petre
Antonescu nu a apucat să toarne decât fundația clădirii, la
câțiva metri sub nivelul mării. Apoi, în urma unor alegeri
locale, primarul Constanței s-a schimbat și a fost adus un alt

arhitect: franco-elvcțianul Daniel Renard, atunci în vârstă de 32 de ani, și care trecea printr-o gravă criză personală. Arhitectului Renard tocmai îi murise logodnica, și din acest motiv se spune că această clădire are un aer mai curând sobru decât unul vesel-estival. Cazinoul era gata în anul 1910, iar inaugurarea oficială s-a petrecut în anul 1911.

În timpul Primului Război Mondial, Cazinoul a funcționat ca spital militar, apoi a fost bombardat de aviația germană, iar ulterior a fost devastat de trupele germano-bulgare care au ocupat Dobrogea. Refăcut spre anul 1928, Cazinoul a devenit vestit în următorul deceniu interbelic pentru toți marinarii și turiștii care navigau pe Marea Neagră. Dar, la începutul celui de-al Doilea Război Mondial, Cazinoul a fost din nou bombardat, de această dată de aviația sovietică. Mai rar o clădire destinată distracției și care să fi suferit asemenea drame.

Regimul comunist din România a transformat în anii '50 Cazinoul într-un mare restaurant (la parter), iar la etaj a apărut o sală de cinematograf. Mulți lideri străini care l-au vizitat pe Gheorghe Gheorghiu-Dej sau pe Nicolae Ceaușescu au fost aduși aici. Ultima renovare a Cazinoului a avut loc în anul 1986. Dar, de atunci, clădirea a intrat din nou într-un avansat proces de deteriorare. Deși rămâne un punct de atracție pentru toți vizitatorii Constanței, Cazinoul de astăzi nu mai este decât umbra palidă a fostei frumuseți de altădată. La ora la care acest volum pleacă spre tipar, dezolarea pare învingătoare pe acel colț de litoral românesc.

La momentul inaugurării sale, în anul 1911, Cazinoul din Constanța era una dintre cele mai frumoase construcții din România Mică. Experții în artă spun că ea este cea mai frumoasă clădire în stil *Art Nouveau* din România și una dintre cele mai frumoase din Europa. Totuși, în momentul de față Cazinoul tinde să devină o ruină. În zilele noastre, cei 3 100 de metri pătraţi ai construcţiei se află în mijlocul unei dispute sterile între autorităţile locale şi cele centrale.

Chiar şi aşa, aproape ruinată, clădirea are o valoare estimată la 10 milioane de euro. Nu se ştie cine şi când va reface această bijuterie. Morala poveştii noastre este una mai curând tristă: arhitectului Renard i s-a reproşat, în epocă, faptul că a construit acest cazinou cu gândul la un cavou pentru iubita sa; azi, logodnica moartă a arhitectului Renard încă mai pare că apasă destinul centenar al Cazinoului din Constanţa.

Răscoala țărănească din anul 1907

Povestea ce urmează este una care a fost discutată mult în timpul regimului comunist, dar asupra căreia în ultimii 20 de ani s-a așternut tăcerea — ca și cum nu s-ar fi întâmplat. Este un capitol de istorie pentru a cărui desfășurare unii dau vina pe evrei, alții îi găsesc responsabili pe marinarii ruși, iar alții îndreaptă degetul acuzator către fermierii americani. Vă propun, așadar, să vedem care sunt adevărurile și care sunt enigmele răscoalei țărănești din anul 1907.

La începutul secolului XX, România era o țară pe deplin agrară, în care 80% din populație depindea de gospodăriile țărănești. În chestiunea țărănească, România era mai curând o țară subdezvoltată. Marea parte a țăranilor aveau proprietăți mai mici de 5 hectare, iar marile moșii din țară erau gestionate de o categorie de intermediari numiți *arendași*. Acești arendași erau români, dar și străini. Arendașii din Moldova erau mai ales evrei, iar în Muntenia și Oltenia printre arendași se aflau greci și bulgari.

Povestea noastră se deschide în satul Flămânzi, din județul Botoșani, la începutul anului 1907. Aici, pe o moșie a familiei Sturdza, doi arendași — Moși Fischer și Berman Iuster — se aflau în competiție pentru a obține gestiunea pământurilor. Cât timp au fost în concurență, ambii au promis că vor reduce renta în muncă pe care țăranii de pe moșie trebuiau să o plătească. În cele din urmă, cel care a câștigat a fost Moși Fischer — dar el nu și-a mai respectat promisiunea. În aceste condiții, pe moșia arendată de Fischer a izbucnit, pe 21 februarie 1907, o revoltă a țăranilor. Spre surpriza tuturor, ea s-a extins rapid în toată Moldova — pentru că problemele țăranilor erau peste tot aceleași. La început, autoritățile au mușamalizat cazul, crezând că ținta nemulțumirilor sunt doar arendașii evrei. Dar, la mijlocul lunii martie 1907, răsculații amenințau să ocupe unele orașe ale Moldovei, iar la sfârșitul lunii martie răscoala s-a extins spre Sud-Vest, în Muntenia și Oltenia.

Paradoxal sau nu, răscoala a fost mai violentă în Oltenia decât în Moldova. În Sudul țării, pentru că arendașii greci și bulgari trecuseră Dunărea în Bulgaria de azi, țăranii răsculați s-au răfuit mai ales cu boierii români. Sute de conace au fost arse, iar pierderile materiale au fost uriașe.

Pe 24 martie 1907, țăranii răsculați erau la marginea Bucureștiului și amenințau să intre în Capitală. În aceste condiții, guvernul conservator a mobilizat armata și a început represiunea. Peste câteva zile, conservatorii au cedat puterea, iar guvernarea a fost preluată de partidul liberal.

Cel care a cerut transferul puterii între conservatori și liberali a fost Regele Carol I. El a dorit ca ambele partide să participe la înăbușirea răscoalei, pentru ca niciunul să nu poată spune apoi că ar fi avut o soluție mai bună de pacificare. Rețineți că printre tinerii ofițeri care au luptat cu răsculații în județul Galați de azi se afla și un tânăr căpitan de cavalerie pe nume Ion Antonescu — viitorul mareșal din anii celui de-al Doilea Război Mondial.

Numărul țăranilor uciși în 1907 este și astăzi mai curând o enigmă decât o dată certă. După eveniment, guvernul liberal a anunțat 419 victime. Peste câteva decenii, propaganda partidului comunist a susținut că la 1907 au fost 11 000 de victime. Adevărul este undeva între aceste cifre: au fost cu siguranță mai mulți de 419, dar foarte probabil mai puțini de 11 000. Pe lângă numărul morților, mii de țărani au fost închişi — în închisori precum Jilava de lângă Bucureşti. Dar, în scurt timp, Regele Carol I i-a graţiat pe cei care nu erau acuzaţi de crime.

Răscoala de la 1907 i-a impresionat profund pe intelectualii şi artiştii epocii. Pictori precum Iosif Iser, Ştefan Luchian sau Octav Băncilă au lăsat lucrări clasice astăzi, iar scriitorii Liviu Rebreanu, Ion Luca Caragiale, Cezar Petrescu, Tudor Arghezi sau chiar Mircea Eliade au plasat răscoala în paginile lor literare.

Există o veritabilă „teorie a conspiraţiei" în legătură cu răscoala de la 1907. Unii spun că cei vizaţi de răscoală ar fi fost doar arendaşii evrei. Acest lucru nu este adevărat — de exemplu, în Muntenia şi Oltenia nu erau arendaşi evrei, dar aici răscoala a fost cea mai sângeroasă. Alţii spun că sămânţa revoltei ar fi fost plantată în Moldova de marinari socialişti ruşi — dar nici acest lucru nu poate fi demonstrat istoric. Adevărul este mai banal: la începutul secolului XX, situaţia ţăranilor români era foarte grea şi tot ce lipsea pentru o explozie socială era o scânteie.

Dar mai există un detaliu, pe care foarte puţini români îl cunosc: situaţia ţăranilor români din satul Flămânzi avea legătură cu ceva ce se întâmpla peste Oceanul Atlantic, în America. Pătrunderea cerealelor americane pe piaţa mondială scăzuse preţul grânelor — şi aceasta îi afecta şi pe ţăranii din Moldova, Muntenia sau Oltenia.

De aici şi morala poveştii noastre: ţăranii răsculaţi din anul 1907 au fost, fără să ştie, printre primele victime ale globalizării economice!

Pacea de la București din anul 1913

Deseori în Istorie, victoriile obținute prea ușor se răzbună asupra învingătorului. Este și cazul momentului despre care voi vorbi în rândurile ce vin. Acum o sută de ani, într-un context anume, Bucureștiul devenea capitala neoficială a Peninsulei Balcanice. Dar acest aparent succes ne-a adus mai multe probleme decât avantaje. Vă propun, așadar, să intrăm în tainele Păcii de la București, din august 1913.

Povestea noastră începe în toamna anului 1912, când patru state creștine ale Peninsulei Balcanice — adică Bulgaria, Grecia, Muntenegru și Serbia — au pornit un război împotriva Turciei Otomane. Acest conflict a rămas în istorie drept *Primul Război Balcanic*. În prima fază a acestuia, România și-a păstrat neutralitatea. Numai că, după ce au înfrânt Turcia în primăvara anului 1913, cele patru state creștine au început să se certe între ele.

După înfrângerea Turciei în Primul Război Balcanic, sursa conflictului a devenit Bulgaria, care nu era mulțumită cu teritoriile pe care le câștigase. Totodată, persistau neînțelegeri între Bulgaria și România cu privire la trasarea graniței și la problema aromânilor din sudul Dunării. În aceste condiții, la sfârșitul lunii iunie 1913 Bulgaria a redeschis lupta împotriva Greciei și Serbiei. Începea astfel *al Doilea Război Balcanic*. De această dată, România — condusă de Regele Carol I și de prim-ministrul conservator Titu Maiorescu — nu a mai rămas în neutralitate. La începutul lunii iulie 1913, armata română a fost mobilizată, iar peste câteva zile trupele treceau Dunărea pe poduri de vase și au început înaintarea către capitala Bulgariei, Sofia.

Condusă pe front de Regele Carol I, de prințul moștenitor Ferdinand și cu generalul Alexandru Averescu în calitate de șef al Marelui Stat-Major, armata română a ajuns până la 20 de kilometri de Sofia, fără a întâmpina o reală rezistență armată din partea bulgarilor. În schimb, o epidemie de holeră a făcut mii de victime printre soldații români. La drept vorbind, în acea vară a anului 1913 puricii, păduchii și țânțarii holerei au făcut mai multe victime printre români decât soldații bulgari.

Al Doilea Război Balcanic s-a încheiat, așadar, la sfârșitul lunii iulie 1913, prin capitularea Bulgariei. Pentru că România fusese țara a cărei intervenție atârnase cel mai greu în conflict, tratativele de pace au avut loc la București, într-un maiestuos palat al liderului conservator Grigore Cantacuzino. Prin Pacea de la București, semnată pe 10 august 1913 între România, Bulgaria, Grecia, Serbia și Macedonia, țara noastră câștiga de la bulgari două județe din sudul Dobrogei — județele Durostor și Caliacra, numite și *Cadrilater* — cu o suprafață de aproape 7 000 km pătrați și cu o populație de 286 000 de locuitori.

Pacea de la București, semnată în august 1913 în acel somptuos Palat Cantacuzino de pe Calea Victoriei — încă posibil de admirat de oricare vizitator al Bucureștiului —, rămâne în istoria noastră un episod controversat. Pe de o parte, el reprezintă un moment diplomatic glorios și arată că în anul 1913 România era un fel de arbitru al Balcanilor. Pe de altă parte, acea victorie facilă ne-a stricat relațiile cu vecinii de la Sud și a făcut din Bulgaria un stat inamic nouă în cele două războaie mondiale ce aveau să vină. O voi spune foarte clar: Cadrilaterul nu era pământ românesc.

România nici nu a apucat să se bucure foarte mult după câştigarea Cadrilaterului. La doar zece luni de la Pacea de la Bucureşti din august 1913, avea să înceapă Primul Război Mondial, în iunie 1914. Cum era de aşteptat, Bulgaria era nerăbdătoare să se răzbune pe noi — drept care soldaţii ei au devastat, când li s-a oferit prilejul, Dobrogea românească.

Morala poveştii noastre este aceea că, în Istorie, o victorie uşoară creează deseori probleme mai mari decât o înfrângere.

Consiliile de Coroană
din anii 1914 și 1916

În calitate de cetățeni ai României de azi, deseori auzim vorbindu-se despre ședințele Consiliului Suprem de Apărare a Țării, întrunite de președinții din zilele noastre. Ca ministru, am avut onoarea de a participa la unele dintre acestea. În cele ce urmează voi arăta că acest consiliu are o tradiție care a marcat din plin ultimul nostru secol de istorie. Așadar, vă propun să intrăm aici în culisele celor două Consilii de Coroană care au luat decizii capitale pentru intrarea României în Primul Război Mondial.

Primul Consiliu de Coroană pe care îl voi aminti a fost cel din ziua de 21 iulie (pe stil vechi) 1914. Regele Carol I, prințul moștenitor Ferdinand și o bună parte din vârfurile liberalilor și conservatorilor români s-au adunat atunci în Sala de muzică a Castelului Peleș de la Sinaia. În Europa începuse Primul Război Mondial, și această adunare a elitei noastre politice trebuia să decidă dacă România va intra și ea în război sau nu. Primul care a luat cuvântul a fost regele. Opinia sa era ca țara noastră să intre în luptă de partea Puterilor Centrale, respectiv Germania și Austro-Ungaria. Dintre toți cei prezenți, numai liderul conservator Petre P. Carp a fost de acord cu regele. Toți ceilalți, atât conservatorii, cât și liberalii în frunte cu Ionel Brătianu, au spus că România trebuie să rămână pentru moment neutră. *„Războiul va fi probabil unul lung și țara* *noastră va mai avea prilejul de a-și spune cuvântul"* — a spus premierul Brătianu. Istoria i-a dat dreptate.

Regele Carol I a suferit în forul său intim pentru această decizie dar, ca monarh constituțional, a respectat opinia majoritară a Consiliului — deși nu era obligat s-o facă prin lege. Bătrânul și gloriosul rege avea să rămână neconsolat până la moartea sa, care avea să survină trei luni mai târziu, pe 10 octombrie 1914. Dar viitorul avea să arate că decizia de neutralitate temporară a acelui Consiliu de Coroană a fost o decizie bună.

Următorul Consiliu din povestea noastră a avut loc peste alți doi ani, în ziua de 14 august 1916, la Palatul Cotroceni din București. De această dată, atât Regele Ferdinand, cât și premierul Ionel Brătianu au expus opinia că România trebuie să intre în război de partea Franței, Angliei și Rusiei — împotriva Germaniei și Austro-Ungariei. Poziția lor a fost în acordul majorității, chiar dacă Petre P. Carp — care avea o teamă viscerală față de marele Imperiu Țarist de la Răsărit — a susținut violent ideea unei alianțe cu Germania. Convins că adevărata amenințare pentru români era Rusia, la un moment dat Carp i-a șocat pe toți cei prezenți spunând: *„Mă voi ruga la Dumnezeu ca armata română să fie bătută."* În urma acestei decizii de stat, armata română avea să treacă trecătorile munților spre Transilvania, în sunetele cunoscutului cântec militar *Treceți batalioane române Carpații.*

Dar există aici un detaliu pe care nu foarte mulți dintre românii de azi îl cunosc. După acel Consiliu din august 1916, care a consfințit intrarea României în război pentru recuperarea Transilvaniei, Regele Ferdinand a avut o cădere nervoasă. El s-a retras în biroul său și a izbucnit în lacrimi — pentru că în sufletul și în mintea sa s-a dat o luptă între sentimentul originii sale și sentimentul datoriei sale. Prin naștere, Ferdinand era un fiu al Germaniei. Dar, prin tronul pe care-l ocupa, el era regele României. Pus să aleagă între interesele țării sale natale şi interesele ţării care-i oferise Coroana, Ferdinand a ales, în cele din urmă, interesul de stat al României. Paradoxal sau nu, Regele Ferdinand, care venise în ţară ca prinţ străin, s-a dovedit prin aceasta a fi un adevărat conducător al românilor de pretutindeni.

Morala poveştii noastre este una care trimite la înţelepciunea necesară conducătorilor. Potrivit legilor româneşti, Consiliul de Coroană avea doar un rol consultativ, iar regele — cum spuneam — nu era obligat să urmeze opinia consilierilor. Totuşi, atât Regele Carol I, cât şi Regele Ferdinand au ascultat cu atenţie şi s-au supus majorităţii. De unde concluzia că valoarea unui conducător decurge nu numai din felul în care ştie să poruncească, dar şi din maniera în care ştie să asculte.

Carol I şi pesmetul de pe noptieră
(septembrie 1914)

În cele ce urmează o să vă spun una dintre cele mai frumoase pilde din întreaga istorie a românilor. Dar, mai înainte, aş vrea să ştiu dacă numele de *Karl Anton Eitel Friedrich Zephyrinus Ludwig von Hohenzollern-Sigmaringen* vă spune ceva. Probabil veţi răspunde că nu-l cunoaşteţi pe acest personaj. Ei bine, e vorba despre unul dintre cei mai mari conducători politici pe care i-a avut vreodată poporul român. Povestea aceasta vorbeşte despre el.

Prinţul Carol Anton de Hohenzollern-Sigmaringen s-a născut într-o familie nobilă germană, pe data de 20 aprilie 1839. După tată, era înrudit cu dinastia domnitoare din Prusia, iar după mamă el era un nepot al împăratului francez Napoleon al III-lea. Tinereţea prinţului Carol a fost una dedicată studiilor militare — dar marele eveniment din viaţa sa avea să vină în anul 1866, când personajul nostru abia împlinise 27 de ani. Undeva, la graniţa de est a Europei, românii îşi căutau un conducător — iar elita politică de la Bucureşti, după calcule şi alte variante neacceptate, s-a oprit asupra acestui tânăr ordonat, sever, modest şi cu mult simţ al onoarei. După cum se va vedea, nici că se putea o alegere mai bună.

Pe data de 10 mai 1866, tânărul Karl a devenit primul domnitor al dinastiei românilor, sub numele de Carol I. În următorii cinci ani, între 1866 şi 1871, România a avut zece guverne. Calmul şi ordonatul domnitor se întreba dacă va putea să-i conducă vreodată pe aceşti români când nervoşi şi când exuberanți, imprevizibili și mereu puși pe ceartă între ei. În anul 1871, Carol a fost la un pas de a abdica. De-abia în fața acestei amenințări, care ar fi adus haosul în țară, clasa politică de la București a acceptat ca domnitorul să joace rolul unui arbitru de care să asculte toți. Și a început astfel cea mai bună perioadă din întreaga istorie modernă a statului român.

În mai 1877, România își câștiga independența pe câmpul de luptă. Acest război a însemnat enorm în relația dintre domnitor și popor. Până la război, poate că unii români vedeau în Carol un prinț german ajuns din întâmplare pe tronul de la București. Dar, după 1877, majoritatea românilor au văzut în Carol un domn demn, hotărât și brav, de care au început să fie mândri. În martie 1881, Parlamentul țării îl proclamă pe Carol I drept rege; astfel, România devenea regat. Începutul secolului XX găsea o Românie cu totul schimbată: Banca Națională a României, podul peste Dunăre de la Cernavodă, marele Port al Constanței de la Marea Neagră, Ateneul Român, Palatul de la Cotroceni sau Castelul Peleș, prima rețea de cale ferată sau marea Fundație Universitară pentru studenții din București — toate acestea și multe altele sunt legate de acele decenii benefice ale domniei Regelui Carol I.

Ca semn al valorii Regelui Carol I, o să amintesc un detaliu: în august 1914, la începutul Primului Război Mondial, el ar fi dorit ca România să intre în luptă alături de Germania, țara sa natală. Dar elita politică a românilor, în majoritate, nu a fost de acord. Regele a fost afectat în sufletul său, dar și-a respectat rolul constituțional și a ținut cont de opinia oamenilor politici români. Decizia politicienilor s-a dovedit a fi bună. Inclusiv, prin acest sacrificiu de sine, Regele Carol I a făcut posibilă România Mare de după 1918.

Din păcate, Carol I n-a mai apucat să vadă acea Românie mare. După 48 de ani de domnie glorioasă, el a murit (foarte probabil întristat, ce-i drept) în noaptea de 26 spre 27 septembrie (pe stil vechi) a anului 1914, în camera sa din Castelul

Peleş. Prin testament, el a lăsat o sumă imensă, de 12 milioane de lei, ca donații pentru diverse instituții — de la Academia Română și până la biserici, fundații sau orfelinate.

Și astfel ajungem la morala poveștii noastre: în dimineața în care i s-a constatat decesul, s-au găsit pe noptiera de lângă patul Regelui Carol I doar un pahar cu apă din Munții Carpați și un pesmet dintre aceia ce se fabricau pentru soldații armatei. Asta e tot ce se afla la căpătâiul primului rege al românilor: un pahar cu apă și un biscuit-pesmet — în cazul în care i s-ar fi făcut foame peste noapte. Așadar, firea modestă și cumpătată a regelui s-a văzut până în ultima sa clipă. Un rege care dăduse țării atât de mult lua cu el atât de puțin. Ar fi bine ca toți viitorii conducători ai României să țină minte această pildă a Regelui Carol I.

Propagandă plătită prin presă — cazul Günther
(1915)

Cel mai banal compliment care se face oamenilor din *mass-media* este acela de a spune că *presa este cea de-a patra putere în stat*. Şi, într-adevăr, într-un stat democratic aşa stau lucrurile. Totuşi, chiar şi într-un stat democratic presa poate fi uneori o vulnerabilitate — dacă se lasă coruptă. Vă propun astăzi să vedem un astfel de caz de corupere a presei, puţin cunoscut şi petrecut în România acum aproape o sută de ani.

De regulă, ziariştilor nu le place atunci când unii lideri politici spun că presa poate fi o ameninţare la ordinea de stat. În România, câtă vreme ţara a avut regimuri democratice, presa a fost foarte liberă şi a sancţionat dur orice încercare de constrângere a puterii ei. Mai simplu spus, libertatea presei a fost mereu echivalentă cu libertatea cetăţeanului.

Totuşi, această libertate a presei a fost uneori manipulată — atât din interiorul ţării, cât şi din afara ei. Cazul din povestea noastră de astăzi s-a petrecut în România anului 1915. Pentru a înţelege mai bine detaliile, să analizăm contextul acelui an. Cum se ştie, pe 28 iunie 1914 prinţul moştenitor al Austro-Ungariei, Franz Ferdinand, a fost asasinat la Sarajevo, de un naţionalist sârb. Acesta a devenit pretextul pentru izbucnirea Primului Război Mondial. În decurs de câteva săptămâni, toate marile puteri ale Europei au fost prinse în conflict.

Atunci, în vara lui 1914, România a decis să-şi păstreze neutralitatea. Imediat, ţara noastră — şi mai ales Bucureştiul — a devenit un rai al agenţilor secreţi, aşa cum se întâmplă cu fiecare țară neutră într-un conflict. Această stare de fapt a cerut un efort sporit din partea poliției române în a-i supraveghea pe cei care se comportau ca posibili spioni sau agenți de influență ai vreunei tabere aflate în război.

Un astfel de incident a ieșit la iveală în vara anului 1915. Atunci, industria petrolieră românească făcea profituri fabuloase, iar statul român nu avea controlul asupra ei, pentru că multe firme sau societăți aveau capital străin. O astfel de societate petrolieră era *Steaua Română*, care exploata petrol pe Valea Prahovei. În urma unor informații discrete, poliția a făcut o descindere în biroul președintelui acestei societăți, un cetățean german pe nume Günther. Într-un seif al acestuia s-a găsit un document care a alarmat guvernul condus atunci de Ionel Brătianu. Era vorba despre un raport al lui Günther destinat ambasadorului Germaniei la București, von dem Bussche. Reieșea de aici că, din profiturile obținute din petrol, acel Günther mituise masiv atât ziariști români, cât și oameni politici. De exemplu, Günther corupsese cu sume importante jurnaliști de la ziarul conservator *Epoca*, dar și de la ziarul liberal *Viitorul* — cu scopul ca aceștia să facă propagandă pentru intrarea României în război de partea Germaniei și Austro-Ungariei. La fel, Günther mai alimentase cu bani și o anumită aripă a partidului conservator, care era condusă de filogermanul Alexandru Marghiloman. În fine, Günther nu-i uitase (sau, mai exact, îi mituise) și pe unii dintre socialiștii români. Astfel, multe dintre *mitingurile pacifiste* ale socialiștilor români din acei ani ai neutralității au fost, de fapt, alimentate cu bani teleghidați de la Berlin sau de la Viena.

Evident, Günther a fost doar unul dintre agenții de influență ai Germaniei în România de acum un secol. În acel an, 1915, pentru a nu declanșa un scandal diplomatic, guvernul lui Ionel Brătianu a mușamalizat pe moment afacerea și despre ea avea să se vorbească abia peste câțiva ani. În același timp, este limpede că nu numai germanii au avut agenți de influență la București — ci și Parisul sau Londra și alte capitale.

Continuarea poveștii noastre se cunoaște. În august 1916, elita politică a României a decis intrarea în război alături de Franța, Anglia și Rusia. La rădăcina acestei hotărâri nu a stat propaganda aliaților — ci un interes național care cerea unirea cu Transilvania. Astăzi, în epoca internetului și a comunicațiilor fără frontiere, aceste eforturi din anul 1915 par naive și demodate. Dar morala poveștii noastre este aceea că manipularea presei a mers umăr la umăr cu dezvoltarea ei. Noile tehnologii, din păcate, nu fac presa imună la corupție — nici în România și nici în alte state.

Tezaurul românesc, trimis la Moscova
(1916–1917)

Povestea tezaurului românesc de la Moscova rămâne unul dintre capitolele neterminate încă ale istoriei noastre contemporane. După aproape 100 de ani, acest episod încă marchează natura relațiilor dintre România și Rusia. Vă propun acum să recapitulăm cum s-a ajuns aici.

Totul a început în toamna anului 1916, după ce România a luat decizia de a intra în Primul Război Mondial. Adversarii militari ai României, adică trupele germane, austro-ungare și bulgare, au ajuns să ocupe Oltenia, Muntenia și Dobrogea — iar armata României, Casa regală și elita politică a țării s-au retras în Moldova, spre Iași. Teama de o ocupare totală a țării a dat ideea Guvernului României de a trimite tezaurul țării la Moscova — în capitala Rusiei țariste, care atunci era aliată cu noi. Acest lucru nu era o premieră în istorie: în vremuri de restriște, și alte țări își transferaseră tezaurul național într-o țară vecină sau prietenă.

Protocolul româno-rus care prevedea trimiterea tezaurului în Rusia a fost semnat la mijlocul lui decembrie 1916. În linii mari, acest prețios transport cuprindea 93,4 tone de aur reprezentat de lingouri și monede care aparțineau Băncii Naționale a României sau altor bănci private, companii sau persoane fizice din România. Pe lângă acest aur — și poate mai prețios decât aurul — în tezaur se mai aflau piese de artă unice (printre care 1 350 de tablouri de cea mai mare valoare), documente, manuscrise, colecții particulare, odoare ale unor mănăstiri, arhive ș.a.m.d.. Două casete conținând bijuteriile Reginei Maria au luat și ele același drum. În total, către Moscova au plecat două transporturi: primul, de 17 vagoane, în valoare de 314 milioane de lei aur, în decembrie 1916, iar al doilea, cu 24 de vagoane și în valoare de 1,6 miliarde de lei aur, în iulie 1917. Așadar, în total, este vorba de 41 de vagoane, cu o valoare atunci de 2 miliarde de lei aur.

După ce regimul comunist al lui Lenin s-a instalat în Rusia, tezaurul românesc a fost considerat pradă de război. Totuși, o primă restituire s-a produs în 1935, când Bucureștiul a recuperat o serie de obiecte de artă. În 1956, în semn de prietenie față de partidul comunist din România, autoritățile sovietice au operat o a doua restituire — circa 40 000 de piese diferite, printre care cunoscutul Tezaur de la Pietroasa și peste 100 de tablouri semnate de Nicolae Grigorescu. De atunci și până acum, problema tezaurului de aur și a tuturor celorlalte piese patrimoniale românești a rămas nerezolvată.

În prezent, dosarul tezaurului românesc de la Moscova se află pierdut pe undeva prin ceața relațiilor bilaterale dintre cele două state. Punctul de vedere al Moscovei este că tezaurul a fost restituit. Totuși, Rusia a desemnat câțiva istorici care să verifice starea tezaurului: de un deceniu, o comisie a istoricilor din cele două țări se ocupă în teorie de această problemă, dar — ca orice comisie — ea pare a fi fost alcătuită tocmai pentru a consuma timp. În paralel, mai multe personaje — multe dintre ele bizare — s-au strecurat în această poveste. Când eram ministru al Afacerilor Externe, și eu am fost contactat de un așa-zis intermediar, care avea pretenția că are acordul rușilor pentru a negocia reîntoarcerea tezaurului. Dar credibilitatea lui nu era certificată de nimic.

Este greu de spus ce rezervă viitorul acestui dosar. Valoarea bunurilor românești care au fost trimise în 1916 în Rusia era atunci de 2 miliarde de lei aur. La cursul bancar de astăzi, suma totală a tezaurului s-ar putea aproxima la câteva zeci de miliarde de euro sau de dolari. Dar toate acestea sunt calcule pe hârtie.

Tezaurul românesc de la Moscova rămâne un capitol deschis al istoriei, după 100 de ani de aventuri politice, unele dramatice, iar altele stranii.

O româncă eroină: Ecaterina Teodoroiu
(1894–1917)

Deseori se spune că istoria este dominată numai de faptele unor bărbați. În realitate, toate țările lumii au, în trecutul lor, efigiile unor femei care au făcut fapte excepționale. Rândurile ce urmează sunt dedicate unei autentice eroine — o româncă plecată dintr-un sat al Olteniei și care avea să primească de la țară laurii gloriei. Vă propun, așadar, să vedem ceea ce știm — și mai ales ceea ce nu știm — despre *eroina de la Jiu*, Ecaterina Teodoroiu.

Ecaterina Teodoroiu s-a născut în ianuarie 1894 într-o familie modestă dintr-un sat gorjean care între timp a devenit un cartier al orașului Târgu Jiu. Până în vara anului 1914, ea absolvise școala primară în satul natal, iar apoi a ajuns la un pension din București. Visul tinerei Ecaterina era să devină învățătoare.

Dar, în vara lui 1916, România intra în Primul Război Mondial. Imediat, Ecaterina Teodoroiu s-a înscris printre cercetașele voluntare. Dar, repede după începerea luptelor, familia ei — ca multe alte familii românești — a fost lovită de drama războiului. Tatăl ei a fost luat prizonier de germani, iar doi dintre frații Ecaterinei au murit pe front. Din acel moment, tânăra de 22 de ani n-a mai avut decât o dorință: să-și răzbune familia și să lupte cu arma în mână pentru țară. Într-o scrisoare a Ecaterinei Teodoroiu, care se păstrează la Muzeul Militar Național din București, tânăra scria în primăvara anului 1917 că se simţea prinsă „*în luptă* [cu] *un duşman care mi-a desfiinţat familia*" şi adăuga apoi că se simţea mânată de „*curăţenia sentimentelor mele de româncă care vrea cu arma în mână să-şi dezrobească colţul de patrie cotropit*". Pe 6 octombrie 1916, Ecaterina Teodoroiu mai primeşte o veste tristă: ultimul ei frate, al treilea, a căzut şi el la datorie. Începând de a doua zi, din 7 octombrie 1916, tânăra femeie a participat efectiv la luptele din Oltenia, alături de Regimentul 18 Gorj.

Curajul Ecaterinei a ajuns la urechile Reginei Maria, care se va întâlni în câteva rânduri cu tânăra luptătoare. Luată prizonieră de germani, viitoarea eroină a evadat de sub escortă; apoi a fost rănită la picior şi la coapsă. Alături de armata română, a participat şi ea la retragerea în Moldova. La propunerea Reginei Maria, Ecaterinei Teodoroiu i-a fost acordat titlul de sublocotenent onorific în armata română.

În spiritul adevărului, trebuie spus că, pentru unii dintre comandanţii militari, prezenţa unei femei alături de soldaţi era un lucru necuvenit. Gradul de sublocotenent onorific pe care-l primise la ideea Reginei Maria n-o obliga pe Ecaterina să ia parte la operaţiunile de pe front. Dar ea şi-a luat rolul în serios şi a continuat să participe voluntar la lupte — pentru răzbunarea fraţilor ei şi pentru ţară.

În primăvara anului 1917, prin Înalt Ordin al ministrului de Război, Ecaterina Teodoroiu primea Medalia *Virtutea Militară*. Ajutată de unii dintre conducătorii armatei, bazându-se pe simpatia Reginei Maria şi înfrângând toate prejudecăţile, eroina s-a aflat mereu aproape de linia frontului din Moldova. Şi astfel s-a produs tragicul ei sfârşit: în seara zilei de 22 august 1917, în luptele din zona Dealul Secului-Muncel, Ecaterina Teodoroiu a fost lovită de câteva gloanţe ale inamicului. Ultimele ei cuvinte au fost *Înainte, băieţi!* Ulterior, generalul Ernest Broşteanu nota în jurnalul de operaţii al Diviziei a XI-a: „*Am pierdut pe eroina noastră, voluntara Ecaterina Teodoroiu, care a căzut vitejeşte în capul plutonului ei, îmbărbătându-şi soldaţii.*"

Imediat după moarte, Ecaterina Teodoroiu a fost înmormântată într-o vale din județul Vrancea. Peste patru ani, în iunie 1921, osemintele sale au traversat triumfal țara, au fost omagiate la București și apoi au fost reînhumate la Târgu Jiu. De aici încolo începea legenda *eroinei de la Jiu*. Dar sunt câteva detalii pe care puțini dintre români le cunosc. Numele real al tinerei noastre era Cătălina Toderiu. Dar, pe când era în școala primară, o învățătoare a Cătălinei îi schimase numele în Ecaterina Teodoroiu, fără să știe că prin aceasta prefața o legendă.

Mai există și un alt detaliu al istoriei, puțin cunoscut și el. În perioada cât a stat în mijlocul soldaților, comportamentul Ecaterinei Teodoroiu a fost de o demnitate exemplară. Cu toate acestea, unii ofițeri, probabil invidioși pe popularitatea Ecaterinei, trimiteau la comandament scrisori anonime prin care cererau îndepărtarea ei. S-au făcut anchete și adevărul a ieșit la iveală. Ecaterina Teodoroiu a rămas alături de trupe până în ultima sa clipă de viață.

Morala acestei povești este că, dacă s-ar fi dat curs acelor anonime, am fi fost astăzi mai bogați în bârfe, dar am fi avut o eroină mai puțin.

Trecerea la calendarul gregorian
(aprilie 1919)

Povestea ce urmează vorbește despre materia primă a istoriei. Deseori le spun studenților mei că pietrele fundamentale de la baza Istoriei nu sunt eroii, războaiele sau marile tratate din istoria lumii. Cărămida fundamentală din care este construită Istoria este Timpul. Prin absurd vorbind, dacă timpul s-ar opri în loc, e limpede că nu am mai avea istorie și nici istorici. Din fericire pentru colegii mei profesori de istorie, timpul curge mai departe.

Dar timpul nu are valoare decât în măsura în care oamenii îl măsoară. Drept care povestea noastră de azi va vorbi despre aventurile contemporane ale măsurării timpului. Imaginați-vă că în secolul trecut, în România, a existat un an care nu a avut 365 de zile, ci numai 352 de zile. Probabil credeți că e o glumă. Cum a fost posibil acel an mai scurt cu 13 zile și ce legătură există între armata franceză și rușii care vin astăzi să-și petreacă Crăciunul în munții României o să vedem în paginile următoare.

Povestea noastră începe în februarie 1582, când Papa Grigore al XIII-lea a decretat trecerea lumii catolice de la calendarul iulian la calendarul care-i va purta numele — *gregorian*. Motivele acestei ajustări a calendarului erau religioase: era vorba de sărbătoarea Paștelui și de o diferență de 10 zile care se crease între calendarul solar și calendarul fazelor lunii. Astfel, în anul 1582, în lumea catolică ziua de 4 octombrie a fost urmată de ziua de 15 octombrie. În acel an, decretul Papei Grigore al XIII-lea a fost adoptat de câteva state, printre care principatele italiene, Polonia, Spania și Portugalia. Imperiul Britanic a adoptat calendarul gregorian în 1752, iar unele țări nordice abia în 1776. Țările ortodoxe au refuzat atunci această schimbare. Este și cazul României, care a păstrat calendarul iulian până la Primul Război Mondial.

În anii Primului Război Mondial, diferența dintre cele două calendare ajunsese deja la 13 zile. Cum se știe, armata română a intrat în luptă, în anul 1916, alături de Franța și Anglia împotriva Germaniei și Austro-Ungariei. Numai că, din cauza calendarelor diferite, data de la București nu corespundea cu data de la Paris sau Londra. Astfel, ziua în care armata română a trecut Carpații în Transilvania era 15 august 1916 la București, dar era ziua de 28 august 1916 la Paris. Cum în România venise o misiune aliată a armatei franceze condusă de generalul Berthelot, această diferență de 13 zile părea bizară.

Una dintre primele priorități ale guvernului român, imediat după sfârșitul Primului Război Mondial, a fost renunțarea la calendarul iulian și trecerea la calendarul gregorian, propriu lumii occidental-europene spre care România tindea. Astfel, printr-un decret-lege al guvernului Ion I.C. Brătianu, ziua de 1 aprilie 1919 (pe stil vechi, iulian) a devenit ziua de 14 aprilie (pe stil nou, după calendarul gregorian). Mai multe state ortodoxe au făcut aceeași schimbare: Grecia a trecut la calendarul gregorian în anul 1924; Rusia bolșevică a adoptat și ea noul calendar în ianuarie 1918 — și așa se face că ceea ce se numea *Marea Revoluție din Octombrie* (din 1917) era sărbătorită, de fapt, pe 7 noiembrie.

Trecerea României la calendarul gregorian a făcut ca anul 1919 să fie mai scurt cu 13 zile. Dar, mai ales, ea semnifica dorința României de a se adapta ritmului lumii occidentale. Schimbarea calendarului nu a fost primită bine de toată lumea — unii capi ai Bisericii Ortodoxe din estul Europei au considerat-o o trădare a tradiției și nu au aplicat-o niciodată. Așa se face că ortodocșii de stil vechi din Rusia sau Serbia serbează Crăciunul în ziua de 7 ianuarie a calendarului gregorian — când este 25 decembrie în calendarul iulian, pe stil vechi.

Această diferență de calendar face ca, la fiecare început de ianuarie, în stațiunile montane românești să vină ruși, ucraineni sau cetățeni ai Republicii Moldova care sărbătoresc Crăciunul după stil vechi. Această diferență va dăinui, teoretic, până în anul 2100.

Morala poveștii noastre este că Isus Cristos s-a născut sigur acum 2000 și ceva de ani — dar, încă, data nașterii lui nu este aceeași pentru toți creștinii.

Armata română la Budapesta
(august 1919)

De-a lungul istoriei, armata română a acționat mai întotdeauna defensiv. În secolul XX, cu excepția celui de-al Doilea Război Balcanic și a celor două războaie mondiale, armata României nu a depășit granițele țării. Și totuși, mai există o excepție: în povestea ce urmează, vom vedea cum armata cu tricolor a Regelui Ferdinand a fost una dintre primele armate europene care au luptat împotriva comunismului — și aceasta, pe teritoriul Ungariei vecine.

În vara anului 1919, un corp al armatei române a ajuns să ocupe capitala Ungariei, Budapesta. Acest episod rămâne unul dintre cele mai delicate din trecutul relațiilor româno-maghiare. Vă propun acum să vedem cum s-a ajuns la această premieră istorică.

După cum se știe, Ungaria — ca parte a fostului Imperiu Austro-Ungar — a fost una dintre țările învinse în Primul Război Mondial. După destrămarea Imperiului și după pierderea mai multor teritorii — printre care și Transilvania —, Ungaria a intrat într-o gravă criză politică. Pe fondul unui haos marcat de o inflație și de o rată a șomajului în creștere, la începutul primăverii anului 1919 în Ungaria a izbucnit o revoluție bolșevică, după modelul revoluției lui Vladimir Ilici Lenin din Rusia. De fapt, unul dintre discipolii cei mai înfocați ai lui Lenin era revoluționarul maghiar Béla Kun. Născut într-un sat din Transilvania în familia unui notar evreu, Béla Kun a respins orice formă de religie şi, la vârsta de 35 de ani, el era deja un exemplu al îmbinării dintre romantismul revoluţionar şi fanatismul comunist. Luat prizonier în Primul Război Mondial, Béla Kun a ajuns în Rusia şi a devenit un admirator al primilor bolşevici. În 1918, ţelul vieţii lui era exportarea revoluţiei bolşevice în Ungaria. Cu bani primiţi de la Lenin şi cu ajutorul câtorva sute de tovarăşi de idei, pe 21 martie 1919 mişcarea lui Kun a preluat puterea la Budapesta şi a inaugurat acolo o aşa-numită *republică a sfaturilor*, cu alte cuvinte un regim al sovietelor din Ungaria.

Apariţia acestui guvern bolşevic în centrul Europei, la Budapesta, a fost sărbătorită de Lenin ca fiind o victorie a cauzei comuniste. Pe de altă parte, toate ţările occidentale au fost alarmate. Mai mulţi oameni politici europeni, printre care şi conservatorul britanic Winston Churchill, spuneau că aventura bolşevică a Ungariei trebuie stopată din faşă. Una dintre ţările cele mai expuse în faţa noului pericol era România, care se afla în aprilie 1919 între două regimuri comuniste — unul la est şi unul la vest.

Imediat după preluarea puterii, trupele maghiare au atacat armata română aflată în Transilvania. Probabil şi ca fost elev al unui gimnaziu maghiar din Cluj, Béla Kun nu accepta Tratatul de la Trianon şi, implicit, nici unirea Transilvaniei cu România. În cursul primăverii anului 1919, între trupele comunizate ale lui Kun şi corpuri ale armatei române au avut loc lupte în zona Munţilor Apuseni, iar în scurt timp trupele române au trecut la contraofensivă. Având acordul puterilor occidentale ale epocii şi luptând de fapt pentru securitatea României, sub conducerea — printre alţii — a generalilor Gheorghe Mărdărescu şi Traian Moşoiu, armata română a intrat în Budapesta în ziua de 4 august 1919. Un detaliu mai puţin cunoscut este că unul dintre ofiţerii români care s-au evidenţiat în această campanie din Ungaria era locotenent-colonelul — ulterior general şi mareşal — Ion Antonescu.

În capitala ocupată a țării vecine, comportamentul armatei române a fost unul exemplar. De fapt, armata română nu lupta împotriva Ungariei, ci împotriva unui complot de factură bolșevic-leninistă ce cucerise o Ungarie slăbită și care devenea o amenințare pentru statele din jur. Chiar dacă atunci sau mai târziu unii maghiari au înregistrat cu neplăcere prezența tricolorului românesc la Budapesta, putem spune că intervenția armatei noastre în Ungaria a fost o campanie pentru apărarea democrației în Europa.

După înfrângerea Republicii maghiare a Sfaturilor, Béla Kun s-a refugiat în 1919 la Moscova — dar el va muri asasinat, în anii marilor procese staliniste de la sfârșitul anilor '30. În deceniul următor, tot în urma unui alt proces stalinist avea să moară și Ion Antonescu, plătind pentru propriile greșeli. De aici și morala acestei povești: uneori, în Istorie, învinșii și învingătorii împărtășesc aceeași soartă.

Patriarhia României
(februarie 1925)

Povestea de astăzi este, în principal, o poveste despre o cruce. O cruce care s-a intersectat cu semiluna turcească și mai apoi cu regii României; o cruce care mai apoi a fost folosită de legionarii lui Corneliu Zelea Codreanu, iar peste câteva decenii avea să fie folosită și de comuniștii lui Gheorghe Gheorghiu-Dej. Totuși, această cruce simbolizează o foarte puternică instituție din România. Vă propun, așadar, astăzi, să intrăm în culisele istorice sau politice ale Patriarhiei române.

Din zilele Imperiului Bizantin și până astăzi, numele bisericii ortodoxe derivă din două cuvinte grecești: *ortos* și *doxa*. *Doxa* înseamnă *învățătură*, iar *ortos* înseamnă *drept, corect* — cu alte cuvinte, *ortodoxia* se definește a fi învățătura cea *dreaptă*, corectă a religiei lui Isus Cristos sau calea cea dreaptă de interpretare a Noului Testament.

Istoria Bisericii Ortodoxe din România nu a fost nicidecum o cale dreaptă, ci una cu multe ocolișuri și zigzaguri. Până spre mijlocul secolului al XIX-lea, pe teritoriul României de atunci se aflau Mitropolia Ungrovlahiei și Mitropolia Moldovei — iar ambele erau sub ascultarea Patriarhiei Ortodoxe de limbă greacă din Constantinopole. Așa se explică de ce, din secolul al XVIII-lea, limba folosită în bisericile românești, alături de slavonă, era și limba greacă.

Situația s-a schimbat radical în anul 1872, când cele două mitropolii românești de la Iași și de la București au ieșit de sub controlul Patriarhiei din Constantinopole. S-a constituit un Sfânt Sinod din cetăţeni români şi, câţiva ani mai târziu, după câştigarea independenţei statului, a luat naştere Biserica Ortodoxă Română ca biserică autocefală condusă de un mitropolit-primat aflat la Bucureşti. Ulterior, după unirea Transilvaniei cu România din 1918, Biserica Ortodoxă din Ardeal, Banat, Crişana şi Maramureş s-a alipit Sfântului Sinod de la Bucureşti. Iar marele eveniment avea să se producă pe 4 februarie 1925, când Sfântul Sinod al Biscricii Ortodoxe Române a decis înfiinţarea Patriarhiei Române, iar mitropolitul-primat din acea vreme devenea patriarh al României. Ca prim patriarh a fost înscăunat Miron Cristea, un fost episcop ortodox de Caransebeş.

Până în prezent, pe lista patriarhilor României se află doar şase nume, dacă îl includem şi pe actualul Patriarh Daniel. Dar, pe cât de scurtă e lista, pe atât e de plină de enigme istorice, speculaţii şi uneori controverse.

Primul patriarh, Miron Cristea, a purtat cârja patriarhală vreme de 14 ani — timp în care a fost la un moment dat folosit politic de Regele Carol al II-lea, care l-a numit în anul 1938 în funcţia de prim-ministru. În această calitate, Miron Cristea a semnat unele decizii ce sunt azi contestate (sau considerate antisemite). Al doilea patriarh, Nicodim Munteanu, a ocupat acest înalt scaun între 1939 şi 1948. El a fost martor, în 11 ani, la cinci regimuri succesive: Nicodim a ajuns patriarh pe când Carol al II-lea era un monarh autoritar, apoi a traversat perioada guvernului naţional-legionar, apoi a fost martor al regimului militar al lui Ion Antonescu, după care a urmat lovitura de stat a Regelui Mihai de la 23 august 1944, pentru ca mai apoi Regele Mihai să fie alungat din ţară în decembrie 1947. De reţinut că Patriarhul Nicodim l-a susţinut pe suveranul Mihai în vara şi toamna anului 1945, când regele a ajuns în conflict cu premierul procomunist Petru Groza.

Urmașul lui Nicodim pe scaunul patriarhal a fost Justinian Marina. Potrivit arhivelor, prin anii '30, pe când era doar preot, Justinian era semnalat ca având simpatii legionare — ceea ce n-ar fi de mirare, pentru că mulți tineri preoți gândeau la fel. Mai apoi, în august 1944, preotul Justinian (acum cu apartenență politică național-țărănistă) pare a fi jucat un rol important în reușita evadării lui Gheorghe Gheorghiu-Dej din lagărul de la Târgu Jiu — cum se va vedea într-una dintre poveștile ce urmează. Cu sprijin din partea noului regim, Justinian Marina a ajuns cel de-al treilea patriarh al României și a slujit în această calitate vreme de 29 de ani, din 1948 și până în 1977. Următorii doi patriarhi din timpul regimului comunist, adică Iustin Moisescu și Teoctist Arăpașu, se află și ei în centrul altor dispute. Unele opinii condamnă supunerea patriarhilor în fața politicii lui Nicolae Ceaușescu. Alte opinii, în schimb, spun că, tocmai prin această aparentă supunere, patriarhii au salvat credința în anii comunismului. Această polemică, probabil, va mai continua mulți ani de-acum încolo.

Morala acestei povești este legată de un proverb pe care-l știți cu toții. În popor se spune că *nu trebuie să faci ce face popa, ci ce spune popa.* Se pare că același lucru e valabil și în ceea ce-i privește pe patriarhi.

Regina Maria și indienii din America

Regina Maria a României a fost unul dintre cele mai fascinante personaje ale istoriei secolului XX. Dotată cu o inteligență deosebită și dobândind din copilărie o educație desăvârșită, Regina Maria a fost totodată una dintre cele mai frumoase femei care s-au aflat vreodată pe tronul unei țări.

Vă propun să vedem cum a intrat acest personaj în istoria României. Această poveste e la rândul ei fascinantă și ne va purta de la München la Sinaia, de la Castelul Balcic până la New York și de la triburile indienilor americani până pe fronturile Primului Război Mondial.

Născută pe 29 octombrie 1875 în comitatul Kent din Anglia, Maria Alexandra Victoria era — după tată — nepoată a Reginei Victoria a Marii Britanii, iar după mamă era nepoată a țarului Alexandru al II-lea al Rusiei. În primăvara anului 1892, pe când această tânără prințesă avea doar 17 ani neîmpliniți, mama Mariei, prințesa Maria Alexandrova de Edinburgh, a organizat la München o petrecere — la care a fost invitat și prințul Ferdinand, care era atunci moștenitorul tronului regal al României. Înfrângându-și timiditatea și, totodată, înfrângând și refuzul tatălui Mariei, Ferdinand i-a cerut mâna prințesei — iar logodna celor doi s-a celebrat în orașul Postdam, în luna mai a anului 1892. În decembrie același an a avut loc nunta, tot în Germania, martori fiindu-le mai multe familii nobiliare din Germania, Anglia, Rusia și România.

În ianuarie 1893, la doar 17 ani, prinţesa Maria ajungea, aşadar, în Capitala României — iar Primăria Bucureştiului a primit-o cu cuvintele: *„Bine ai venit, mireasă, de Dumnezeu aleasă spre a patriei cinstire."*

Şi adevărul este că Regina Maria într-adevăr a cinstit România în cei 45 de ani de viaţă ce aveau să urmeze. Pe frontul Primului Război Mondial, în condiţii dramatice, când familia regală era retrasă la Iaşi, iar două treimi din ţară erau ocupate de trupele inamice, Regina Maria a fost un monument de curaj şi de dăruire pentru interesul de stat al României. Ulterior, în timpul Conferinţei de pace din 1919–1920, regina a călătorit la Paris şi, în întâlniri cu elita politică a Europei de atunci, ea a făcut ceea ce azi s-ar chema *lobby* pentru ţara ei de adopţie. Efortul diplomatic al reginei a fost parte din efortul politic al acelei generaţii de români care au creat România Mare. Pe 15 octombrie 1922, Maria primea din partea ţării recunoaşterea supremă: la Alba Iulia, într-o ceremonie inedită pentru români, Maria era încoronată ca regină a României şi a tuturor românilor.

Povestea Reginei Maria are şi un episod mai puţin cunoscut, dar care e foarte frumos. Regina a călătorit în toată România şi în toată Europa — dar renumele ei avea să ajungă chiar şi mai departe. În anul 1926, regina a început un lung periplu în Statele Unite ale Americii. Ajunsă la New York, primarul oraşului, James Walker, a fost fericit să-i ofere reginei cheia de aur a metropolei americane, în timp ce pe marile bulevarde ale oraşului zeci de mii de oameni s-au strâns pentru a o vedea pe *Regina României*. Preşedintele de atunci al Americii, Calvin Coolidge, a oferit pentru ea o recepţie la Casa Albă — dar cel mai surprinzător compliment pentru regină avea să vină de acolo de unde nimeni nu s-ar fi aşteptat. În drumul ei prin America, Maria a vizitat la un moment dat şi o rezervaţie a indienilor — iar aceştia, primind-o, au spus că nu au mai văzut niciodată o femeie atât de frumoasă, drept care au rugat-o

să accepte titlul onorific de regină a indienilor nord-ameri-
cani. Ceea ce Maria a făcut, cu plăcere.

Regina Maria a murit la vârsta de doar 62 de ani, la Sinaia,
pe 18 iulie 1938. Potrivit ultimei ei dorințe, corpul reginei
a fost înmormântat la Curtea de Argeș, iar inima a fost depusă
într-o casetă de aur și argint la Balcic, în castelul pe care-l
clădise și-l iubise mult.

Dar despre avatarurile spectaculoase ale inimii Reginei
Maria și ale castelului de la Balcic o să povestesc în paginile ce
urmează.

Balcic și inima Reginei Maria

De-a lungul anilor, mulți dintre cei pasionați de istorie m-au întrebat care-au fost aventurile inimii celei supranumite *Regina României Mari* — adică foarte frumoasa, nu tocmai fidela față de soț și foarte inteligenta Regină Maria a României.

Venită la doar 17 ani în România în calitate de soție a viitorului Rege Ferdinand, prințesa Maria s-a îndrăgostit adânc de poporul care-a primit-o cu multe speranțe. Farmecul ei și prezența ei de spirit extraordinare i-au făcut pe toți românii care au întâlnit-o să fie mândri de o așa regină.

De-a lungul celor 45 de ani pe care i-a petrecut în România — din 1893 și până în anul morții, 1938 — Regina Maria a făcut nenumărate călătorii prin țară, pentru a-i cunoaște pe români la ei acasă. A povestit în toată lumea și a scris pagini superbe despre poporul ei de adopție și despre frumusețea României. Dintre castelele din munții Carpați, regina s-a simțit cel mai bine la Castelul Bran. Dar probabil că locul în care regina și-a pus cel mai mult amprenta a fost castelul din localitatea Balcic, de la Marea Neagră, în nord-estul Bulgariei de azi.

Abia în anul 1924 Regina Maria a descoperit această localitate, pe nume Balcic, din Dobrogea de Sud — teritoriu pe care România îl primise în urma Războiului Balcanic din 1913. Îndrăgostită imediat de acest mic sat de pescari cu nume turcesc, ea l-a transformat într-unul dintre cele mai frumoase domenii de pe malul de vest al Mării Negre, cu un castel superb şi cu o salbă de grădini uluitoare. Atât regina, cât şi numeroşii artişti pe care-i invita aici au transformat Balcicul în a doua capitală regală a României — după Sinaia.

Construcţia domeniului regal de la Balcic a început în anul 1925. Localnicii de aici, în majoritate familii modeste de turci şi de bulgari, au îndrăgit-o imediat pe regină — căreia, de altfel, îi spuneau, în graiul locului, *Sultana*. În deceniul urmă-tor, Regina Maria a petrecut aici unele dintre cele mai fru-moase şi tihnite momente ale vieţii sale.

Regina Maria a murit pe 18 iulie 1938. Avea, cum am mai spus-o, doar 62 de ani. Potrivit dorinţei sale, corpul reginei a fost înmormântat la Curtea de Argeş, alături de soţul său, Regele Ferdinand, dar inima ei a fost depusă în capela caste-lului de la Balcic, într-o casetă de aur şi argint. În timpul vieţii, regina fusese o femeie pasionată şi pasională — nu numai că i-a dăruit Regelui Ferdinand şase copii, dar a avut loc în inima ei atât pentru poporul căruia i-a fost regină, cât şi pentru unii dintre cei cu care viaţa a intersectat-o (cum ar fi prietenul ei extrem de intim, Barbu Ştirbei — şi nu numai). Dar, aşa cum în timpul vieţii inima nu i-a fost scutită de emoţii, tot aşa aceste peripeţii au continuat şi după moarte. În anul 1940, România a pierdut regiunea Dobrogei de Sud — inclusiv Balcicul. Familia regală a dus caseta cu inima Reginei Maria în castelul de la Bran. La mijlocul anilor '60, autorităţile comu-niste ale României au luat caseta de la Bran şi au depus-o la Muzeul de Istorie a României din Bucureşti — unde se află şi acum.

Merită să medităm dacă acesta este cel mai potrivit loc pentru inima Reginei Maria — cu atât mai mult cu cât ea şi-ar fi dorit altceva.

Peste timp, să reţinem aceste frumoase cuvinte din *Testa-mentul* reginei, scris cu puţin timp înainte de moarte:

„Ţării mele şi poporului meu,

(...) Abia împlinisem 17 ani când am venit la tine; eram tânără şi neştiutoare (...) şi am îmbrăţişat o nouă naţionalitate şi m-am străduit să devin o bună Româncă. Poate de mine vă veţi aminti deoarece v-am iubit cu toată puterea inimii mele (...). Te binecuvântez, iubită Românie, ţara bucuriilor şi durerilor mele (...). Fii tu veşnic îmbelşugată, fii tu mare şi plină de cinste, să stai veşnic falnică printre naţiuni, să fii cinstită, iubită şi pricepută."

Rareori un cap încoronat a vorbit aşa de frumos despre ţara sa. Prin faptele sale şi prin dăruirea ei, Regina Maria — deşi nu se născuse în România — a devenit una dintre cele mai demne de aducere-aminte românce din istoria acestei ţări.

Liderul legionarilor —
Corneliu Zelea Codreanu
(1899–1938)

Povestea ce urmează ne va arăta că, în istoria unui neam, personajele politice charismatice joacă deseori un rol nefast. Cel despre care voi vorbi aici a fost într-adevăr un personaj charismatic — dar aceasta nu l-a împiedicat să fie un criminal. Pentru unii, respectivul personaj a fost un *Salvator* al neamului. Pentru alţii, el a fost un şarlatan politic. Aşadar, cel despre care scriu aici este Corneliu Zelea Codreanu.

Fondatorul şi viitorul lider al mişcării legionare din România s-a născut în septembrie 1899, la Huşi, în judeţul Vaslui. Un detaliu puţin cunoscut este chiar originea familiei sale. Cel care avea să devină simbolul tineretului naţionalist român avea un tată pe nume Zelinski, foarte probabil de origine poloneză — iar mama sa, pe numele de fată Eliza Brauner, era de origine germană. Totuşi, ambii părinţi au trecut la religia ortodoxă şi tot ortodox l-au botezat şi pe fiul lor.

Pasiunea naţionalistă a tânărului Corneliu Zelea Codreanu s-a văzut încă de la vârsta de 16 ani, când a cerut să meargă voluntar pe frontul Primului Război Mondial. Mai apoi a devenit un student turbulent al Facultăţii de Drept din Iaşi, unde s-a remarcat iniţial prin calităţile sale de lider, dar s-a şi dovedit a fi un spirit virulent anticomunist, ultraortodox şi antisemit. Pentru comportamentul său provocator, el a fost exmatriculat din Universitatea ieşeană şi, spre mijlocul anilor '20, a plecat să-şi continue facultatea în Germania. La Berlin şi, mai apoi, la Jena, Codreanu a neglijat studiile, dar a fost fascinat de mişcarea hitleristă aflată atunci la începuturi. Întors în ţară cu sprijinul unora dintre profesorii săi ieşeni, a decis să aplice în politica românească acelaşi model naţionalist pe care-l văzuse la lucru în Germania.

În octombrie 1924, Corneliu Zelea Codreanu îl împuşca, în faţa unui tribunal din Iaşi, pe prefectul de poliţie Constantin Manciu. Acesta a fost primul asasinat politic dintr-o lungă serie pe care avea s-o producă extrema dreaptă din România. Arestat imediat, Codreanu a devenit eroul principal al unui proces care s-a judecat la Focşani, iar apoi la Drobeta-Turnu Severin. În cadrul procesului, el a speculat convingerile anti-evreieşi şi anticomuniste ale multor avocaţi şi judecători români de atunci. În plus, presa a tratat pe larg procesul lui Codreanu, prezentându-l ca pe o victimă a guvernului.

De fapt, un alt lucru mai puţin cunoscut este că, de la bun început, încadrarea juridică a crimei săvârşite de Zelea Codreanu a fost eronată. El a fost cercetat pentru *pregătirea unui complot* şi nu pentru uciderea unui om. Cum teza complo-tului nu s-a putut dovedi, în primăvara anului 1925 Codreanu a fost achitat de tribunalul de la Turnu Severin. Acesta a fost momentul său triumfal. De la Turnu Severin el s-a întors către Moldova natală ca un erou, iar în iunie 1925 el s-a căsătorit într-o nuntă grandioasă cu logodnica sa, Elena Ilinoiu.

Tot mai popular în ţară, în iunie 1927 Corneliu Zelea Codreanu înfiinţa, alături de câţiva tovarăşi de idei, organiza-ţia *Legiunea Arhanghelul Mihail*. Cei care vor adera la această mişcare se vor numi *legionari*. Promovând un naţionalism cu accente mistice, un antisemitism şi un anticomunism viru-lente, legionarismul a atras mulţi români — intelectuali, preoţi, muncitori sau ţărani. Codreanu nu a fost un mare orator, dar avea în mod cert un simţ al spectacolului. Îmbrăcat în ie albă şi călare pe un cal alb, apariţia lui îi înflăcăra pe adepţii mişcării. Crima politică era parte din arsenalul legionarilor — printre victimele lor numărându-se inclusiv prim-ministrul Ion Gh. Duca, în decembrie 1933. În alegerile din 1931 şi 1932, Codreanu a fost ales deputat în Moldova, iar la alegerile din decembrie 1937 partidul legionarilor a ieşit al treilea partid al ţării, cu peste 15% din voturi.

La sfârşitul anilor '30, popularitatea lui Zelea Codreanu era la apogeu. El ajunsese însă un personaj incomod în politica internă a ţării, iar în politica externă el se declara explicit ca fiind un admirator al lui Hitler şi Mussolini. În noiembrie 1938, Regele Carol al II-lea şi ministrul Armand Călinescu au decis să lovească în mod decisiv mişcarea legionară. În numele unui presupus interes al statului, Corneliu Zelea Codreanu şi alţi 13 legionari au fost asasinaţi în noaptea de 29 spre 30 noiembrie 1938.

Lansat în politică printr-o crimă, Corneliu Zelea Codreanu a fost asasinat la rândul său. Moartea lui n-a rezolvat nimic, ci, dimpotrivă, a condus la o altă, lungă, spirală a crimelor. Morala poveştii noastre apare inclusiv în Biblia pe care Codreanu o purta mereu cu el: cine ridică sabia are toate şansele să piară sub o altă sabie.

Asasinarea prim-ministrului Ion Gh. Duca
(decembrie 1933)

Asasinatul politic are, din păcate, o lungă istorie în România secolului XX. Atât legionarii, cât și comuniștii au excelat la acest capitol funest. De fapt, începuturile acestei practici a terorii sunt ceva mai vechi, încă din secolul XIX — mai precis, din iunie 1862, când prim-ministrul Barbu Catargiu a fost împușcat pe Dealul Mitropoliei din București, în condiții neelucidate vreodată. În povestea de azi vă propun să ne reamintim despre cel de-al doilea prim-ministru român ucis în timpul mandatului. Cu alte cuvinte, să vedem care rămân enigmele și misterele asasinării lui Ion Gheorghe Duca.

Fiu al unui inginer de căi ferate, I.Gh. Duca s-a născut la București, în decembrie 1879. Om de o inteligență sclipitoare, după ce a terminat Liceul „Sfântul Sava" din Capitala țării, tânărul Duca a obținut un doctorat în Drept la Paris și, revenit în țară, a ajuns judecător la Râmnicu Vâlcea. Dar marile calități ale lui I.Gh. Duca aveau să se vadă în activitatea lui politică. Discipol al lui Ionel Brătianu, Duca a ajuns la sfârșitul anilor '20 unul dintre cei mai capabili și mai onești politicieni ai României. În 1930, la vârsta de 51 de ani, el devenea președintele Partidului Național Liberal. Inițial, Duca a fost un adversar redutabil al Regelui Carol al II-lea — și vă rog să rețineți acest detaliu, pentru că unii istorici cred că el are legătură cu misterele morții lui. Totuși, în primii ani '30 el s-a reconciliat cu regele și a devenit un om de încredere al acestuia.

După ce anterior condusese mai multe ministere, în noiembrie 1933 Ion Gheorghe Duca a fost numit prim-ministru de Regele Carol al II-lea. În această calitate, el a luat o decizie foarte curajoasă: pe 10 decembrie 1933, el a scos în afara legii partidul Garda de Fier, de extremă dreaptă. Cum puteți bănui, acest act politic a atras furia legionarilor. De la acest act și până la asasinat n-a mai fost decât un pas.

În dimineața zilei de 29 decembrie 1933, premierul I.Gh. Duca a plecat cu trenul din București către Sinaia, chemat fiind de Regele Carol al II-lea pentru o discuție politică. Fără să știe, încă din acea dimineață Duca era însoțit de asasinii săi — care au călătorit în același tren, într-un vagon învecinat. După o discuție de două ore cu regele, în cursul serii premierul Duca s-a îndreptat din nou către gara din Sinaia. Aici, pe peron, era așteptat de trei legionari: pe unul dintre ei îl chema Nicolae Constantinescu, pe altul Ion Caranica, iar pe al treilea Doru Belimace — de aici acronimul sub care acești asasini au intrat în istorie, sub numele de *Nicadori*. În timp ce premierul se îndrepta către vagonul său, unul dintre legionari a descărcat în el cinci gloanțe. I.Gh. Duca a murit pe loc.

Acest asasinat are până azi multe enigme. Una este aceea că cei trei asasini s-au plimbat toată ziua pe peronul gării și nimeni nu i-a întrebat nimic, deși conducerea regionalei CFR știa că prim-ministrul o să plece de acolo. Al doilea mister privește comportamentul Regelui Carol al II-lea, care fusese avertizat că Duca apărea pe lista neagră a legionarilor. A treia enigmă privește chiar comportamentul lui I.Gh. Duca. Acesta își lăsase garda de corp la București. În fine, un alt mister pleacă din faptul că premierul ar fi trebuit să intre mai întâi în biroul șefului de gară, care urma apoi să-l conducă spre tren. Dar acest lucru nu s-a întâmplat. Astfel a murit unul dintre cei mai mari oameni politici ai României Mari. Personal, nu cred că Regele Carol al II-lea a fost amestecat în acest asasinat, dar e limpede că pe seama detaliilor morții lui Duca se va mai vorbi și se va mai scrie mult.

Morala poveștii noastre pleacă dintr-un alt detaliu pe care puțini români îl cunosc. În momentul autopsiei, s-a observat că prim-ministrul avea sub haină o cămașă curată, dar uzată, cârpită cu grijă de una dintre slujnicele sale. Acest om, care era unul dintre cei mai influenți politicieni ai României, era totodată un om cumpătat și modest. El nu uitase că România trecuse printr-o criză economică teribilă. Ion Gheorghe Duca a fost unul dintre acei români ale cărui fapte au respectat vorbele sale.

Femeile din viața Regelui Carol al II-lea
(1893–1953)

În primele decenii ale secolului XX, ziarele tabloid nu existau în România, iar *paparazz*ii nu apăruseră nici ei. Altfel, cu toții ar fi avut multe de comentat pe seama detaliilor picante din viața Regelui Carol al II-lea. Vă propun, acum, să vedem în ce măsură Carol al II-lea chiar a fost *regele-playboy* despre care vorbesc unii istorici.

Viitorul Rege Carol al II-lea s-a născut pe 16 octombrie 1893, ca prim fiu al Regelui Ferdinand și al Reginei Maria. Expansiv și inteligent, dar și pasional și încăpățânat, Carol al II-lea a manifestat de timpuriu multe din calitățile și din defectele poporului pe care urma să-l conducă. Despre Carol al II-lea se spune deseori că era excesiv de pasionat de femei. Haideți să vedem cât este adevăr și cât este legendă în această poveste.

Prima iubire a viitorului rege s-a înfiripat în anul 1913, pe când Carol al II-lea avea 20 de ani, în persoana unei tinere bucureștence pe nume Ella Filliti. A fost mai curând un amor post-adolescentin, fără urmări. A doua iubire din viața lui Carol a fost, în toamna lui 1916, o liceană pe nume Maria Martini, fiica unei familii care locuia la poalele Dealului Cotrocenilor din București. Și apoi, repede, a urmat cea de-a treia poveste amoroasă, cu Ioana Lambrino, supranumită Zizi. Voi reveni la această aventură.

Al patrulea amor, pasager, a avut drept eroină o actriță din București, pe nume Mirela Marcovici. A urmat apoi a cincea poveste amoroasă, care ar fi trebuit să fie ultima: în martie 1921, Carol al II-lea s-a căsătorit cu Elena, fiica Regelui Constantin al Greciei — iar din această căsătorie s-a născut apoi unicul lor fiu, viitorul Rege Mihai. Numai că în viața lui Carol al II-lea a apărut ulterior și un al șaselea amor: anume Elena Lupescu, alintată *Duduia*, femeia care avea să-l marcheze nu numai pe Carol al II-lea, ci și viața țării.

Cei care spun că Regele Carol al II-lea a fost un *rege-playboy* par a pierde din vedere un detaliu important. Din momentul în care a cunoscut-o pe Elena Lupescu, în februarie 1925, și până la moartea sa, în aprilie 1953, Carol al II-lea i-a fost *Duduii* de o fidelitate, în fond, impresionantă. Cei doi s-au căsătorit în exil, în august 1949. Vreme de aproape 30 de ani, Elena Lupescu a fost singura femeie din viața lui Carol al II-lea. Se adeverea astfel o vorbă veche din satele românești, care spune că fiecare sac își găsește până la urmă petecul său.

În ciuda a ceea ce îndeobște se crede, cele mai mari probleme... civile pentru tânărul Carol al II-lea nu le-a pus Elena Lupescu, ci iubirea lui cu numărul trei: adică Ioana „Zizi" Lambrino. Amorezat de această fiică a generalului Constantin Lambrino și trecând peste rezervele familiei, în toamna anului 1918 — deci încă în timp de război — prințul Carol a dispărut pur și simplu din țară și cei doi s-au căsătorit pe ascuns într-o biserică rusă din Odessa. Ulterior, un tribunal român a anulat mariajul imediat ce s-a aflat despre el — dar Zizi era deja gravidă, și un fiu pe nume Mircea s-a născut după desfacerea acelei căsătorii morganatice. Apoi, în schimbul tăcerii și ca preț al nerevendicării vreunui drept regal, Zizi Lambrino a primit o mare sumă de bani și a părăsit țara, alături de copilul care-i purta numele.

Așadar, s-ar zice că firea nestatornică a Regelui Carol al II-lea i-a creat reale probleme pe plan sentimental. Totuși, palmaresul amoros al acestui rege-*playboy* este mai curând modest: tot ce se poate reconstitui cu certitudine, dincolo de bârfe, sunt legăturile sale cu şase femei: Ella Filliti, Maria Martini, Zizi Lambrino, Mirela Marcovici, Regina Elena şi Duduia Elena Lupescu. Pe trei dintre aceste şase femei Carol al II-lea chiar le-a luat de soţie (!). Dat fiind că bărbaţii români, ca toţi latinii, s-au lăudat adesea cu multele lor cuceriri, s-ar putea ca Regele Carol al II-lea să fie chiar puţin sub media naţională a succeselor masculine!

În fine, mai trebuie spus că ceea ce l-a doborât pe Regele Carol al II-lea de pe tronul României nu a fost vreo aventură galantă, ci aventura militară a trupelor lui Hitler care în toamna anului 1940 au îngenuncheat Franţa.

Morala acestei poveşti ne spune că un popor trebuie să-şi judece conducătorii după ceea ce ei fac în timpul zilei — şi nu în timpul nopţii.

Povestea Radioului național

Astăzi, în epoca internetului și a comunicațiilor fără frontiere, pare greu de crezut că acum un secol țara noastră nu avea nici măcar un post național de radio. Unele familii mai înstărite din elita românilor aveau aparate de radio, dar tot ce puteau face cu ele era să asculte programe străine, emise de la Berlin sau Paris. Drept care vă propun aici să recapitulăm împreună povestea Radioului național.

Ca și în alte țări, începuturile radiofoniei românești sunt legate de necesitățile armatei. În cazul nostru, în anul 1908 s-a înființat la Constanța un post de radiotelegrafie, care aparținea de Serviciul Maritim Român și avea drept scop supravegherea Mării Negre. Prima emisiune experimentală de radio în limba română s-a transmis pe 19 noiembrie 1925. Bucuria românilor de a asculta programe de radio în limba lor a fost uriașă: în următorii doi ani peste 2000 de familii s-au abonat la acest serviciu, deși o societate națională de radio încă nu exista ca atare.

Societatea Română de Radio a luat naștere în martie 1928 și imediat a cumpărat un imobil modest în strada General Berthelot nr. 60 din București — adică sediul în care se află și astăzi. Prima emisiune oficială a postului s-a difuzat în după-amiaza zilei de 1 noiembrie 1928 — iar succesul a fost peste așteptări. În acea primă oră de program s-a difuzat muzică, apoi un buletin de știri, un buletin meteorologic, știri sportive

87

și chiar s-au recitat și versuri — se puneau astfel bazele unor rubrici ce există până azi.

Radioul național s-a dezvoltat exploziv în anii '30 ai secolului trecut. De atunci, toate momentele importante ale istoriei noastre s-au oglindit în transmisiunile în eter ale postului. Așa cum vom vedea, prin radio au anunțat legionarii — pe 21 septembrie 1939 — asasinarea prim-ministrului Armand Călinescu. Tot prin radio s-a transmis, în seara zilei de 23 august 1944, acel mesaj repetat din sfert în sfert de oră și care spunea *„Atenție, atenție! Vom transmite un comunicat important pentru țară!"* — după care, la ora 10 a serii, s-a transmis *Proclamația* către țară a Regelui Mihai. În următoarea zi, pe 24 august 1944 la ora 16:20, un bombardament german masiv a distrus sediul din strada General Berthelot și a ucis mulți dintre redactorii aflați la program. Actuala clădire a Societății de Radio a fost dată în folosință în noiembrie 1952.

Radioul național a creat primele vedete din România. Primul român care a vorbit la radio a fost profesorul Dragomir Hurmuzescu, unul dintre pionierii radiofoniei românești. Pentru generația bunicilor noștri, cuplul Stroe și Vasilache și programele lor umoristice sau cântăreața Maria Tănase — care a debutat la Radio în februarie 1938 — erau mai populari decât multe dintre vedetele TV de astăzi. De-a lungul a aproape un secol de existență, Societatea de Radio a avut mulți directori generali — dar cel care rămâne un reper până astăzi este Vasile Ionescu, care a condus Radio România în două rânduri, între 1940 și 1945. Cum era de așteptat, regimul comunist s-a răzbunat pe el: pentru onoarea de a fi condus Radioul în timpul războiului, Vasile Ionescu a petrecut 13 ani în temnițele comuniste.

În anii '50, în plină epocă de dominație a partidului unic, a apărut Programul 2 al postului Radio România și au fost create sau recreate și studiourile teritoriale din Iași, Cluj, Craiova, Timișoara sau Târgu-Mureș; la începutul anilor '70 a fost lansat și Programul 3 al postului, care s-a specializat în timp pe programe pentru tineret. În urma iernii dure de la cumpăna anilor 1984–1985, regimul Ceaușescu a desființat studiourile teritoriale și a redus drastic orele de emisie ale postului din București.

Astăzi, Radio România rămâne o instituție-fanion a presei românești, chiar dacă are o concurență — din partea internetului sau a nenumăratelor televiziuni — așa cum nu a mai avut vreodată. Morala? Indiferent de tehnologii, cât timp se va vorbi românește, povestea radiofoniei românești încă nu va ajunge la ultimul capitol.

Un zgârie-nori pe Calea Victoriei:
Palatul Telefoanelor
(1929–1934)

În clipa în care scriu acum, cea mai înaltă clădire din lume se află undeva în Dubai, în Emiratele Arabe Unite. Ea are 163 de etaje și o înălțime impresionantă de 830 de metri. Mai aproape de noi, cea mai înaltă clădire din România se află la București. Ea se cheamă *SkyTower*, are 37 de etaje și o înălțime meritorie de 137 de metri. În deceniile următoare, alte și alte clădiri înalte vor apărea pe cerul orașelor noastre — și ale lumii. Drept care vă propun aici să ne reamintim istoria aventuroasă a primului „zgârie-nori" din România: Palatul Telefoanelor din București.

La începutul secolului XX, pe partea stângă a Căii Victoriei, cum mergi de la Cercul Militar către Palatul Regal, se aflau moșiile boierului Oteteleșanu. Amplasate în chiar centrul Bucureștiului, aceste moșii găzduiau și o celebră grădină de vară — *Terasa Oteteleșanu* —, unde se mânca bine, se bea mult și cântau unele dintre cele mai bune voci ale țării. Această realitate patriarhală a durat până la sfârșitul anilor '20, când pe terenul fostei Terase Oteteleșanu a început construcția celei mai mari clădiri din Bucureștiul acelor vremi.

Construcția la viitorul Palat al Telefoanelor a început în anul 1929. Cei trei arhitecți ai clădirii erau toți străini. Unul dintre ei era un olandez stabilit în România, pe nume Edmund van Saanen Algi, care la mijlocul anilor '20 mai lucrase la frumoasa clădire a Academiei de Studii Economice din

București. Pe lângă el, statul român a mai angajat și doi arhitecți americani: Walter Froy și Louis Weeks. Celor doi li s-a cerut în mod explicit să proiecteze o clădire care să aducă aminte de faimoșii „zgârie-nori" din New York. Și astfel a luat naștere Palatul Telefoanelor, cu o înălțime care atunci părea amețitoare pentru peisajul Capitalei noastre: 53 de metri. Lucrările au durat 5 ani, astfel încât frumoasa clădire în stil Art Deco a fost dată în folosință în 1934. Deloc întâmplător, Palatul era dedicat telefoniei — adică cel mai modern mijloc de comunicare din acel moment, care câștiga an de an tot mai mulți abonați în orașele României Mari. Un detaliu interesant este că lucrările la Palatul Telefoanelor s-au suprapus cu marea criză economică dintre anii 1929–1933. Acest lucru a fost un avantaj pentru constructori, pentru că mâna de lucru și materialele de construcție au fost mai ieftine.

Trebuie spus că cei doi arhitecți americani Froy și Weeks au îndrăgit mult Bucureștiul și au lucrat cu mare entuziasm la proiectul Palatului Telefoanelor. De altfel, ei erau gata să proiecteze și alte clădiri înalte — în viziunea lor, Calea Victoriei trebuia să devină un fel de arteră în stil american, cu „zgârie-nori" de o parte și de alta. Este de la sine înțeles că dezmembrarea României Mari, care avea să urmeze peste câțiva ani, a pus capăt acelor planuri. Ar fi interesant să ne imaginăm cum ar fi arătat Bucureștiul de azi dacă cel de-al Doilea Război Mondial nu ar fi avut loc.

Inaugurarea Palatului Telefoanelor, în anul 1934, a stârnit în București bucurie și curiozitate. El reprezenta și o reușită inginerească, pentru că era prima clădire înaltă cu schelet metalic din țara noastră, iar oțelul era luat din producția internă, de la Uzinele Reșița. Bucureșteni sau vizitatori, toți cei care mergeau pe Calea Victoriei sau adăstau pe terasa cafenelei Capșa, de peste drum, admirau frumoasa clădire albă a Palatului. În deceniile următoare, Palatul Telefoanelor a fost serios zguduit de cutremurele din 1940 și 1977, iar în anii războiului bombele aruncate asupra Bucureștiului l-au atins și pe el.

După cum spuneam, doi dintre cei trei arhitecți care au creat Palatul Telefoanelor erau americani. O ironie a Istoriei face ca și cei care au bombardat Palatul în anii celui de-al Doilea Război Mondial să fi fost tot niște piloți americani. Într-un astfel de atac, clădirea învecinată a Teatrului Național a fost distrusă. Mai norocos, Palatul Telefoanelor, deși lovit, a rămas în picioare.

Cu cei 53 de metri ai săi, Palatul Telefoanelor este, spuneam, de aproape trei ori mai mic decât *Sky Tower* — cea mai înaltă clădire din Bucureștiul de azi. Palatul Telefoanelor a rămas cea mai înaltă clădire a Bucureștiului din 1933 și până în primii ani '70, când a apărut Hotelul Intercontinental. Dar astăzi farmecul Palatului se păstrează intact. El rămâne un martor elegant al unei epoci în care telefonul din sufragerie era aproape un membru al familiei, iar Calea Victoriei promitea să semene cu Manhattanul. Morala poveștii noastre este aceea că, în arhitectură ca și în istorie, mărimea nu contează întotdeauna.

Aventurile urbane ale Arcului de Triumf
(1936)

Unul dintre cele mai uşor de recunoscut monumente ale României de azi este Arcul de Triumf din Bucureşti. Dar puţini dintre noi ştiu cât de schimbătoare a fost povestea edilitară şi politică a acestui simbol. Vă propun aici câteva detalii din aventurile urbane ale Arcului de Triumf.

Istoria europeană a Arcurilor de Triumf începe acum 2000 de ani, în Imperiul Roman. Generalii sau împăraţii învingători în lupte se întorceau la Roma trecând printre astfel de coloane ale gloriei. În lumea modernă, monumentele de acest gen cele mai cunoscute — precum Arcul de Triumf din Paris sau Poarta Brandenburg din Berlin — trimit la aceeaşi semnificaţie simbolică.

Paradoxal sau nu, Bucureştiul a avut mai multe „arcuri de triumf" de-a lungul ultimului secol şi jumătate, dar toate — cu excepţia unuia singur — au fost provizorii. Un arc de triumf din lemn a fost ridicat de revoluţionarii de la 1848; un alt arc de triumf a apărut în Bucureşti în 1859, după unirea domnitorului Cuza; un alt arc a apărut apoi la începutul Căii Victoriei după câştigarea independenţei din 1877; un al patrulea arc a fost clădit în 1906, pe dealul Filaretului, în cadrul expoziţiei naţionale din acel an; iar un al cincilea arc, tot provizoriu, a fost ridicat la sfârşitul anului 1918, pentru a sărbători victoria din Primul Război Mondial. Se poate spune că

93

românii au iubit atât de mult arcurile de triumf, încât cu greu s-au putut hotărî asupra unuia singur!

Abia în anul 1922, în contextul încoronării Regelui Ferdinand şi a Reginei Maria ca suverani ai României Mari, o comisie a Primăriei Bucureştiului l-a mandatat pe arhitectul Petre Antonescu cu proiectarea unui monument demn de ambiţiile ţării. Locul ales era în nordul Bucureştiului, la intersecţia Şoselei Kiseleff cu cele trei bulevarde care se deschid din ea. Arhitectul Antonescu şi-a făcut treaba bine, dar timpul scurt al execuţiei a dus la un Arc de Triumf făcut în grabă, cu basoreliefuri din ipsos, pe care vânturile şi ploile din următorii ani le-au marcat serios. La începutul anilor '30, Arcul de Triumf era mai curând o caricatură a ceea ce ar fi trebuit să fie.

Cel care a luat în serios sarcina ridicării unui monument adevărat a fost Regele Carol al II-lea. La comanda acestuia şi cu bani donaţi sau din subscripţii publice, unii dintre cei mai mari artişti ai timpului — precum Baraschi, Jalea, Paciurea, Costin Petrescu şi alţii — au lucrat coloanele arcului în granit de Deva sau în marmură de Ruşchiţa, iar arhitectul Antonescu i-a dat piesei chipul său de azi: o temelie de 25 de metri, o lăţime de 11,5 metri şi o înălţime de 27 de metri. Lucrările finale au început în primăvara lui 1935, iar inaugurarea Arcului de Triumf s-a făcut pe 1 decembrie 1936.

În deceniul următor, Arcul de Triumf a fost martorul mut al avatarurilor prin care a trecut România. Pe lângă Arcul de Triumf au trecut trupele germane când au venit în Capitală, precum şi trupele sovietice când au intrat în Bucureşti, câţiva ani mai târziu. Pe lângă acelaşi Arc de Triumf au trecut preşedintele francez Charles de Gaulle şi preşedintele american Richard Nixon atunci când ei au fost oaspeţii României lui Nicolae Ceauşescu. De fapt, trebuie spus că regimul comunist din România şi-a lăsat în mod clar amprenta pe arc: toate textele gravate în piatră şi toate efigiile ce aduceau aminte de familia regală a României au fost distruse şi a trebuit să vină anul 1989 pentru ca unele dintre acestea (dar nu toate) să fie refăcute.

Astăzi, acest monument rămâne reprezentativ pentru o geopolitică mereu provocatoare: nu departe de Arcul de Triumf se află reședința ambasadorului Statelor Unite, dar și Ambasada Rusiei, noua Ambasadă a Canadei, iar undeva aproape, în același cartier, Ambasada Chinei. Rămâne de văzut cine și cum va mai trece pe sub vechiul și totuși noul nostru Arc de Triumf.

Istoria Enciclopediei Române

Povestea ce urmează ne conduce în detaliile unuia dintre cele mai îndrăznețe monumente din întreaga istorie a neamului românesc. Acest monument nu a fost clădit din piatră și nici din granit — și, cu toate acestea, el dăinuie până azi, fiind mai rezistent decât piatra sau decât granitul. Pe firul poveștii ne vom întâlni cu Regele Carol al II-lea, cu mareșalul Antonescu și cu câteva zeci dintre cei mai străluciți români din secolul XX. Oare care anume este acest monument ce i-a adunat pe toți, într-una dintre clipele astrale ale istoriei României?

Anii '30 ai secolului trecut au reprezentat un deceniu paradoxal. El a început cu mari speranțe și s-a terminat într-o mare dramă națională. Acest deceniu se cheamă *deceniul carlist* — tocmai pentru că el a stat sub semnul celui care atunci era Regele Carol al II-lea.

În acei zece ani s-a construit enorm în toată România, de la București la Iași, de la Cluj la Chișinău și de la Timișoara la Cernăuți. Voi da câteva exemple, toate din Capitală: monumentala clădire a Facultății de Drept, Palatul Telefoanelor, Arcul de Triumf, Biblioteca Academiei Române, Institutul Național de Istorie, Palatul CFR din Gara de Nord, Parcul Herăstrău, Academia Militară din Cotroceni sau Palatul care azi este al Ministerului de Interne — toate acestea datează din anii '30 și sunt mărturia celui mai bun deceniu din istoria României Mari.

Ei bine, în ciuda acestei introduceri, clădirea monumentală la care mă voi referi în continuare nu e una arhitectonică, ci e una intelectuală. Este vorba, pur şi simplu, despre o carte — probabil cel mai temerar proiect editorial din întreaga istorie a literelor româneşti. Regele Carol al II-lea a făcut, cum se ştie, multe erori. Dar nimeni nu poate nega faptul că acest rege i-a preţuit pe cărturari şi că singurul compliment pe care-l merită într-adevăr era chiar cel la care el ţinea cel mai mult: acela de *Voievod al Culturii*.

Această mare carte a spaţiului românesc s-a numit *Enciclopedia României*, iar primele sale volume au apărut, sub patronajul regelui, la sfârşitul anilor '30. Primele două volume cuprind istoria, viaţa politică şi administraţia românească; apoi, volumele 3 şi 4 priveau viaţa economică a României Mari, cu trecutul şi perspectivele ei; în fine, volumele 5 şi 6 urmau să trateze istoria şi prezentul culturii româneşti. Cu riscul de a-i supăra pe mulţi dintre savanţii noştri de azi, voi spune că *Enciclopedia României* din deceniul carlist reprezintă până azi o lucrare de o amploare încă neegalată. Fiecare volum, pe mai bine de 1100 de pagini fiecare, în format mare, tratează până în cele mai mici detalii situaţia României de atunci.

Această uriaşă sinteză beneficia de semnăturile unora dintre cei mai prestigioşi intelectuali ai epocii: directorul proiectului era sociologul Dimitrie Gusti, iar lista celor care au scris diverse capitole cuprinde pe istoricii Nicolae Iorga sau Constantin C. Giurescu, statisticianul Sabin Manuilă, naturalistul Grigore Antipa, finanţistul Mircea Vulcănescu, economistul Virgil Madgearu, scriitorul Cezar Petrescu, filosoful Constantin Rădulescu-Motru sau matematicianul Octav Onicescu şi alte zeci de nume a căror simplă rostire impresionează şi azi. Volumul de informaţie cuprins era enorm. Cu prietenie le recomand celor care mai găsesc prin vreun anticariat aceste volume să le cumpere neapărat. Metaforic, desigur, aş zice că ele valorează greutatea lor în aur — iar greutatea lor, credeţi-mă, este mare. Chiar și azi, în epoca internetului, adevărata carte a neamului românesc rămâne aceasta, publicată acum opt decenii.

Cum bănuiți, istoria tulburilor ani '30 a marcat inclusiv acest uriaș proiect editorial. Din toate cele șase volume planificate, nu au apărut decât primele patru. Dintre acestea, trei s-au aflat sub patronajul Regelui Carol al II-lea, iar al patrulea poartă la început un cuvânt de deschidere din partea mareșalului Antonescu.

Morala poveștii este la îndemâna oricui: ieri, ca și azi, în orice proiect unii pun temelia, iar alții taie panglica de final. Dar mai există și o a doua morală: Carol al II-lea, mareșalul Antonescu și toate acele zeci de autori astăzi nu mai există — dar a rămas în urma lor una dintre cele mai importante cărți ale culturii române din toate timpurile.

Diplomație și masonerie:
cazul Nicolae Titulescu

În rândurile ce urmează o să vorbesc despre unul dintre cei mai importanți români ai secolului XX. El a fost un om politic, dar nu a excelat din acest punct de vedere. A fost totodată profesor, dar nu prin aceasta a devenit nemuritor. În schimb, moștenirea eroului nostru de azi este legată de politica externă a României. Vă propun, așadar, să vedem care-i legătura dintre diplomație și masonerie în cazul diplomatului român Nicolae Titulescu.

Nicolae Titulescu s-a născut în martie 1882, în familia unui avocat din Craiova. După absolvirea Liceului „Carol I" din acest oraș, face studii strălucite la Paris, unde obține un doctorat în Drept. Întors în țară, în 1905 devine profesor universitar de Drept la Iași, iar mai apoi la București. În aceeași perioadă intră și în politică, mai întâi în partidul conservatorilor. Dar adevărata sa chemare era diplomația, în care se lansează după Primul Război Mondial.

După anul 1919, Titulescu a fost unul dintre membrii delegației care au reprezentat interesele României în sistemul de pace de la Versailles. Raportul de forțe stabilit acolo ar fi trebuit să garanteze pacea în Europa după Primul Război Mondial. În carierea sa diplomatică ce avea să urmeze, Titulescu a fost un încăpățânat apărător al principiilor stabilite la Versailles. El a devenit ministru de Externe în vara lui 1927, într-un guvern condus de liberalul Ionel Brătianu și va reveni în acest post în toamna anului 1932, într-un guvern țărănist condus de Iuliu Maniu. Dar punctul culminat al carierei sale a fost atins la sediul Societății Națiunilor de la Geneva, unde a fost ales de două ori președinte al organizației — în anii 1930 și 1931. În anii '20 și în anii '30, Titulescu a fost unul dintre artizanii principali ai sistemului de alianțe al României.

Momentul cel mai controversat al carierei lui Titulescu privește relațiile pe care acesta le-a avut cu omologul său sovietic Maxim Litvinov. În vara anului 1934, România a reluat legăturile diplomatice cu Uniunea Sovietică. Totodată, bazându-se pe relațiile bune pe care le avea cu ministrul rus Litvinov, Titulescu a încercat în anul 1935 să negocieze un tratat de neagresiune între România și URSS, care să cuprindă și recunoașterea Basarabiei ca parte a statului român.

Negocierile dintre Titulescu și Litvinov i-au creat ministrului român mai mulți dușmani decât prieteni. Atitudinile sale în cadrul Societății Națiunilor erau foarte rău privite la Berlin sau la Roma. În țară, Titulescu a avut relații mai curând reci cu Regele Carol al II-lea, care vedea în încăpățânarea ministrului un lucru dăunător pentru interesele României. În plus, relațiile cordiale dintre Titulescu și rusul Litvinov i-au alarmat pe unii dintre aliații României, printre care Polonia — care avea motivele sale să se teamă de Uniunea Sovietică.

Supus unor presiuni din mai multe părți, Titulescu a fost demis din fruntea Ministerului de Externe în august 1936. Acuzațiile care i s-au adus priveau relațiile sale cu Moscova și totodată relațiile sale cu masoneria. Ambele, de fapt, erau simple pretexte. Lipsit de sprijin politic și rănit în orgoliul său, Titulescu s-a exilat în Franța — unde a și murit, la vârsta de 59 de ani, în martie 1941. Între timp, începuse cel de-al Doilea Război Mondial și Titulescu a suferit dezamăgirea de a vedea că eforturile sale pacifiste păreau a fi fost zadarnice.

La drept vorbind, Titulescu a fost, așadar, mai curând victima Uniunii Sovietice decât a Regelui Carol al II-lea. Prin negocierile cu Titulescu, Moscova dorea doar să câştige timp — şi nu să recunoască graniţele României. Aşadar, Titulescu a căzut în capcana propriilor bune intenţii. Morala poveştii noastre este că, atunci când începe războiul, diplomaţia tace şi aşteaptă zile mai bune.

Asasinarea prim-ministrului
Armand Călinescu
(septembrie 1939)

Deseori noi, românii, ne autodescriem drept un popor pașnic și tolerant. Aceasta nu înseamnă că nu am avut în istorie și momentele noastre de nebunie cvasi-colectivă. Asasinarea prim-ministrului Armand Călinescu, în septembrie 1939, reprezintă o astfel de pagină neagră. Vă propun să intrăm împreună în secretele acestei crime politice.

Armand Călinescu s-a născut pe 4 iunie 1893, în familia unui colonel din Pitești. A fost un elev strălucit al Colegiului Ion C. Brătianu din acel oraș, iar mai apoi a studiat Dreptul și Filosofia la București și a obținut un doctorat în științe economice la Paris. La vârsta de 30 de ani, el a decis să intre în politică, ajungând deputat, apoi prefect, iar mai apoi ministru în anumite guverne ale Partidului Național Țărănesc. În decembrie 1937, el făcea o alegere care avea să-i marcheze viața: în urma alegerilor parlamentare ce tocmai avuseseră loc, Armand Călinescu a intrat în guvernul național-creștin condus de poetul Octavian Goga și a ocupat funcția de ministru de Interne — și astfel s-a aflat în prima linie a luptei cu mișcarea legionară, aflată atunci în plin avânt în politica României.

Armand Călinescu îi detesta pe legionari și considera că ei reprezintă o amenințare gravă la adresa ordinii sociale. La fel de adevărat este că și legionarii îl urau pe Călinescu și îl plasau pe lista principalilor lor dușmani. Relațiile dintre Călinescu și legionari s-au agravat și mai mult după ce, în noaptea de 29 spre 30 noiembrie 1938, Corneliu Zelea Codreanu și mai mulți dintre camarazii săi au fost asasinați la marginea Bucureștiului, sub pretextul fugii de sub escortă. Fără îndoială, Armand Călinescu a fost unul dintre inițiatorii acestei execuții. Din acel moment, el a fost condamnat la moarte de legionari.

Datorită vederilor sale politice și mai ales datorită intransigenței sale, Călinescu a fost numit de Regele Carol al II-lea, în martie 1939, prim-ministru. Imediat, mesajele de amenințare ale legionarilor la adresa sa s-au întețit. După două atentate eșuate, aceste amenințări s-au materializat într-o zi frumoasă și caldă de toamnă: pe 21 septembrie 1939, la ora 13 și 30 de minute, un *comando* legionar a urmărit mașina premierului pe când acesta se ducea să ia prânzul acasă și, în apropierea Parcului Eroilor din Bucureștiul de azi, l-a asasinat cu 20 de gloanțe pe Călinescu.

În legătură cu această crimă, câteva enigme mai persistă până azi. În primul rând, se spune că Regele Carol al II-lea ar fi știu de atentat și nu a făcut nimic ca să-l salveze pe Călinescu. Acest detaliu nu este adevărat. Oricâte păcate ar avea Carol al II-lea în istoria noastră, nu el este cel vinovat pentru moartea lui Armand Călinescu. Mai există și o a doua enigmă: cum se face că premierul țării era atunci singur în mașină? Răspunsul este mai simplu decât bănuiți: oricât ar părea de necrezut, Armand Călinescu refuza să meargă cu gărzi de corp după el, tocmai pentru a-i sfida pe legionari.

În fine, asasinarea lui Călinescu mai are și un detaliu tragicomic: imediat după crimă, echipa de legionari s-a dus la Radio, pe strada General Berthelot, pentru a anunța în direct execuția prim-ministrului. Pentru că erau îmbrăcați în haine negre, portarul de la Radio i-a lăsat inițial să intre — crezând că este vorba despre un taraf de instrumentiști ce tocmai urmau să vină pentru un program muzical!

Armand Călinescu a fost, aşadar, asasinat pentru a fi răzbunată moartea lui Corneliu Zelea Codreanu. Imediat, pentru a-l răzbuna pe Călinescu, Regele Carol al II-lea a dispus asasinarea a aproape 300 de legionari — inclusiv a *comandoului* din 21 septembrie. Iar peste un an, în toamna lui 1940, legionarii îi vor asasina la Jilava pe 64 dintre foştii demnitari ai lui Carol al II-lea. Morala acestei poveşti este simplă: vărsarea de sânge atrage după sine altă vărsare de sânge.

Consiliile de Coroană din vara anului 1940

Într-una dintre paginile precedente am mai vorbit despre importanța istorică a Consiliilor de Coroană care au decis intrarea României în Primul Război Mondial. Astăzi vom continua povestea, vorbind despre neutralitate și război, despre naivitățile savantului Nicolae Iorga și despre greșelile Regelui Carol al II-lea. Vă propun, așadar, să intrăm în culisele celor mai dramatice Consilii de Coroană ale anilor 1939–1940.

În dimineața zilei de 1 septembrie 1939, Germania nazistă a pornit un atac masiv asupra Poloniei. Două zile mai târziu, Franța și Anglia declarau război Berlinului. Începea astfel al Doilea Război Mondial. România avea toate motivele să fie îngrijorată. Și astfel se ajunge la un Consiliu de Coroană, convocat de Regele Carol al II-lea la Palatul Cotroceni, la ora 16 a zilei de 6 septembrie 1939. În acordul tuturor celor prezenți, România anunța *„observarea strictă a regulilor neutralității"*. Cu alte cuvinte, ca și în Primul Război Mondial, Bucureștiul semnala o atitudine de expectativă, sperând într-un moment favorabil intrării în luptă. Dar era o speranță iluzorie, pentru că situația din Europa era total diferită față de cea din anul 1914.

Ceea ce nu știau nici Regele României și nimeni din elita noastră politică era că, în urmă cu doar câteva zile, pe 23 august 1939, la Moscova Germania lui Hitler și Uniunea Sovietică a dictatorului Stalin deciseseră, prin miniștrii lor de externe, un protocol secret prin care Berlinul se declara de acord cu anexarea Basarabiei românești de către URSS. Cele două totalitarisme ale secolului XX își dăduseră mâna, iar victimele directe urmau să fie România și Polonia.

Ultima șansă de supraviețuire a României Mari s-a prăbușit la mijlocul lui iunie 1940, când Franța a capitulat, învinsă de armatele lui Hitler. Peste câteva zile, pe 26 iunie 1940, Uniunea Sovietică a somat guvernul român să cedeze imediat Basarabia și Bucovina de Nord.

Această somație a produs panică la București. La mijlocul zilei de 27 iunie 1940, la ora 12, tot la Palatul Cotroceni, un prim Consiliu de Coroană a ajuns la un rezultat indecis: 10 dintre cei prezenți s-au pronunțat pentru acceptarea ultimatumului sovietic, iar alți 10 au propus rezistența armată. Dar, în seara aceleiași zile, Regele Carol al II-lea i-a convocat din nou pe consilieri. Dintre cei 26 de lideri politici prezenți, numai șase s-au pronunțat acum pentru apărarea cu arma în mână a granițelor. Printre cei șase s-a aflat și istoricul Nicolae Iorga. Numai că cineva l-a întrebat imediat dacă el știe prețul unui avion militar. Iorga nu a știut să răspundă, drept care ideea sa de rezistență a fost considerată o dovadă de naivitate — pentru că, dacă nu accepta ultimatumul, România ar fi trebuit să lupte pe trei fronturi: cu Sovietele la Est, cu Bulgaria la Sud și cu Ungaria la Vest.

Astfel, în acea seară de 27 iunie 1940, la ora 20 și 50 de minute, România Mare înceta să mai existe. Această decizie rămâne controversată până azi. Unii istorici spun că România nu avea nicio soluție în afara acceptării pierderii (poate temporare) a Basarabiei și a Bucovinei de Nord. Alții însă spun că onoarea și granițele României ar fi trebuit apărate în orice condiții.

Dar dramatismul acelei veri a anului 1940 încă nu era deplin. În ultimele zile ale lunii august, un așa-zis „arbitraj" germano-italian desfășurat în Palatul Belvedere de la Viena și mai ales presiunile de la Berlin ale lui Hitler recomandau

României să cedeze Ungariei partea de nord a Transilvaniei. Disperat, Regele Carol al II-lea a convocat un Consiliu de Coroană în dimineața zilei de 30 august 1940. Dintre cei 30 de membri prezenți, 19 s-au pronunțat pentru acceptarea presupusului arbitraj. Și astfel România era amputată și la granița sa de vest. Dezastrul țării a adus și dezastrul Regelui Carol al II-lea: compromis, el avea să părăsească tronul României cinci zile mai târziu.

Merită să meditam și azi la acele evenimente. Spre deosebire de Consiliile de Coroană din timpul Primului Război Mondial, la care participau regele și liderii partidelor politice, Carol al II-lea a desființat partidele politice și a numit în Consilul de Coroană numai personaje care erau pe placul său. A fost o greșeală fatală. De aici și morala acestei povești: calitatea unui conducător se vede inclusiv prin calitatea consilierilor săi.

Asasinarea lui Nicolae Iorga
(noiembrie 1940)

În toamna anului 1940, savantul Nicolae Iorga abia împlinise vârsta de 69 de ani. Era un om experimentat dar, în ciuda vârstei, mintea-i rămăsese tânără și foarte ageră. Clipele lui erau însă numărate: legionarii îl vedeau ca fiind responsabil de dispariția lui Corneliu Zelea Codreanu și, în consecință, un *comando* legionar a pus în aplicare o condamnare la moarte. Vă propun aici să intrăm în enigmele asasinării lui Nicolae Iorga.

La sfârșitul lunii noiembrie a anului 1940, istoricul se afla în vila sa de la Sinaia. Fost prim-ministru și fost susținător al Regelui Carol al II-lea, savantul Iorga era mai ales cunoscut pentru opera sa și pentru calitățile de profesor și de academician. Politic vorbind, Nicolae Iorga era unul dintre părinții naționalismului românesc modern. Dar, la sfârșitul anilor '30, relațiile dintre el și legionarii lui Corneliu Zelea Codreanu s-au stricat iremediabil. De fapt, legionarii l-au considerat pe Iorga responsabil de arestarea liderului lor, în aprilie 1938. Mai apoi, moartea lui Codreanu i-a făcut pe legionari să-l urască și mai mult pe Nicolae Iorga.

Și astfel ajungem în ziua fatidică de 27 noiembrie 1940. În după-amiaza acelei zile, istoricul se afla în biroul său, la etajul vilei. Scria și tocmai ceruse o cană de ceai. La ora 17 și 30 de minute, la ușa casei au apărut șapte persoane îmbrăcate în negru, care s-au recomandat a fi *poliția legionară* și au spus că au mandat să-l ducă pe Iorga la București pentru un interogatoriu.

Iorga n-a opus rezistență și în minutele următoare a coborât în curte alături de legionari. În drum spre mașină, în calea grupului a ieșit Alina, fiica lui Nicolae Iorga, care s-a oferit să-și însoțească tatăl la București. Dar legionarii au refuzat-o, spunând că nu mai au loc în mașină.

De fapt, Nicolae Iorga nici n-a mai ajuns la București în acea zi. În dimineața următoare, el a fost găsit împușcat la marginea unei păduri de pe drumul spre Capitală, în dreptul satului Strejnic. În jurul cadavrului erau nouă tuburi de cartușe trase. Astfel a sfârșit poate cel mai mare intelectual român al secolului XX.

Dar, deși totul pare clar, există încă multe speculații în legătură cu asasinarea lui Nicolae Iorga. Prima enigmă, pentru unii, este dacă generalul Ion Antonescu, aflat atunci la conducerea țării, ar fi putut face ceva pentru protecția savantului. Există multe ipoteze pe acest subiect. Personal, cred că Ion Antonescu nu e responsabil de moartea lui Iorga — dar e cert că relațiile dintre cei doi nu erau deloc bune, iar neîncrederea dintre ei era cu totul reciprocă.

O altă enigmă este, pentru unii, cine anume e autorul moral al acestui asasinat. Unii simpatizanți de ieri sau de azi ai legionarilor spun că Legiunea condusă de Horia Sima nu ar fi implicată în omorârea lui Nicolae Iorga și că cei care au comis crima ar fi fost manevrați de la Moscova, de Stalin. Teoretic, dictatorul Stalin de la Kremlin ar fi fost interesat în crearea unei stări de haos în România — iar pentru aceasta asasinarea unui personaj cunoscut precum Iorga putea fi o mișcare bună.

Ipoteza implicării lui Stalin în omorârea lui Nicolae Iorga este spectaculoasă, dar, din păcate, adevărul e cu mult mai banal — și mai crud. Rămâne cu totul credibil că asasinarea savantului Iorga a fost rodul fanatismului unor legionari români, care doreau astfel să răzbune moartea lui Corneliu Zelea Codreanu și să-i pedepsească pe cei care lucraseră cu

Regele Carol al II-lea. De altfel, în noaptea precedentă asa-sinării lui Iorga, 64 de foști demnitari ai regelui fuseseră împușcați în închisoarea Jilava. Iar mai înainte cu câteva ore de omorârea lui Iorga, în aceeași zi de 27 noiembrie, se pare că aceeași echipă legionară l-a asasinat și pe marele econo-mist, profesor și ministru țărănist Virgil Madgearu.

Ultimele cuvinte ale lui Nicolae Iorga către soția sa, în timp ce ieșea din casă, au fost legate de cartea la care lucra. „*Ai grijă, te rog, de foile la care scriu*" — a spus el. Morala poveștii noastre e una veche de când lumea: oricând, câteva gloanțe pot ucide un savant; dar, pe termen lung, spiritul e mereu mai puternic decât sabia. Fantasmele legionare au ajuns printre deșeurile Istoriei, dar cărțile lui Nicolae Iorga se află în casa oricărui român care se respectă

Acorduri economice româno-germane din anul 1940

În istoria unei ţări sunt ani mai buni şi ani mai răi. În cazul României, anul 1940 a fost unul dintre cei mai dezastruoşi ai secolului XX. Evoluţia celui de-al Doilea Război Mondial a adus dezmembrarea României Mari şi a obligat ţara noastră la o schimbare dramatică a politicii interne şi externe. În plus, un teribil cutremur de pământ produs în dimineaţa zilei de 10 noiembrie a afectat mai ales capitala Bucureşti. În povestea ce urmează vom vedea cum acest an 1940 a adus şi îngenuncherea economică a României.

Înconjurată de trei vecini cu intenţii agresive — Bulgaria la sud, Ungaria la vest şi Uniunea Sovietică la est —, la începutul anului 1940 România era un stat izolat şi supus ameninţărilor. În aceste condiţii, regimul condus de Regele Carol al II-lea a fost obligat să se reorienteze politic către Germania nazistă. Primul pas în această direcţie l-a constituit semnarea, în mai 1940, a unui acord economic româno-german.

Primul acord economic dintre România şi Germania fusese semnat în septembrie 1904, de guvernul liberal al lui Dimitrie A. Sturdza. Atunci, la începutul secolului, acest pact semnifica apropierea României de Puterile Centrale. Miza acelui acord din 1904 era protejarea României de ameninţarea Imperiului Ţarist al Rusiei. Între timp, România îşi schimbase orientarea externă şi întreaga perioadă interbelică s-a bazat pe o politică

111

de alianță cu Franța. Dar în anul 1940 situația pe continent se schimbase, iar Franța nu mai era puterea de altădată.

În acest nou context geopolitic, acordul dintre Germania și România din mai 1940 este ilustrativ pentru o înțelegere dintre o mare putere și un stat nevoit să devină clientelar. Sintetizat în puține cuvinte, el a fost numit „acordul *petrol în schimbul armelor*". România se angaja să livreze Germaniei petrol la prețul din 1938, iar în schimb țara noastră primea armament la prețul din 1940. Bineînțeles că acest acord ne era defavorabil — dar la fel de adevărat este că România în acel moment nu avea alternativă.

Dar Germania lui Hitler nu s-a mulțumit cu atât. La începutul lunii august 1940, între București și Berlin s-a stabilit un acord suplimentar, prin care tot surplusul de cereale al României urma să fie livrat Germaniei.

Cele două acorduri economice cu Germania — cel din mai și august 1940 — au fost o încercare disperată a Regelui Carol al II-lea de a ameliora relațiile cu Germania nazistă. Dar era prea târziu. Hitler nu avea nicio încredere în regele român, iar pentru el România era o țară ce trebuia pedepsită. La trei săptămâni după semnarea celui de-al doilea acord economic româno-german, pe 30 august 1940, Hitler și Mussolini au decis ca Transilvania de Nord să fie scoasă din granițele României și să fie dată Ungariei.

Dar calvarul economic al României din anul 1940 nu avea să se oprească aici. După plecarea din țară a fostului Rege Carol al II-lea, orientarea progermană a politicii românești s-a accentuat și mai mult. Noul *Conducător* al statului, generalul Antonescu, era convins că Hitler va câștiga al Doilea Război Mondial. În consecință, pe 4 decembrie 1940 s-a semnat la Berlin un nou acord economic româno-german. Acest acord urma să fie valabil pentru următorii 10 ani și, în esență, el plasa România pe harta „noii ordini economice" pe care Hitler visa să o impună în Europa.

Cele trei acorduri economice româno-germane din anul 1940 rămân în istoria noastră ca exemple clare de capitulare în fața forței. Atât Regele Carol al II-lea, cât și Ion Antonescu au sperat că prin aceste concesii economice vor putea salva granițele țării. Ambii s-au înșelat. În plus, s-a văzut încă o dată ironia istoriei: în 1950, când ar fi trebuit să expire tratatul cu Germania, România era deja în sfera de influență a Uniunii Sovietice. Vechiul inamic devenise noul aliat, dar exploatarea economică a României a continuat pe mai departe — cum se va vedea.

Morala poveștii noastre ajunge astfel la ceea ce economiștii numesc *blestemul resurselor*. În cazul României, de-a lungul istoriei bogățiile noastre de cereale, petrol sau alte materii prime mai mult ne-au făcut probleme decât să ne ajute.

Este o lecție pe care ar trebui să o învețe și conducătorii țării de azi.

Scurta istorie a statului național-legionar
(1940–1941)

Mișcarea legionară a fost una dintre cele două forme de politică extremistă care au marcat istoria românească a secolului XX. Dacă cealaltă mișcare de extremă — adică regimul comunist — a condus România vreme de 42 de ani, în schimb legionarii s-au aflat la conducerea țării doar 5 luni de zile: între septembrie 1940 și ianuarie 1941. Vă propun să recapitulăm împreună scurta, dar nefasta istorie a statului național-legionar.

La începutul toamnei anului 1940, România era un stat aflat pe marginea prăpastiei. Trei provincii istorice — adică Basarabia, Bucovina și Transilvania de Nord — fuseseră rupte din granițele țării, iar viața politică de la București se afla în plin haos. În aceste condiții, pe 14 septembrie 1940 țara noastră devenea „stat național-legionar". Dar drama României interbelice era abia la început.

Cum am mai amintit-o în paginile precedente, mișcarea legionară din România luase naștere în iunie 1927, atunci când liderul Corneliu Zelea Codreanu înființase la Iași *Legiunea Arhanghelul Mihail*. Vreme de un deceniu, Legiunea fusese o formațiune de la periferia politicii românești — dar, la alegerile din decembrie 1937, legionarii obținuseră peste 15% din voturi și se clasaseră ca al treilea partid al țării. Speriat, Regele Carol al II-lea a decis în noiembrie 1938 asasinarea liderului Zelea Codreanu. Dar această crimă a avut un efect pervers: din acest moment, legionarii se vedeau pe ei înşişi ca nişte martiri şi ca unica salvare a neamului românesc.

În septembrie 1940, după plecarea din ţară a Regelui Carol al II-lea, părea că mişcarea legionară — condusă acum de Horia Sima — se apropia de victoria sa finală. În noul stat naţional-legionar, Horia Sima şi generalul Ion Antonescu promiteau că vor împărţi puterea. Imaginile de propagandă din acel moment arată o relaţie bună între ei. Legionarii doreau să profite de credibilitatea generalului, iar Ion Antonescu dorea să profite la rându-i de energia şi entuziasmul legionarilor. Din păcate, prima grijă a legionarilor a fost să se răzbune pe adversarii lor politici. Aproape 70 de foşti demnitari ai statului au fost asasinaţi — printre ei Nicolae Iorga, Virgil Madgearu, Gheorghe Argeşanu sau Victor Iamandi.

De fapt, relaţiile dintre Horia Sima şi Ion Antonescu au fost de la bun început încordate. Ei erau ca două săbii în aceeaşi teacă. Încă din octombrie 1940, între cei doi au avut loc mai multe schimburi de scrisori, în care se vede clar dezacordul despre cum trebuia să fie condusă România. Într-una dintre aceste scrisori, Ion Antonescu îi spunea lui Sima: *„Nu se poate ca doi* [dirijori] *să conducă în acelaşi timp aceeaşi orchestră."* Răfuiala lor abia era la început.

Tensiunea dintre legionari şi Ion Antonescu a fost accentuată şi mai mult pe 14 ianuarie 1941, când generalul a făcut o vizită în Germania şi s-a întâlnit cu Adolf Hitler. Temându-se că Antonescu îl sabotează pe la spate, Horia Sima a crezut că-l va putea elimina pe general. Rebeliunea legionară a început pe 21 ianuarie 1941, când Antonescu a dorit să schimbe prefecţii legionari şi să pună în locul lor militari. În Bucureşti şi în alte oraşe s-a ajuns la lupte deschise. Rebelii legionari au atacat instituţiile statului şi au deschis focul împotriva armatei române. În următoarele zile, au murit 21 de soldaţi şi peste 370 de civili — dintre care 118 evrei. Zeci de legionari au fost omorâți de asemenea, iar câteva mii dintre camarazii lor au fost arestați.

Pe 23 ianuarie 1941, rebeliunea legionară a fost înfrântă. Lua astfel sfârșit scurtul episod al guvernului național-legionar. Din acest moment, Ion Antonescu a rămas singur la putere. El are merite reale în stoparea insurecției legionare, dar acest detaliu nu-l va ajuta foarte mult în anii următori.

În cele cinci luni cât au fost la conducerea țării, legionarii au arătat că erau amatori într-ale politicii, iar pofta lor de revanșă a fost mai mare decât dorința de a stabiliza țara. Crimele pe care le-au comis în rândul politicienilor și în rândul armatei îi dezonorează și mai mult. Astfel încât morala poveștii noastre este simplă: legionarii au venit la putere, în septembrie 1940, având legenda de *salvatori* și în ianuarie 1941 au plecat de la putere cu legenda de criminali.

Regele Mihai și intrarea României în al Doilea Război Mondial
(iunie 1941)

Este cu totul neobișnuit ca un rege să nu cunoască elementele majore de politică externă ale țării sale. Și totuși, în trecutul României acest lucru s-a întâmplat, într-unul dintre cele mai dramatice momente ale istoriei contemporane. Vă propun acum să intrăm în culisele fostului Palat Regal din București și să vedem cum a aflat Regele Mihai despre intrarea României în cel de-al Doilea Război Mondial.

Povestea noastră începe în ziua de 12 iunie 1941. Generalul Ion Antonescu, *Conducătorul* din acel moment al statului român, a făcut în acea zi o vizită la München și s-a întâlnit cu *Führer*-ul statului german, Adolf Hitler. Cu acest prilej, Hitler l-a anunțat pe Antonescu despre intenția lui de a ataca Uniunea Sovietică, dar nu i-a precizat data la care se va întâmpla acest lucru. Motivele acestei rețineri erau clare. Hitler avea încredere în Antonescu, dar nu avea încredere în capacitatea elitei militare și politice românești de a păstra un secret. Totuși, Antonescu s-a declarat dispus să participe la această operațiune, cu scopul explicit de a recupera Basarabia și Bucovina de Nord — răpite de sovietici cu un an mai devreme.

Al doilea episod al acestei povești s-a consumat peste șase zile, în data de 18 iunie. Hitler i-a trimis lui Antonescu o scrisoare confidențială în care îl anunța de decizia de a ataca Uniunea Sovietică în dimineața zilei de duminică, 22 iunie 1941. Imediat, generalul Antonescu a trecut la definitivarea planurilor românești de război. În acel moment, România avea pregătite pentru acea operațiune două armate care totalizau 12 divizii de infanterie, o divizie de tancuri, 670 de avioane dintre care 219 de bombardament și 146 de vânătoare, precum și vasele marinei militare, reprezentate în principal de 3 distrugătoare și 2 submarine. În total, la eliberarea Basarabiei și Bucovinei de Nord a participat un efectiv de 473 000 de militari români. Și, într-adevăr, în dimineața zilei de 22 iunie, armatele combinate ale Germaniei și aliaților săi au atacat imperiul lui Stalin. Primele operații ale armatei române s-au produs la ora 3 dimineața, când aviația noastră a întreprins câteva operațiuni de recunoaștere și de bombardament în Bucovina și pe malul estic al Prutului.

Ei bine, elementul mai puțin cunoscut al acestui episod istoric îl privește pe Regele Mihai. Nici generalul Antonescu și cu atât mai puțin Hitler nu s-au gândit să-l anunțe și pe rege despre aceste planuri de luptă. Și așa se face că Regele Mihai a aflat de intrarea României în război într-un mod cu totul anecdotic. În dimineața zilei de 22 iunie 1941, în jurul orei 7, regele era încă în apartamentul său atunci când mama sa — Regina Elena — i-a bătut alarmată la ușă și i-a spus că a aflat de la postul de radio britanic *BBC* că România a intrat alături de Germania în război. Oricât ar părea de bizar, acesta e adevărul: Regele României a aflat despre intrarea țării sale în război de la un post de radio străin!

Acest detaliu e sugestiv pentru relațiile care existau atunci între Regele Mihai și generalul Antonescu. Deși urma să împlinească 23 de ani, regele era văzut de Antonescu ca un copil. Tânărul Mihai nu a fost invitat la niciun consiliu de război, nici înainte și nici după declanșarea campaniei împotriva Uniunii Sovietice.

Relațiile reci și suspiciunea reciprocă dintre Antonescu și rege au continuat pe tot parcursul războiului — chiar dacă ele nu erau cunoscute de populația sau de armata țării. Pe

22 august 1941, după eliberarea Basarabiei şi în euforia primelor victorii pe frontul de Est, generalul Antonescu a fost înaintat la gradul de mareşal. Dar acest amănunt nu avea să schimbe natura relaţiilor dintre el şi rege.

Morala poveştii noastre decurge din ceea ce avea să se întâmple peste trei ani, în ziua de 23 august 1944. Regele Mihai, cel pe care Antonescu îl considera în continuare un copil inofensiv, avea să-l aresteze pe mareşal. De notat că, în acele condiţii, toată elita armatei române l-a urmat pe rege. De unde concluzia că în politică un conducător nu trebuie niciodată să-şi subestimeze potenţialii rivali. Copiii de azi pot deveni complotiştii de mâine. Mareşalul Antonescu a aflat această lecţie cu preţul vieţii.

România sub bombe
(primăvara–vara 1944)

În timpul celui de-al Doilea Război Mondial, aviația a fost probabil cea mai redutabilă armă. Începând cu avioanele germane care au înspăimântat populația Poloniei în septembrie 1939 și până la avioanele americane care au lansat bombele atomice asupra Japoniei în vara lui 1945, atacurile aeriene au scris istoric, au secerat vieți și au redesenat harta orașelor.

Bucureștiul și România au fost și ele ținte în campaniile aviatice din ultimul război mondial. În cele ce urmează, voi rememora cele mai dramatice astfel de momente, din primăvara și vara anului 1944. Ironia istoriei a făcut ca România să fie bombardată, în acel an, atât de anglo-americani, cât și, la câteva luni distanță, de germani. Impactul moral și material al acestor bombardamente rămâne până astăzi un subiect de analiză pentru istorici.

Ziua de 4 aprilie 1944 a început la București ca o zi frumoasă de primăvară. Întâmplarea face că era o zi de marți — atunci când în popor se spune că există trei ceasuri rele. În cursul dimineții, în oraș a fost un exercițiu de alarmă aeriană, dar populația nu l-a prea luat în seamă. Bucureștenii erau convinși că englezii și americanii cunosc sentimentele proaliate ale românilor — drept care exista convingerea amăgitoare că orașul nu va fi bombardat vreodată. Deodată, către ora 13 a amiezii au început să sune din nou sirenele alarmei. De această dată nu mai era un exercițiu. 220 de bombardiere americane B-17 și alte 93 de bombardiere B-24 s-au revărsat asupra Bucureștiului, aruncând 860 de tone de bombe. Impactul a fost teribil: după nici o oră, bilanțul funest era de 2942 de morți, 2126 de răniți, 905 case distruse și 1373 de clădiri avariate. A doua zi, pe 5 aprilie 1944, un alt val de 226 de avioane americane a ajuns deasupra Ploieștiului. Au fost bombardate în special rafinăriile și rezervoarele de petrol, dar bombele au lovit și cartierele de locuințe. La Ploiești, numai în acea zi, bilanțul a fost de 262 de morți, 361 de răniți și aproape 200 de case distruse sau avariate.

Impactul psihologic al acestor bombardamente a fost cu mult mai mare decât pagubele materiale înregistrate. Cum spuneam, românii credeau că aliații anglo-americani nu vor lovi populația civilă. A fost o mare deziluzie. Istoricul Dinu C. Giurescu scria în memoriile sale că, în acele zile, deși frontul se afla încă la 500 de kilometri de București, bucureștenii au simțit dintr-odată că războiul venise acasă la ei.

Vara anului 1944 a adus apoi alte și alte bombardamente, mai ales în lunile iulie și august. Escadrilele britanice și americane au efectuat 33 de atacuri de zi și 15 atacuri de noapte. Principalul scop al raidurilor era demoralizarea populației. Țintele au fost orașele București, Ploiești, Câmpina, Brașov, Giurgiu, Craiova, Turnu Severin, Timișoara și Târgoviște. În total, în bombardamentele desfășurate între 4 aprilie și 19 august 1944, s-au înregistrat 7693 de morți, aproape 8000 de răniți și aproximativ 30 000 de clădiri distruse sau avariate.

În Capitală, zona centrală a Căii Victoriei și a Bulevardului Regina Elisabeta a fost dintre cele mai afectate, ca și zona Gării de Nord. Teatrul Național din București a fost distrus, la fel și o aripă din clădirea centrală a Universității. Dar nici măcar aceste bombardamente nu au schimbat opiniile proaliate ale românilor. Piloții americani care au căzut prizonieri în România s-au bucurat de un tratament mai mult decât omenos.

În mod categoric, bombardamentele din anul 1944 au grăbit ruperea alianței României cu Germania. Dar un nou bombardament avea să vină chiar imediat după 23 august — Hitler a dorit să răzbune arestarea lui Ion Antonescu și, pe 24 august 1944, a ordonat atacuri aeriene asupra centrului Bucureștiului. Acesta a fost cel mai recent bombardament din istoria Capitalei noastre — și să sperăm că și ultimul.

Catastrofa navală de pe Marea Neagră
(mai 1944)

În imaginarul generațiilor de români în viață astăzi, Marea Neagră este prin definiție un spațiu al comerțului sau al vacanțelor. An de an, în fiecare vară, plajele litoralului românesc sunt luate cu asalt de oameni care vin să se odihnească și să se bronzeze. Puțini dintre noi știu că Marea Neagră a fost, într-un anumit moment al secolului XX, și decorul celei mai mari catastrofe maritime din istoria noastră. Vă propun, așadar, să coborâm în timp până în primăvara anului 1944.

La începutul acelui an, pe frontul de Est al celui de-al Doilea Război Mondial armatele sovietice erau în ofensivă, iar unitățile Germaniei sau ale aliaților ei — printre care și România — băteau în retragere. La începutul lunii aprilie 1944, un bombardament masiv al aviației americane a lovit teribil Bucureștiul și zona petroliferă a Văii Prahovei — inclusiv Ploieștiul. Dar una dintre cele mai mari drame ale armatei române se juca atunci în nordul Mării Negre, în Peninsula Crimeea.

Crimeea sovietică a fost unul dintre cele mai dure fronturi de luptă ale celui de-al Doilea Război Mondial. În primii ani ai războiului, se părea că Germania lui Hitler și aliații săi vor cuceri definitiv această peninsulă, ce deschidea drumul spre terenurile petrolifere din sudul Uniunii Sovietice. Dar, după 1943, a început contraofensiva armatei lui Stalin. Încă din toamna anului 1943, mai multe unități române au rămas practic izolate în Crimeea, sub asaltul Armatei Roșii. Acolo se aflau șapte divizii românești, care cuprindeau peste 66 000 de soldați și ofițeri. În primăvara anului 1944, armata sovietică a pornit asaltul final. Numai pe acel front, pierderile militare românești s-au ridicat la aproximativ 30 000 de oameni. În lunile aprilie și mai 1944, marina română, în colaborare cu cea germană au decis să evacueze de acolo peste 120 000 de soldați, dintre care 36 000 de români, iar 58 000 — germani, iar restul slovaci sau ruși care fugeau de furia lui Stalin.

Planul de evacuare a armatei române și germane din Peninsula Crimeea a cuprins atât transporturi pe calea aerului, cât mai ales transporturi navale. Ultimul cap de pod pe care trupele germane și române l-au mai controlat o vreme a fost portul Kuban din Crimeea. De aici au plecat peste Marea Neagră mai multe transporturi cu soldați, cuprinzând cea mai mare parte din armata de 120 000 de oameni aflați în retragere. Haosul care s-a produs în portul Kuban este greu de imaginat.

Timp de o lună, între începutul lui aprilie și mijlocul lui mai 1944, câteva sute de șlepuri și nave germane și române au încercat să aducă pe litoralul românesc resturile acelei armate. Cum era de așteptat, pe timpul traversării Mării Negre ele au devenit prada de lux a submarinelor și navelor de luptă sovietice. În plus, aviația sovietică a făcut mai multe raiduri distrugătoare asupra convoaielor. Expuse din toate părțile și având capacități reduse de apărare sau ripostă, navele și șlepurile în retragere au fost ținta facilă a răzbunării Armatei Roșii.

Ceea ce s-a întâmplat pe Marea Neagră între 8 aprilie și 13 mai 1944 nu a fost propriu-zis o luptă, ci un adevărat măcel. În jur de 11 000 de oameni — dintre care majoritatea germani sau români — au murit înecați în Marea Neagră, atunci când navele care îi transportau au fost atacate și scufundate de sovietici. Cu alte cuvinte, retragerea din Crimeea reprezintă unul dintre cele mai dramatice momente ale participării noastre la cel de-al Doilea Război Mondial.

Luptele pentru controlul Peninsulei Crimeea au reprezentat un moment crucial în avansul Armatei Roşii către inima Europei. Românii au lăsat în urmă, acolo, zeci de mii de victime. Morala poveştii noastre este una mai curând tristă: fiecare român care merge în vacanţă pe litoral trebuie să ştie că, undeva în largul Mării Negre, se află, neştiut de nimeni, un cimitir tăcut.

Diviziile „Tudor Vladimirescu"
și „Horea, Cloșca și Crișan"
(1943-1945)

În cele ce urmează voi vorbi despre armata română — mai precis, despre un anume contingent al armatei, care a jucat un rol militar, dar mai ales un rol politic. Ca detaliu al istoriei, vom vedea și ce legătură există între liderul sovietic Stalin și clubul bucureștean de fotbal Steaua. Vă propun, așadar, să vedem câteva dintre instrumentele prin care armata română a fost comunizată după anul 1944.

În ziua de 23 august 1944, atunci când România a trecut de partea alianței anglo-sovieto-americane, câteva sute de mii de soldați români se aflau deja prizonieri în Uniunea Sovietică. În plus, sovieticii au mai luat prizonieri chiar și după 23 august — până pe 12 septembrie 1944, când s-a semnat convenția de armistițiu între România și Uniunea Sovietică. În acest interval, alți circa 150 000 de soldați români au fost dezarmați și internați în lagăre. Tratamentul la care au fost supuși era foarte dur.

În rândul prizonierilor de război români aflați în diferite lagăre din Uniunea Sovietică, propaganda stalinistă a fost foarte activă. Cei mai vizați erau soldații și ofițerii care căzuseră prizonieri în iarna 1942-1943, în timpul bătăliei de la Stalingrad. La început, românii au fost reticenți la cântecele de sirenă ale propagandiștilor. Dar, în vara anului 1943, situația pe frontul de Est s-a schimbat radical: Armata Roșie a lui Stalin a trecut la contraofensivă. În aceste condiții, propaganda sovietică a început să aibă ecou în rândul prizonierilor români. De fapt, ofițerilor și soldaților căzuți prizonieri li se ofereau două alternative: fie să formeze un corp de armată care să se dezică de Ion Antonescu și să lupte împotriva fascismului, fie să fie supuși în continuare la muncile cele mai grele. Printre cei trimiși de la Moscova să-i convingă pe militarii români a fost și comunista Ana Pauker.

În fața acestor alternative, câțiva ofițeri români au decis să colaboreze cu sovieticii. Astfel, la mijlocul lui octombrie 1943 lua naștere o divizie numită „Tudor Vladimirescu". Ea era condusă de colonelul Nicolae Cambrea, iar șeful de stat-major era lt.-col. Iacob Teclu. La scurt timp, a luat naștere o a doua divizie, intitulată „Horea, Cloșca și Crișan". Aceasta era condusă de generalul Mihail Lascăr, iar adjunctul politic era activistul comunist Valter Roman — care fusese repede făcut colonel în acest scop. Ambele divizii făceau parte din sistemul militar sovietic.

Este evident că numele alese pentru aceste două divizii nu erau întâmplătoare. Tudor Vladimirescu fusese conducătorul unei mișcări populare împotriva sistemului străin fanariot în anul 1821, iar Horea, Cloșca și Crișan fuseseră liderii unei mișcări de protest a țăranilor români din Transilvania în anul 1784. Ambele simboluri conveneau de minune propagandei sovietice — care dorea să arate că poporul român nu este de acord cu politica lui Ion Antonescu.

Diviziile „Tudor Vladimirescu" și „Horea, Cloșca și Crișan" s-au întors în România în toamna anului 1944. E drept că unele contingente ale lor au luptat cu eroism în Transilvania iar mai apoi pe teritoriul Cehoslovaciei. Dar rolul lor principal era unul politic și propagandistic. Ambele divizii au fost reintegrate în armata română și au devenit modelul după care au fost comunizate forțele militare ale țării. În timp ce mulți ofițeri ai armatei române regale au ajuns după 1948 în închisorile comuniste, membrii diviziilor „Tudor Vladimirescu" și

„Horea, Cloşca şi Crişan" au devenit tovarăşi de drum ai noului regim comunist.

La sfârşitul anilor '50, cea care fusese Divizia „Tudor Vladimirescu" a devenit o divizie mecanizată. Unul dintre regimentele sale, aflat în cartierul Ghencea din Bucureşti, a ocupat o vreme o clădire care ulterior avea să devină sediul clubului de fotbal Steaua. Dar trebuie spus că dacă în anii '50 membrii celor două divizii erau trataţi ca nişte eroi, după anii '60 regimul Ceauşescu i-a privit cu suspiciune. Temându-se el însuşi de Moscova, Ceauşescu nu-i mai agrea pe foştii tovarăşi de drum ai lui Stalin.

Diviziile „Tudor Vladimirescu" şi „Horea, Cloşca şi Crişan" reprezintă un episod controversat în istoria armatei noastre. Este adevărat că politica lui Ion Antonescu devenise nepopulară în anul 1944. La fel, este adevărat că prizonicrii români de război din URSS aveau de ales între două rele. Dar la fel de adevărat este că cele două divizii au fost, după 1944, unelte ale ocupantului sovietic.

Morala poveştii noastre este că, şi în armată, unii respectă jurământul militar, iar alţii nu. Ca întotdeauna, rămâne ca Istoria să-i judece pe toţi.

Evadarea din închisoare
a lui Gheorghe Gheorghiu-Dej
(august 1944)

Unul dintre cele mai interesante episoade din istoria comunismului românesc s-a petrecut la marginea unui oraş din Oltenia, într-o noapte caldă din vara anului 1944. În această poveste apar mai mulţi comunişti, câţiva soldaţi, un preot, un cimitir şi o maşină americană. Vă propun, aşadar, să intrăm în tainele evadării lui Gheorghe Gheorghiu-Dej din lagărul de la Târgu Jiu, în noaptea de 12 spre 13 august 1944.

Începutul poveştii noastre îl găseşte pe Gheorghe Gheorghiu-Dej în lagărul de la Târgu Jiu, unde viitorul lider comunist ajunsese după ce trecuse prin mai multe închisori, dintre care Jilava, Ocnele Mari, Doftana sau Caransebeş. La Târgu Jiu, în vara lui 1944 Gheorghiu-Dej avea în spate 11 ani de detenţie. El fusese arestat în 1933 şi era deja un veteran al închisorilor. Poate şi din acest motiv el era respectat de majoritatea comuniştilor şi i se spunea — cum am mai văzut — *Bătrânul*, deşi avea numai 43 de ani.

La începutul lunii august 1944, câţiva comunişti ilegalişti aflaţi în libertate au pus la cale evadarea din lagărul de la Târgu Jiu a mai multor tovarăşi ai lor, printre care şi Gheorghiu-Dej. Printre organizatorii acestui complot s-au numărat simpatizanţii comunişti Mihail Roşianu şi Ion Gheorghe Maurer. Condiţiile păreau prielnice. Lagărul de la Târgu Jiu se afla la marginea oraşului, era înconjurat cu sârmă ghimpată şi era învecinat pe o latură cu un cimitir. Probabil de frica cimitirului, soldații care ar fi trebuit să patruleze acea latură noaptea nu își duceau niciodată rondul până la capăt. Profitând de relativa relaxare a paznicilor lagărului, comuniștii din libertate au schimbat mai multe mesaje cu Gheorghiu-Dej și au fixat evadarea pentru noaptea de 12 spre 13 august 1944. Tot ce trebuia să facă Dej era, la miez de noapte, să taie gardul de sârmă ghimpată învecinat cu cimitirul și să fugă pe acolo. Cel însărcinat să-l aducă pe Dej de la Târgu Jiu la București a fost Ion Gheorghe Maurer.

Pe drumul de la București spre Târgu Jiu, Maurer s-a oprit la Craiova. Aici, a închiriat un automobil *Cadillac* și a plecat spre Târgu Jiu. Dar drumul său a fost presărat cu ghinioane. După mai multe pene de cauciuc, Maurer a ajuns cu întârziere la locul întâlnirii cu Dej. Acesta din urmă deja evadase și se ascunsese în casa unui alt complice. De aici, Maurer l-a recuperat pe Dej și au plecat împreună spre orașul Râmnicu Vâlcea.

În apropiere de Râmnicu Vâlcea, Maurer și Dej s-au despărțit, pentru a nu atrage atenția poliției. Maurer s-a întors la București, iar Dej a mai stat ascuns aproape 10 zile în casa unui preot de țară, pe numele lui Ion Marina. Paradoxul face ca preotul Marina să fi fost atunci membru al Partidului Național Țărănesc. În această calitate, el nu-l simpatiza deloc pe mareșalul Ion Antonescu și nici alianța acestuia cu Hitler. Rămas de curând văduv, preotul Marina a fost o gazdă bună și discretă pentru Gheorghiu-Dej.

Gheorghe Gheorghiu-Dej era încă ascuns atunci când, în ziua de 23 august 1944, mareșalul Ion Antonescu a fost înlăturat de la putere. În cele din urmă, Dej a ajuns la București abia în ziua de 26 august. Pentru el începea o uluitoare ascensiune politică, în urma căreia avea să devină cel mai puternic om din România comunizată.

La fel de adevărat este că Gheorghe Gheorghiu-Dej nu a uitat nici ajutorul dat în acele nopți și zile de preotul Marina.

Cu sprijinul politic al comuniștilor, Ion Marina a ajuns în mai 1948 cel mai important personaj al Bisericii Ortodoxe Române. Sub numele de Justinian Marina, el a fost înscăunat ca Patriarh pe 6 iunie 1948.

Morala poveștii noastre este că, dacă soldații din lagărul de la Târgu Jiu nu s-ar fi temut de cimitirul învecinat lor, probabil că istoria contemporană a României ar fi arătat puțin altfel.

Arestarea mareşalului Ion Antonescu
(august 1944)

Povestea ce urmează vorbeşte despre una dintre cele mai controversate date din calendarul nostru istoric. Pentru unii este ziua în care Regele Mihai a făcut un act curajos, scoţând ţara dintr-o alianţă nefericită. Pentru alţii este ziua în care România şi-a trădat alianţa militară din care făcea parte. Iar pentru alţii acea dată este pur şi simplu fosta zi naţională a României comuniste, în care ieşeau la iarbă verde cu familia. Vă propun să vedem, aşadar, ceea ce ştim şi mai ales ceea ce nu ştim despre ziua de 23 august 1944.

Povestea noastră are doi eroi principali. Unul era mareşal al armatei române, un bărbat în vârstă de 62 de ani, care (în acel moment) îşi luase titlul de *Conducător* al statului român. Numele său era Ion Antonescu. Iar celălalt era un tânăr de 23 de ani, care era atunci Regele României. Numele său, aşa cum ştiţi, este Regele Mihai. Să vedem cum a decurs cea mai dramatică întâlnire din istoria acestor personaje.

În vara anului 1944, România se afla, din păcate, de partea greşită a Istoriei. În alianţă cu Germania nazistă, armata română intrase în război în iunie 1941 şi începuse o campanie dramatică împotriva Uniunii Sovietice. Dar, din vara anului 1943, Armata Roşie a lui Stalin se afla în contraatac. În plus, trupele britanice şi americane erau şi ele în ofensivă şi în iunie 1944 au debarcat victorioase în Europa. Pe 5 august 1944, în localitatea Rastenburg din Germania a avut loc ultima întâlnire dintre Ion Antonescu şi Adolf Hitler. Întrebat de Hitler dacă România va merge până la capăt în acel război, Antonescu a dat de înţeles că ţara sa nu are interesul de a rupe alianţa cu Germania. Atât pentru Hitler, cât şi pentru Antonescu, în acel moment coşmarul se numea Uniunea Sovietică a lui Stalin. Pe 20 august 1944, trupele sovietice au început un atac masiv pe linia Iaşi — Chişinău, au spart rezistenţa româno-germană şi înaintau spre Focşani.

În acest context, pe 22 august mareşalul Antonescu s-a întors de pe frontul din Moldova, iar a doua zi, pe 23 august 1944, a cerut o audienţă la Regele Mihai.

Această audienţă a început la ora 16:10 şi a avut loc la Palatul Regal din Bucureşti. După un schimb de idei în contradictoriu, regele i-a cerut mareşalului să rupă alianţa cu Germania. Dar Ion Antonescu nu era pregătit să facă acest lucru, temându-se de ocuparea României de către sovietici.

Deloc paradoxal, ambii — atât regele, cât şi Antonescu — aveau dreptate în acel moment. Mareşalul avea dreptate când spunea că ocupaţia sovietică va fi dezastruoasă pentru ţară. Dar şi Regele Mihai area dreptate când spunea că interesul României cerea ruperea alianţei cu Hitler. La capătul unei discuţii care a durat 55 de minute, Regele Mihai a ordonat arestarea mareşalului Antonescu.

Propria arestare a fost o surpriză enormă pentru Ion Antonescu. Nu se aşteptase la aşa ceva din partea unui rege pe care încă îl considera copil. Vreme de câteva ore, mareşalul a fost deţinut chiar în incinta Palatului Regal, în fosta cameră de timbre a Regelui Carol al II-lea. În noaptea de 23 spre 24 august, mareşalul Antonescu a fost trimis într-o locuinţă conspirativă a unui simpatizant comunist din cartierul bucureştean Vatra Luminoasă. În paralel, şi Regele Mihai a fost sfătuit să plece din oraş, din cauza represaliilor germane asupra Capitalei. Iar peste câteva zile, Antonescu a fost dat pe mâna sovieticilor care intraseră în Bucureşti. Pentru România începea iluzia unei libertăți regăsite, iar pentru Ion Antonescu începea un calvar care se va sfârși în iunie 1946, cu judecarea și execuția lui.

Pentru istorici, toate detaliile zilei de 23 august 1944 sunt clare. Ceea ce face controversată acea zi a fost folosirea ei politică. Vreme de 42 de ani, între 1948 și 1989, 23 august a fost ziua națională a României sub dominația partidului comunist. În anii '60, aproape că nu se mai vorbea deloc nici despre Regele Mihai și nici despre mareșalul Antonescu —, ci doar despre meritele din acea zi ale Partidului Comunist. În ultimii ani ai regimului Ceaușescu, balanța se dezechilibrase: mareșalul era privit cu mai mare simpatie decât regele.

Atunci când intrase în Palatul Regal, în după-amiaza zilei de 23 august 1944, Ion Antonescu era un om liber și mai era și *Conducătorul* țării și al armatei române. Atunci când a ieșit, același Antonescu era un prizonier, condus cu arma la spate. Cel care-l arestase fusese chiar tânărul rege, pe care mareșalul îl credea un copil naiv.

Morala acestei povești este că și în Istorie, deseori, buturuga mică răstoarnă carul mare al politicii.

Rebusul politic al generalului Rădescu
(februarie 1945)

În deschiderea acestei poveşti, trebuie să vă mărturisesc ceva: mie îmi plac mult careurile de cuvinte încrucişate. De asemenea, mulţi români sunt pasionaţi de ceea ce numim *rebus* — de la integrame şi anagrame până la alte probleme de enigmistică. În cele ce urmează voi recapitula un eveniment mai puţin cunoscut: vom vorbi, aşadar, despre rebusul politic al generalului Rădescu din februarie 1945.

Fiu al unei familii de mici moşieri din judeţul Vâlcea, Nicolae Rădescu a fost unul dintre ofiţerii noştri din Primul Război Mondial. În cel de-al Doilea Război Mondial, după 1941, generalul Rădescu a fost împotriva trecerii trupelor române dincolo de Nistru — fapt pe care i l-a spus mareşalului Ion Antonescu. Arestat pentru un an în lagărul de la Târgu Jiu de acelaşi Antonescu, Nicolae Rădescu va fi numit — de Regele Mihai — prim-ministru al României, pe 6 decembrie 1944.

Iniţial, în decembrie 1944, generalul Rădescu era bine privit de sovietici, pentru că aceştia ştiau că el se opusese trecerii Nistrului de către armata română, în toamna anului 1941. Dar ceea ce nu ştiau sovieticii era că Rădescu era, mai ales, un patriot român. În calitatea lui de prim-ministru numit de Regele Mihai, generalul Rădescu s-a opus pe cât posibil instaurării regimului comunist în România. Cariera de prim-ministru a lui Nicolae Rădescu a durat doar trei luni: între decembrie 1944 şi februarie 1945 — dar trebuie spus că el a fost ultimul şef al guvernului care, după al Doilea Război Mondial, a avut curajul să le spună *NU* sovieticilor.

Şi astfel ajungem în ziua de 24 februarie 1945, când s-a produs o mare manifestaţie antiguvernamentală a comuniştilor — sub egida Frontului Naţional Democrat, abreviat *FND*. Această acţiune a produs haos în centrul Capitalei şi în alte oraşe ale ţării, precum Craiova sau Braşov. În Piaţa Palatului din Bucureşti s-au tras focuri de armă şi au murit oameni. Mai apoi, comuniştii au dat vina pe Rădescu pentru cele întâmplate.

În seara zilei de 24 februarie 1945, generalul Nicolae Rădescu a ţinut un discurs la postul Radio România în care prezenta propria versiune a evenimentelor. Cum vom vedea, el s-a folosit de un truc anume pentru a spune ceea ce s-a întâmplat în realitate în Piaţa Palatului. Ca să nu-i provoace pe sovietici, el s-a folosit de... un rebus pentru a spune că cei vinovaţi de incident au fost comuniştii.

Discursul generalului Rădescu transmis la Radio în seara de 24 februarie 1945 s-a deschis cu următoarea frază: „Fraţi români! Cei fără neam şi Dumnezeu (...) au început să dea foc ţării şi să o scalde în sânge." Pentru cei atenţi, mesajul era clar. Sintagma „Fără neam şi Dumnezeu" cuprindea chiar acronimele alianţei politice conduse de comunişti — *Fără neam şi Dumnezeu*, adică *FND*, adică *Frontul Naţional Democrat*. Printr-o formulă simplă de enigmistică, Nicolae Rădescu a transmis ţării că cei vinovaţi de crime erau chiar cei care porniseră manifestaţia.

În cuprinsul discursului, după ce a indicat cele trei iniţiale ale alianţei politice a comuniştilor — FND — generalul Rădescu a arătat cu degetul spre numai două persoane, pe care le-a şi numit: Ana Pauker şi Vasile Luca. Dat fiind că Ana Pauker era evreică, iar Vasile Luca era de etnie maghiară, Rădescu s-a folosit de ei pentru a-i indica pe cei care, în viziunea sa, erau „fără neam şi fără Dumnezeu".

Pentru cei care au ascultat discursul la radio sau pentru cei care l-au citit în ziarele de a doua zi, mesajul lui Rădescu a fost clar. Pe termen scurt, strategia generalului a fost inspirată, dar comuniştii nu i-au iertat-o. Peste nici două săptămâni, premierul Rădescu a fost înlocuit, la presiunea sovieticilor, cu Petru Groza.

Morala poveştii noastre este că de atunci, din ziua de 24 februarie 1945, românii au fost obligaţi, pentru următoarele patru decenii şi jumătate, să înveţe să citească printre rânduri.

Greva, zâmbetul, boxul și preoții:
Petru Groza
(1884–1958)

Paginile ce vin ne vor aduce aminte de un personaj foarte ciudat. Cu un doctorat luat în Germania, eroul nostru a devenit apoi prietenul Uniunii Sovietice. Român născut în Transilvania la sfârșitul secolului al XIX-lea, el a ajuns azi să aibă o imagine mai bună la Bupadesta decât la București. Moșier el însuși, el a devenit apoi premier în primul guvern procomunist al țării. Așadar, vom spune astăzi povestea vieții și morții lui Petru Groza.

Născut în decembrie 1884 într-un sat din județul Hunedoara, Petru Groza urma să împlinească 61 de ani atunci când, la presiunile Moscovei și ale comuniștilor din București, el devenea prim-ministru al țării, în ziua de 6 martie 1945. Bărbat inteligent și plin de farmec pentru cei care-i erau prieteni, Petru Groza a fost cel mai bun tovarăș de drum al comuniștilor. Deși el era sută la sută un capitalist-burghez-moșier, Groza și-a trădat propria categorie socială și a devenit instrumentul politic perfect al comuniștilor.

În cariera politică a lui Petru Groza există câteva momente care au influențat atât viața lui, dar mai ales viața țării. Mai întâi, imediat după anul 1918, s-a născut antipatia reciprocă dintre el și Iuliu Maniu, viitorul lider al țărăniștilor. Deși ambii erau ardeleni, Groza și Maniu erau persoane total diferite. Această antipatie a dăinuit apoi toată viața lor. După ce comuniștii au luat puterea în România, Groza a mai intervenit pentru unii dintre foştii săi cunoscuţi. Dar nu există nicio dovadă cum că Groza ar fi uşurat prin ceva ultimii ani ai lui Maniu. Dimpotrivă. Liderul ţărănist a murit în închisoarea de la Sighet, în februarie 1953, pe când Petru Groza se afla la apogeul puterii sale politice. Deşi e mai puţin cunoscută de românii de azi, adversitatea dintre Iuliu Maniu şi Petru Groza a fost una dintre cele mai mari duşmănii politice din istoria noastră contemporană.

Al doilea eveniment marcant din viaţa de prim-ministru a lui Petru Groza este cel întâmplat în august 1945. Atunci, Regele Mihai — care nici el nu-l simpatiza pe Groza — i-a cerut acestuia să-şi dea demisia. Ştiind foarte bine că Moscova şi Stalin erau de partea sa, Petru Groza a refuzat să demisioneze. El a rămas în funcţie, cum îi cereau aliaţii săi comunişti. Groza a fost primul şi singurul premier din istoria democratică a ţării care a arătat că dispreţuieşte atât Constituţia, cât şi pe regele ţării.

Doi ani mai târziu, într-o zi de iarnă, Petru Groza şi-a luat revanşa în faţa suveranului: în dimineaţa zilei de 30 decembrie 1947, Petru Groza şi Gheorghe Gheorghiu-Dej au fost cei care l-au determinat pe Regele Mihai să abdice şi să plece din ţară. Petru Groza a fost unul dintre cei mai mari cameleoni ai politicii româneşti. Scriitorul şi criticul George Călinescu spunea că Groza *are cel mai cinstit zâmbet din lume*. Una dintre cunoştinţele sale budapestane spunea că tânărul Groza avea *figura unui dac răzvrătit*. În memoriile sale, însuşi Groza se autodescrie (tot în tinereţe) ca fiind *dansator bun şi „causeur"* *neobosit*. În schimb, ambasadorul britanic la Bucureşti, Archibald Clarck-Kerr, spunea în 1945 că acelaşi Groza *avea privirea unui boxer care te poate lovi în orice clipă*. Nici azi nu e clar care dintre aceştia era adevăratul Groza: moşierul ctitor de biserici sau prietenul comuniştilor?

Lui Petru Groza îi plăcea să i se reamintească titlul de *doctor*: sintagma oficială legată de persoana sa era „Doctor Petru Groza".

Aceasta, nu pentru că el ar fi avut vreo legătură cu medicina, ci pentru că în tinerețe obținuse un doctorat în Drept, la Universitatea din Leipzig (pe care, după el, o va frecventa un alt lider politic *înrudit*: Lucrețiu Pătrășcanu). În schimb, cea care a pus capăt vieții lui Groza a fost totuși o problemă medicală: spre sfârșitul anilor '50, Petru Groza a început să sufere cumplit de pe urma unui cancer la intestinul gros.

Petru Groza a murit în ianuarie 1958, iar înmormântarea sa din București a fost condusă de un sobor mare de preoți. Ca prin minune, o slujbă religioasă s-a auzit în transmisia radiodifuzată de la fața locului. Morala poveștii noastre spune că acesta a fost ultimul paradox al vieții unui eminent cameleon: cel care fusese unul dintre cei ce impuseseră ateismul în România a fost și primul dintre prietenii comuniștilor căruia i s-a oficiat, în văzul tuturor, o adevărată slujbă religioasă!

„Greva regală"
(vara–toamna 1945)

Ori de câte ori mă întâlnesc cu oameni pasionați de istorie, una dintre întrebările care mi se pun cel mai des este dacă Regele Mihai putea face mai mult pentru împiedicarea comunizării țării, atunci, spre mijlocul secolului trecut, după al Doilea Război Mondial. În povestea aceasta voi vorbi chiar despre o astfel de încercare a Regelui Mihai. O încercare eșuată, dar care spune multe despre România acelor ani. Vă propun, așadar, să intrăm în tainele „grevei regale" din vara anului 1945.

Astăzi, istoricii știu foarte bine că evenimentele din 23 august 1944 nu au fost pe placul liderului sovietic Stalin. Comandantul suprem al Uniunii Sovietice ar fi dorit ca trupele sale să intre în România în calitate de *armate eliberatoare*. Dar inițiativa Regelui Mihai de a-l aresta pe mareșalul Antonescu a dat peste cap planurile sovietice privind România.

La sfârșitul lunii august a anului 1944, trupele sovietice au intrat în București. Țara avea un nou guvern — condus de generalul Constantin Sănătescu — astfel încât sovieticii nu au intrat ca *eliberatori*, ci în calitate de presupuși *aliați*. În scurtă vreme, a devenit clar că autoritățile sovietice susțineau în mod evident firavul partid comunist din România. Pe 6 martie 1945, în urma unei acerbe presiuni sovietice, Regele Mihai l-a numit prim-ministru pe Petru Groza — care era, cum am văzut, un tovarăș de drum al comuniștilor. Totuși, în lunile următoare, guvernele englez şi american au întârziat să recunoască guvernul de la Bucureşti. Americanii şi britanicii spuneau că guvernul procomunist al lui Petru Groza nu era reprezentativ pentru România — ceea ce, de altfel, corespundea adevărului. În aceste condiţii, după mijlocul lunii august a anului 1945 Regele Mihai i-a cerut lui Petru Groza să-şi depună demisia. Dar, spre surpriza tuturor, Groza a refuzat să facă acest lucru. Primind asigurările Moscovei, Groza era sigur că este susţinut de sovietici — iar aceştia aveau un cuvânt mai greu de spus în problemele României decât englezii sau americanii. Peste câteva zile, regele a refuzat să participe la manifestaţia din ziua de 23 august — când tocmai se împlinea un an de la răsturnarea regimului Ion Antonescu.

Refuzul premierului Petru Groza de a demisiona în vara lui 1945 a reprezentat o premieră nefastă în istoria constituţională a României. Potrivit legii fundamentale în vigoare atunci, regele era cel care numea sau destituia prim-miniştrii. La sfatul ocupantului sovietic şi în dispreţul Constituţiei României, Petru Groza a tras concluzia că Stalin este mai puternic decât Regele Mihai.

După ce Petru Groza a anunţat că nu va demisiona, Regele Mihai a refuzat la rândul său să mai semneze actele guvernului. Începea astfel un capitol inedit în istoria României: fără semnătura regelui, toate actele guvernului erau nule. Lunile următoare reprezintă ceea ce în istoria noastră contemporană se cheamă „greva regală" din vara şi toamna anului 1945. La presiunile englezilor şi americanilor, prietenii sovietici ai lui Petru Groza au cedat parţial în ianuarie 1946: în guvernul Petru Groza au fost primiţi şi doi reprezentanţi ai opoziţiei — Mihail Romniceanu de la Partidul Naţional Liberal şi Emil Haţieganu de la Partidul Naţional Ţărănesc. Dar aceştia aveau mai curând un rol cosmetic, pentru a salva aparenţele — guvernul Groza a rămas în continuare un guvern procomunist şi prosovietic.

„Greva regală" din a doua jumătate a anului 1945 a arătat că cei care dictau la București erau numai sovieticii. Liderii partidelor democratice erau de partea Regelui Mihai. La fel, Patriarhul Nicodim al Bisericii Ortodoxe a dat mesaje de susținere a regelui — la fel și alți lideri religioși. Dar toate acestea nu au avut efect. Petru Groza putea fi rebel față de Regele Mihai câtă vreme asculta directivele lui Stalin, de la Moscova. Cel care se lăuda că în tinerețe avea un chip de *dac răzvrătit* (vezi paginile anterioare) s-a dovedit a fi un foarte docil și ascultător *client* al Moscovei.

La începutul anului 1946, Regele Mihai a fost, așadar, obligat să reia coabitarea cu guvernul lui Petru Groza. Dar cei doi se antipatizau reciproc profund, astfel încât coabitarea a fost numai de fațadă. În decembrie 1947, cum am amintit mai sus, același premier Groza a fost unul dintre cei doi actori politici care l-au forțat pe Regele Mihai să abdice.

Morala, oricum am pune-o în cuvinte, este dezamăgitoare. Încă o dată, oportunistul Groza a respectat atunci, în vara și toamna lui 1945, nu Constituția României, ci directivele mult mai pragmatice și mai cinice ale lui Stalin.

Sovrom-urile şi colonizarea economică
a României
(1945–1956)

Cum se poate observa şi în zilele noastre[*], România a avut aproape mereu o problemă în a-şi exploata cu diverşi parteneri zăcămintele de materii prime. În povestea aceasta o să vedem una dintre cele mai ruinătoare colaborări economice pe care un guvern român le-a semnat vreodată. Vă propun aşadar să intrăm în istoria plină de detalii obscure a întreprinderilor româno-sovietice, care în anii '50 se numeau *sovrom*-uri.

Firul poveştii noastre începe în mai 1945, când noul guvern procomunist al lui Petru Groza a semnat cu Uniunea Sovietică un acord economic pe termen lung. În virtutea acestui acord, au fost apoi înfiinţate unele întreprinderi mixte, în care România venea cu resursele sale materiale (şi cu foste investiţii ale Germaniei), iar Uniunea Sovietică aducea aşa-zisele „principii socialiste de reproducţie în economie". Prin contopirea cuvintelor *sovietic* şi *român*, aceste întreprinderi s-au chemat *sovrom*-uri.

Primul *sovrom* care s-a înfiinţat, în iulie 1945, a fost *Sovrompetrol* — o întreprindere mixtă ce exploata zăcămintele româneşti de petrol după o tehnologie sovietică, pretins superioară. În lunile următoare au apărut şi alte *sovrom*-uri: printre ele

---

[*] Vezi proiectul de exploatare a aurului de la Roşia Montană, care este subiectul multor dispute în momentul în care acest volum pleacă spre tipar.

Sovromtransport (care se ocupa de transportul fluvial şi maritim şi de şantierele navale), sau *Sovromlemn* (care exploata bogăţia forestieră a României). În august 1945, a apărut o asociaţie bancară care monopoliza comerţul şi tranzacţiile financiare dintre România şi URSS — iar această formă de asociere s-a numit *Sovrombanc*. Fosta întreprindere de avioane IAR din Braşov, care fusese bombardată în timpul războiului, a fost reprofilată pe construcţia de tractoare şi a devenit *Sovromtractor*. Tot în vara anului 1945, a luat naştere o firmă mixtă de transporturi aeriene — şi ea s-a numit *TARS* — adică iniţialele de la *transporturile aeriene româno-sovietice*. După aceleaşi criterii de cooperare, între anii 1945 şi 1949 au luat naştere şi întreprinderile *Sovromgaz*, *Sovromcărbune*, *Sovromconstrucţii*, *Sovrommetal* şi multe altele.

Unele dintre aceste *sovrom*-uri erau bine cunoscute publicului — precum firma mixtă *Sovromfilm*, care se ocupa cu importul şi distribuţia filmelor sovietice în România. Alte *sovrom*-uri erau mai curând secrete. Un astfel de exemplu este firma mixtă *Sovromcuarţ*, care de fapt se ocupa discret cu explotarea zăcămintelor româneşti de uraniu. Este foarte posibil ca în primele bombe atomice sovietice din anii '50 să se fi aflat şi uraniu românesc, ajuns acolo prin firma *Sovromcuarţ*.

În total, în prima parte a anilor '50 în România au funcţionat 16 astfel de întreprinderi mixte, care acopereau principalele domenii de activitate industrială şi economică. Firme similare, sub un alt nume, au mai fost înfiinţate de URSS şi în Bulgaria sau Ungaria. Deşi teoretic beneficiul firmelor se împărţea între Bucureşti şi Moscova, *sovrom*-urile au reprezentat o formă de exploatare în avantajul Uniunii Sovietice a resurselor naturale ale României. Cu alte cuvinte, România punea pe masa comună bogăţiile sale, iar sovieticii veneau cu ingineri presupus a fi specialişti şi cu metode de lucru presupus a fi mai bune. În realitate, *sovrom*-urile au fost o manieră cosmetizată de spoliere economică.

Pe lângă rolul economic, *sovrom*-urile au mai avut și un rol de propagandă politică. În anul 1945, când au apărut primele *sovrom*-uri, în România încă mai existau firme private. Spre deosebire de acestea, care erau văzute ca forme de „exploatare a omului de către om", *sovrom*-urile erau prezentate ca societăți economice moderne și avansate, care-i eliberau pe oameni de tirania patronilor. Evident, totul era doar o intoxicare propagandistică.

Sovrom-urile au fost desființate între anii 1954 și 1956. Ele deveniseră inutile, pentru că în România practic nu mai exista economie privată, iar statul stăpânea toată industria. Morala poveștii noastre este aceea că, la mijlocul anilor '50, România oricum devenise un imens *sovrom*.

Deportarea în colonii de muncă
a germanilor din România
(1945)

Există, în istoria noastră contemporană, un episod atât de
jenant încât rareori e adus în discuție, chiar și în zilele noas-
tre. Din cauza dorinței de răzbunare a lui Stalin asupra lui
Hitler, în ianuarie 1945 circa o sută de mii de cetățeni români
au devenit un fel de sclavi moderni și au fost trimiși cu trenul
în altă parte a lumii, la muncă. Vă propun să vorbim aici,
așadar, despre deportarea în Uniunea Sovietică a germanilor
din România, la începutul anului 1945.

În anii celui de-al Doilea Război Mondial, relațiile dintre
români și cetățenii de etnie germană din țara noastră au
decurs normal, așa cum decurgeau de secole. Este drept că
unii dintre sașii sau șvabii din România, ca și mulți alți ger-
mani din toată Europa, au fost cuceriți de fantasmele lui
Hitler. Dar în Banat și Transilvania — și chiar și în partea de
Transilvanie ocupată de Ungaria —, conviețuirea dintre români
și germani a rămas una pașnică.

Spre sfârșitul celui de-al Doilea Război Mondial, pe măsură
ce armata lui Stalin înainta spre centrul continentului, mino-
ritățile germane din Europa de Est au devenit ținta răzbunării
sovietice. Este de asemenea adevărat că Uniunea Sovietică
a suferit cumplit în anii războiului, iar trupele germane ale lui
Hitler s-au comportat în Ucraina și Rusia cu o duritate dese-
ori criminală. În consecință, în anul 1945 Moscova a decis
ca toți germanii, indiferent de țara în care trăiau, să plătească

păcatul lui Hitler de a fi atacat Uniunea Sovietică. În cazul României, această decizie a survenit la mijlocul lunii ianuarie 1945. La cererea sovieticilor din Comisia Aliată de Control şi din ordinul Comandamentului Sovietic de la Bucureşti, cetăţenii de etnie germană din România au fost triaţi, iar cei mai tineri dintre ei au fost trimişi la muncă forţată în Uniunea Sovietică.

Aceşti cetăţeni ai României au fost trimişi în diferite colţuri ale Uniunii Sovietice, pentru a reconstrui ceea ce dărâmase armata lui Hitler. Vina lor principală era aceea de a fi etnici germani. În anii 1945 şi 1946, au fost deportaţi în URSS între 80 000 şi 150 000 de astfel de oameni. Cifra totală nu este foarte sigură, pentru că sovieticii nu aveau niciun interes să ţină o evidenţă exactă a lor.

Prin ordinul sovietic din 16 ianuarie 1945, bărbaţii între 17 şi 45 de ani, precum şi femeile între 18 şi 30 de ani — toţi de etnie germană — erau deportaţi la muncă în Uniunea Sovietică. Toţi aceştia, dintre care doar o mică parte avuseseră de-a face cu politica antisovietică a naziştilor, au răscumpărat prin munca lor neşansa de a vorbi aceeaşi limbă maternă cu Adolf Hitler. Dintre cei circa 100 000 de etnici germani care au fost trimişi la muncă în URSS, se estimează că 20% nu s-au mai întors niciodată. Unii dintre ei au murit sau, în cazul mai fericit, unii şi-au făcut familii pe pământ sovietic. Cei mai mulţi s-au întors în România. Un astfel de caz este deja celebru în literatura mondială.

La începutul anului 1945, o tânără bănăţeancă de etnie germană din actualul judeţ Timiş s-a ascuns prin gospodărie, vreme de câteva săptămâni, nedorind să fie deportată. Dar într-o noapte a nins, iar a doua zi trupa de soldaţi care venise s-o ridice i-a văzut urmele prin zăpada din curte — şi ea a fost prinsă. Fata a petrecut următorii cinci ani la muncă, undeva în Ucraina de azi. Tânăra de atunci s-a întors în România şi a devenit mama scriitoarei (laureate cu Premiul Nobel) Herta

Müller — care spune că şi azi urăşte ninsoarea, pentru că atunci, în anul 1945, zăpada a trădat-o pe mama ei.

Pentru deportarea la muncă a etnicilor germani din 1945, guvernul român nu e vinovat, după cum nici toţi germanii nu-s vinovaţi de colaborarea cu Hitler. Dar chiar şi sovieticii au un alibi: ei doreau să-i facă să sufere pe germani, aşa cum germanii îi făcuseră să sufere pe mulţi dintre cetăţenii popoarele sovietice, în anii războiului.

Morala poveştii noastre este precum citatul din Biblie, care vorbeşte despre răzbunarea *dinte pentru dinte* şi *ochi pentru ochi*. Iată că aşa ceva se întâmplă uneori şi în Istorie.

Reforma monetară
(august 1947)

În deschiderea acestei povești aș vrea să vă propun un mic experiment: imaginați-vă, pentru câteva momente, că toți banii pe care îi aveți nu mai valorează nimic. Imaginați-vă că bursa, salariul sau pensia pe care o așteptați ar fi alcătuită din hârtii fără nicio valoare. Știu că așa ceva pare greu de imaginat — dar ceva asemănător s-a întâmplat în istoria noastră. Drept care vă propun să iscodim printre ițele teribile ale reformei monetare impuse de regimul comunist în august 1947.

După 23 august 1944, situația financiară a României era mai bună decât a multor țări din Europa de Est. Banca Națională avea o serioasă rezervă de aur, iar oamenii aveau strictul necesar pentru alimentația de zi cu zi. Dar lucrurile aveau să se schimbe dramatic în doar doi ani. Seceta din anii 1945 și 1946, precum și ocupația sovietică au produs o cumplită inflație. În primăvara anului 1947, un dolar american ajunsese egal cu 900 000 de lei.

De fapt, azi avem datele pentru a spune că sabotarea leului românesc a fost făcută cu bună știință de ocupantul sovietic. Piața monetară a fost inundată de așa-zisul *leu de război* — care era tipărit de sovietici și care nu avea nicio acoperire în rezerva de aur a Băncii Naționale a României. În plus, o secetă cumplită care a durat doi ani a produs haosul în economia țării. Cum era de așteptat, în acest context inflația și specula au agravat și mai mult situația. Pretextând nevoia unei intervenții rapide, în ianuarie 1947 regimul comunist abia impus în România a decis etatizarea Băncii Naționale a României. Prin acest act, Banca Națională își pierdea autonomia și devenea o instituție total supusă conducerii politice a țării. Dar marea lovitură asupra cetățeanului român avea să vină în dimineața zilei de 16 august 1947 — când guvernul Petru Groza a anunțat o bruscă și radicală reformă monetară. Potrivit acestei legi de reformă, un leu nou devenea echivalentul a 20 000 de lei vechi. Dar ținta reală a reformei nu era doar reducerea masei monetare de pe piață. Adevăratul scop era controlul politic asupra societății.

Reforma monetară din august 1947 a fost un șoc teribil mai ales pentru țăranii și negustorii români care dispuneau de economii. Tot așa, întreprinderile private din țară au fost puternic afectate. Adevăratul caracter al acestei reforme nu a fost unul economic, ci politic. Principalele victime ale noii legi erau românii care mai aveau ceva bani puși deoparte — și, prin aceasta, până atunci nu depindeau de stat.

Potrivit legii de reformă monetară, 20 000 de lei vechi se schimbau pentru un leu nou. Dar suma pe care persoanele sau instituțiile puteau s-o schimbe era fixată de guvern. Indiferent de câți bani avea cineva, el nu putea schimba în lei noi decât o sumă fixă. Astfel, muncitorii și funcționarii puteau să schimbe 3 milioane de lei vechi, țăranii urmau să schimbe 5 milioane, iar persoanele neîncadrate aveau dreptul să schimbe doar 1,5 milioane de lei vechi. Printre aceste „persoane neîncadrate" se numărau, evident, cei pe care regimul îi considera *clasa exploatatoare* — adică burghezia română, proprietarii de imobile sau țăranii înstăriți de la sate. Presa partidului comunist s-a umplut de caricaturi cu burghezi sau chiaburi care priveau cu disperare cum banii lor de la saltea nu mai valorează nimic.

Reforma monetară din august 1947 a fost de fapt o confiscare a tuturor banilor aflați în circulație. În plus, cei care aveau valută sau aur erau obligați să le predea Băncii Naționale, la un curs de schimb fixat și el de către guvern. Cine nu făcea acest lucru era pasibil de pedepse grele. Această reformă a produs adevărate drame. Oameni care economisiseră o viață și-au văzut averea dispărând practic peste noapte.

Morala poveștii noastre este una care are legătură mai mult cu viața decât cu finanțele. Deseori spunem că banii nu aduc fericirea. Dar la fel de clar este că acel guvern care confiscă banii populației confiscă de fapt și dreptul la independență sau la fericire al oamenilor. Este exact ceea ce au făcut comuniștii, în acea vară a anului 1947.

Regele Mihai și Regina Ana
(1948 – până în prezent)

Viața privată a familiilor regale este ținută mai mereu departe de ochii publicului. Poate tocmai de aceea, publicul dorește să afle tot mai multe lucruri despre capetele încoronate. Este și cazul familiei regale a României, reprezentată în primul rând prin Regele Mihai și Regina Ana. Povestea ce urmează va spune câteva lucruri mai puțin cunoscute despre acest cuplu care a trăit o bună parte din bucuriile și din dramele ultimului secol.

Maiestatea Sa Regele Mihai al României s-a născut la Castelul Peleș, pe 25 octombrie 1921, ca unic fiu al Regelui Carol al II-lea și al Reginei-mamă Elena. Doi ani mai târziu, pe 18 septembrie 1923, se năștea la Paris principesa Ana de Bourbon-Parma, ca fiică a principelui René de Bourbon-Parma și a principesei Margareta a Danemarcei. Copilăria celor doi a fost pe-atât de diferită pe cât de diferită era istoria colțului de Europă în care trăia fiecare.

În contextul unei crize dinastice survenite în România, Regele Mihai și-a început prima domnie pe când avea doar 6 ani, în anul 1927. Mai apoi, în anul 1930, tatăl său — Regele Carol al II-lea — a revenit în țară, iar fiul Mihai a redevenit prinț moștenitor. Prin felul său de-a fi calculat, sensibil și meditativ, tânărul Mihai semăna mai mult cu mama sa — Regina Elena. Față de explozivul și expansivul Rege Carol al II-lea, prințul Mihai avea o cu totul altă fire.

La celălalt capăt al Europei, principesa Ana de Bourbon-Parma a copilărit mult mai liniștită în Franța, alături de ai săi. După anul 1939, familia principesei Ana s-a mutat mai întâi în Spania, iar apoi în Statele Unite ale Americii. Cei doi — principele Mihai și principesa Ana — nu se cunoșteau în acel moment, dar începutul celui de-al Doilea Război Mondial avea să le schimbe destinele în egală măsură.

Pentru cei care îi cunosc, Regele Mihai și Regina Ana apar azi ca niște oameni calmi și extrem de joviali. Numai că realitatea dură a celui de-al Doilea Război Mondial i-a obligat pe fiecare la fapte aproape extreme.

Este cunoscut cum Regele Mihai l-a arestat în vara lui 1944 pe *conducătorul* de atunci al statului, mareșalul Ion Antonescu — și aceasta, pe când Hitler, Stalin sau alți conducători politici ai vremii s-ar fi așteptat mai puțin. În schimb, este mai puțin cunoscut un episod... războinic din viața Reginei Ana. La vârsta de 20 de ani, în anul 1943, tânăra Ana s-a înrolat voluntară în armata franceză a generalului de Gaulle și a ajuns alături de regimentul său până în Algeria, Maroc, Italia și Germania.

În toamna anului 1947, Regele Mihai a sosit la Londra, cu ocazia nunții verișoarei sale, actuala regină a Angliei Elisabeta a II-a. Acolo, la o recepție dată de Marele Duce de Luxemburg, Regele Mihai a cunoscut-o pe principesa Ana. Pentru tânărul rege, a fost dragoste la prima vedere. Peste doar câteva zile, el și-a luat inima în dinți și a cerut mâna principesei.

Puțini dintre români știu că, la prima cerere în căsătorie a Regelui Mihai, principesa Ana a declinat oferta. Ea l-a refuzat pentru că, la prima vedere, i se păruse că tânărul rege român este o persoană prea blajină și aparent nehotărâtă. Din fericire, câteva săptămâni mai târziu, soarta i-a adus iarăși pe cei doi față în față. În decembrie 1947, pe drumul de întoarcere spre București, Regele Mihai a făcut o scurtă escală în Elveția. Aflând că principesa Ana era și ea acolo, regele a invitat-o la o plimbare cu automobilul în jurul lacului Geneva.

Cu ocazia acestei plimbări în mașină, Regele Mihai și principesa Ana au avut ocazia să vorbească și să se cunoască mai bine. În plus, principesa a rămas efectiv uimită de cât de sigure erau mișcările Regelui Mihai la volan. De-abia atunci tânăra Ana a aflat cât de pasionat era tânărul rege de mașini și de motoare.

Povestea noastră vorbește, așadar, despre efectul benefic al unor pasiuni. După cum se știe, șofatul a fost singurul viciu al Regelui Mihai. Dragostea lui pentru mașini și abilitatea lui ca șofer au făcut-o pe principesa Ana să-l judece mai bine. După acea plimbare, Ana de Bourbon-Parma a acceptat cererea în căsătorie a regelui. Ei s-au căsătorit în iunie 1948 și au rămas împreună până azi.

Morala acestei povești este aceea că până și viciile noastre benigne, dacă intervin la momentul potrivit, ne pot ajuta uneori.

Medicină și revoluție: Ana Pauker
(1893–1960)

În cele ce urmează voi povesti despre o femeie care, la un moment dat, era mai puternică decât toți bărbații din România. O femeie inteligentă, dar al cărei fanatism a transformat-o într-o mașină politică de luptă. O femeie care, fără să fi făcut gimnastică, are totuși ceva în comun cu Nadia Comăneci. Vă propun, așadar, să rememorăm viața celebrei activiste comuniste Ana Pauker.

Ana Pauker — sub numele ei de fată Hannah Rabinsohn — s-a născut în februarie 1893, în satul Codăești din județul Vaslui. Bunicul patern al Anei fusese un rabin al comunității. În școlile pe care le-a urmat, Ana a fost o elevă foarte bună — drept care tatăl său și-ar fi dorit ca fiica-i să devină medic. În schimb, la vârsta de 20 de ani, tânăra Ana descoperise deja literatura marxistă. Aceste lecturi aveau să schimbe nu numai viața ei, ci și destinul României.

În anul 1919, Ana Rabinsohn a fost trimisă de părinți în Elveția, pentru a urma Facultatea de Medicină din Geneva. Tot atunci, ea îl cunoștea pe activistul comunist Marcel Pauker — cu care se va căsători. Ana nu a mai terminat facultatea, în schimb va deveni activă în lumea comuniștilor europeni. Revenită în România în 1920, se înscrie cu toate forțele în mișcarea subversivă, drept care în 1925 este condamnată pentru prima dată. A scăpat din închisoare fugind în Uniunea Sovietică, unde va lucra pentru Cominternul dirijat de Stalin.

Sub un nume conspirativ, a revenit în România în anul 1934, pentru a ajuta mișcarea ilegală comunistă. La scurt timp, a fost prinsă de poliția română și în anul 1936 a primit o nouă condamnare, de 10 ani. Ocazia eliberării, pentru Ana Pauker, a fost adusă de al Doilea Război Mondial. După ce sovieticii au ocupat Basarabia și Bucovina, în vara lui 1940, Ana Pauker a fost predată sovieticilor, la schimb pentru un fruntaș român, pe nume Ion Codreanu. Astfel încât, din anul 1941 Ana Pauker a stat la Moscova, ca șefă informală a comuniștilor români exilați. Dintre toți aceștia, ea a fost persoana cea mai apropiată de Olimpul comunist al lui Stalin.

Deseori am spus că Istoria este ironică și acest lucru se verifică și în cazul Anei Pauker. Un lucru mai puțin cunoscut este că norocul Anei Pauker a fost că la sfârșitul anilor '30 ea era închisă în România. Dacă ar fi reușit să fugă la Moscova, foarte probabil ea ar fi murit în epurările staliniste din acea vreme — așa cum în anul 1938 a murit soțul ei, Marcel Pauker.

În toamna lui 1944, când s-a întors victorioasă la București, Ana Pauker era cea mai temută și mai respectată dintre toți comuniștii români. În octombrie 1945, ea ar fi putut să preia conducerea în partidul comunist român. Dar, spunând că românii n-ar accepta un partid condus de o femeie evreică intelectuală, l-a lăsat la conducere pe Gheorghe Gheorghiu-Dej, cu care Ana Pauker a făcut, vreme de câțiva ani, o echipă redutabilă.

Numai că Gheorghiu-Dej avea alte planuri. Profitând de psihoza antisemită a lui Stalin de la începutul anilor '50, în luna mai a anului 1952 Gheorghiu-Dej a exclus-o din sfera puterii pe Ana Pauker. Învinuită că ar fi produs abuzuri în cooperativizarea agriculturii și că i-ar fi băgat pe legionari în partidul comunist (ambele acuze erau, de altfel, adevărate), Ana Pauker și-a făcut disciplinată autocritica, spunând că partidul are întotdeauna dreptate. La intervenția unora dintre foștii ei prieteni sovietici, Ana Pauker nu a fost condamnată,

157

ci doar forțată să accepte soluția domiciliului obligatoriu. Evitată de aproape toți foștii tovarăși, Ana Pauker a murit la București în iunie 1960, de pe urma unui cancer mamar care o urmărise mulți ani.

Ana Pauker rămâne un personaj nefast și fascinant al comunismului românesc. De numele ei sunt legate multe premiere: de exemplu, ea a fost prima femeie din lume care a ajuns ministru de Externe, în anul 1947, și totodată prima femeie care a ocupat funcția de viceprim-ministru. Uneori se spune că ea ar fi fost într-atât de fanatică, încât l-ar fi divulgat pe propriul soț și că din acest motiv Marcel Pauker a fost asasinat de oamenii lui Stalin — dar acest lucru nu este adevărat. În schimb, este adevărat că ea apare în nuvela *Pe strada Mântuleasa* a lui Mircea Eliade, unde personajul Anca Vogel are toate trăsăturile Anei Pauker.

În fine, spuneam la început că această femeie-comisar are ceva în comun cu cea mai mare gimnastă a României. Iată despre ce e vorba: Ana Pauker a fost prima femeie din România care a apărut pe coperta revistei *Time*. Aceasta se întâmpla în anul 1947. Cea de-a doua româncă imortalizată de revista *Time* pe copertă a fost Nadia Comăneci, în anul olimpic 1976.

Morala poveștii este că între aceste două extreme s-a scris istoria comunismului românesc.

Conferința națională
a Partidului Comunist din România
(octombrie 1945)

În regimurile comuniste, succesul se traduce adesea prin simpla supraviețuire politică a personajelor. Chiar dacă în teorie erau cu toții tovarăși, liderii comuniști se aflau, între ei, într-o acerbă competiție. Chiar și atunci când mimau solidaritatea, ei își pândeau unii altora greșelile. Un astfel de caz este relația dintre Gheorghe Gheorghiu-Dej și Ana Pauker, acum aproape 70 de ani. Vă propun acum să intrăm în tainele unui episod puțin cunoscut al comunismului românesc.

Povestea noastră începe în sala de festivități a Colegiului „Mihai Viteazul" din București, în ziua de 16 octombrie 1945. Într-o atmosferă de mare entuziasm, acolo se deschidea prima Conferință națională a partidului comunist autohton după reintrarea sa în legalitate. De fapt, era prima conferință legală a partidului din ultimii peste 20 de ani — pentru că partidul comunist din România fusese scos în afara legii în 1924, fiind considerat un instrument politic al Rusiei bolșevice.

În octombrie 1945, la această ambițioasă ceremonie ce avea să dureze cinci zile, comuniștii români au ales sala Colegiului „Mihai Viteazul" pentru că era una dintre cele mai mari săli din București. Teatrul Național fusese bombardat și la fel și unele cinematografe centrale. Așa se face că elita comunismului românesc s-a întors atunci la școală — dar nu pentru a-și desăvârși educația (de care mulți duceau lipsă), ci pentru a-și alege conducerea de partid.

Şi astfel ajungem în miezul poveştii noastre: scopul princi-pal al acelei conferinţe a comuniştilor din octombrie 1945 era alegerea unui lider — cu atât mai mult cu cât vremurile erau tulburi. Este drept că autorităţile sovietice staţionate în România îi susţineau pe faţă pe comunişti, dar la fel de adevărat este că Regele Mihai, partidele democratice şi marea majoritate a populaţiei îi priveau pe comunişti cu neîncredere. Mai mult: ştim din paginile precedente că Regele Mihai rupsese în iulie 1945 legăturile cu premierul procomunist Petru Groza şi ame-ninţa să nu mai semneze niciun act provenind de la guvern.

În aceste condiţii, pentru şefia partidului comunist nu existau decât trei opţiuni. Una dintre ele, teoretic, ar fi putut fi Lucreţiu Pătrăşcanu. Educat şi manierat, în vârstă de 45 de ani atunci, Pătrăşcanu era în schimb un lup singuratic în inte-riorul partidului; el nu avea o susţinere reală printre membri. Apoi un posibil candidat era Gheorghe Gheorghiu-Dej, atunci în vârstă de 44 de ani, din care pe ultimii 10 îi petrecuse în închisori pentru activitatea lui comunistă. Aparent blajin şi foarte popular cu firea lui deschisă de moldovean, Gheor-ghiu-Dej era amabil cu toţi — şi mai ales era amabil cu Ana Pauker. Şi astfel ajungem la personajul principal al conferinţei din octombrie 1945: în acel moment, Ana Pauker era încă o femeie energică şi cochetă, care nu-şi trăda deloc vârsta de 52 de ani. Ea era atunci de departe vedeta exponenţială a comunismului românesc. Inteligentă şi intransigentă, Ana Pauker petrecuse anii războiului la Moscova şi ajunsese până în anturajul lui Stalin. Toţi membrii partidului comunist o res-pectau, iar adversarii politici se temeau de ea.

Ei bine, chiar dacă Ana Pauker era cel mai cunoscut comu-nist din România, la această conferinţă din octombrie 1945 ea a făcut un pas în spate. L-a lăsat pe subordonatul ei Gheor-ghiu-Dej să ia postul de secretar general al partidului, iar ea s-a mulţumit cu funcţia de secretar-adjunct. Motivul reţinerii ei a fost simplu: cunoscând România acelor ani, ea ştia că un personaj care era și femeie și evreică ar fi putut cu greu conduce un partid politic.

Asfel a ajuns, în octombrie 1945, Gheorghe Gheorghiu-Dej la conducerea PCR, deși plecase inițial cu șansa a doua. În doar câțiva ani, Gheorghiu-Dej îi va lichida politic pe toți competitorii săi: pe Lucrețiu Pătrășcanu l-a dat afară din partid în 1948, iar pe Ana Pauker în 1952.

Morala poveștii pare a fi ruptă din Machiavelli: un lider trebuie să fie mereu atent la subordonații de moment. Niciodată nu se știe când unul dintre subordonații de azi poate să devină superiorul tău de mâine.

Plecarea lui George Enescu din România
(toamna anului 1946)

Pentru majoritatea românilor, George Enescu este numele unui geniu al muzicii și un reprezentant strălucit al culturii naționale. Dar, oricât ar părea de paradoxal, pentru alți români Enescu a fost un trădător de țară și un colaborator al regimului comunist. Care oare este adevărul? Iată de ce, în povestea care urmează, vă propun să vorbim despre certitudinile și enigmele plecării din țară ale lui George Enescu, în toamna anului 1946.

George Enescu s-a născut în august 1881, pe o moșie a familiei din satul Liveni, județul Botoșani. La vârsta de 4 ani cânta deja la vioară, iar la vârsta de 18 ani era un protejat genial al Reginei Elisabeta a României. Cu o activitate împărțită între București și Paris, în perioada interbelică Enescu a devenit unul dintre cei mai mari muzicieni ai Europei și ai lumii.

În anii celui de-al Doilea Război Mondial, George Enescu a rămas în București și a oferit multe concerte magnifice — la care, evident, au participat uneori și ofițeri ai armatei germane din România. Apoi, imediat după 23 august 1944, George Enescu a intrat în atenția propagandei de inspirație sovietică a partidului comunist din România. După toate aparențele, Enescu era cu desăvârșire naiv într-ale politicii. În toamna anului 1944, Enescu devenea membru în asociația ARLUS[*],

---

[*] Asociația Română pentru strângerea Legăturilor cu Uniunea Sovietică.

o asociație de prietenie româno-sovietică, aceasta de fapt făcând propagandă pentru Stalin și pentru URSS. În aprilie 1946, Enescu era invitat de guvernul Uniunii Sovietice la Moscova, unde va susține câteva concerte bine primite. Și astfel ajungem la momentul cel mai delicat al biografiei lui Enescu: în noiembrie 1946, el era înscris pe lista candidaților pentru Parlament din partea alianței politice Blocul Partidelor Democrate, dirijată de partidul comunist.

În decembrie 1937, George Enescu se căsătorise cu Maria Tescanu-Rosetti, fosta văduvă a politicianului conservator Mihail G. Cantacuzino (și totodată fostă amantă a filosofului Nae Ionescu). Cei doi soți au locuit într-o anexă din spatele frumosului Palat Cantacuzino de pe Calea Victoriei din București. Maria — sau, cum i se spunea, Maruca — Enescu a fost, după unii istorici, eminența cenușie din spatele acțiunilor maestrului din ultimul său deceniu de viață. Apropiați ai familiei spuneau că Maruca a fost cea care i-a sugerat lui George Enescu să colaboreze cu partidul comunist.

Așadar, în noiembrie 1946, George Enescu devenea deputat de Dorohoi, pe lista Blocului Partidelor Democrate, dirijat de comuniști. Prin aceasta, el devenea *tovarăș* politic cu Gheorghe Gheorghiu-Dej sau cu Ana Pauker. În realitate, Enescu nu a călcat vreodată în Parlamentul României. El și soția sa au plecat din țară chiar atunci, în toamna lui 1946, mai întâi în Statele Unite ale Americii, iar mai apoi în Franța. Adevărul este că plecarea din țară a soților Enescu s-a produs cu acordul liderilor comuniști. Până în mai 1955, când a murit, George Enescu și-a păstrat calitatea de membru al Academiei Republicii Populare Române și totodată și-a păstrat pașaportul de cetățean al României comunizate. Din acest motiv, foarte mulți români exilați în Occident l-au considerat pe George Enescu un colaborator al regimului comunist.

George și Maruca Enescu au trăit pe *rue* Clichy din Paris, din 1947 și până în 1955, la moartea maestrului. În tot acest timp, Enescu a rămas într-o relație amiabilă cu guvernul din țara care devenise *RPR* — Republica Populară Română. În arhivele românești se află unele scrisori primite de Enescu de la premierul procomunist Petru Groza și scrisori pe care Enescu le scria unor lideri comuniști, precum Emil Bodnăraș.

Mulți partizani ai monarhiei românești îl acuză pe George Enescu de faptul că nu a criticat regimul comunist niciodată — nici măcar atunci când comuniștii l-au alungat din țară pe Regele Mihai, în decembrie 1947. Cel care fusese protejatul Reginei Elisabeta și al saloanelor regale a păstrat, atunci, tăcerea.

Morala poveștii noastre este că mai întotdeauna lecțiile morale ale artiștilor trebuie căutate în creațiile lor, și nu în viața pe care au dus-o.

Alegerile trucate din noiembrie 1946

Există, în ultimii aproape 200 de ani de istorie, ceva constant: câtă vreme România a fost o democrație, rezultatul alegerilor ce aveau loc era mereu contestat. La fel se întâmpla pe vremea lui Ion C. Brătianu sau a lui Mihai Eminescu și la fel se întâmplă și astăzi, în vremea noastră. În povestea ce urmează voi aminti însă cel mai mare furt electoral din istoria României: alegerile trucate din noiembrie 1946.

În acel an an 1946, România era o țară pe deplin paradoxală: statul era condus de un rege, dar guvernul era unul procomunist. Majoritatea populației aștepta salvarea dinspre Occident, dar guvernul își avea sursa puterii la Răsărit, în Moscova lui Stalin. În aceste condiții, în toamna anului 1946 urmau să aibă loc în țară primele alegeri libere de după cel de-al Doilea Război Mondial. Ceea ce inițial părea o speranță avea să se transforme într-o farsă de proporții tragice.

Din punct de vedere politic, în vara anului 1946 România era deja o țară ocupată. Deși războiul luase sfârșit, armata sovietică era încă în România. În aproape fiecare instituție mai importantă, cei care decideau erau consilierii sovietici. Economia țării se îndrepta inevitabil către naționalizare, deși regimul comunist nu recunoștea asta. Pentru fiecare ramură industrială, modelul oferit erau așa-numitele *sovrom*-uri — adică întreprinderi mixte, amintite în paginile precedente, în care statul român venea cu resursele de materii prime, iar sovieticii culegeau beneficiile. Situația socială din țară a fost agravată, în anul 1946, de o cumplită secetă care intra deja în al doilea an. Cea mai lovită provincie a țării a fost Moldova. De aici, mânați de foame, mii de oameni au plecat către Oltenia și către Banat. Un asemena exod de populație ca în timpul secetei din 1945–1946 România nu mai cunoscuse nici în timpul războiului.

În aceste condiții, alegerile au fost fixate pentru data de 19 noiembrie 1946. Partidele democratice — adică Partidul Național Țărănesc și Partidul Național Liberal — erau convinse că vor câștiga alegerile dacă votul va fi cinstit. În schimb, Partidul Comunist și aliații săi de conjunctură stăpâneau deja toate instituțiile țării și controlau Radioul național și majoritatea ziarelor.

Alegerile din toamna anului 1946 urmau să fie primele alegeri democratice după 9 ani — ultimele alegeri libere în România avuseseră loc în decembrie 1937. La aceste alegeri din 19 noiembrie, țărăniștii aveau ca semn electoral *ochiul*, liberalii aveau *săgeata*, iar comuniștii au venit cu *soarele*. Cu umorul lui de moldovean deștept, Gheorghiu-Dej le spunea prietenilor că soarele comunist o să orbească ochiul țărănist și o să rupă săgeata liberală. Și chiar așa s-a întâmplat — dar cu ajutorul lui Stalin.

La drept vorbind, alegerile din noiembrie 1946 au fost un fel de dramă cu finalul anunțat dinainte. Sovieticii nici nu concepeau ca protejații lor — comuniștii români — să nu câștige. Încă din decembrie 1945, vicecomisarul sovietic al Afacerilor Externe Andrei Vîșinski îi spunea ambasadorului american la Moscova că, în România, comuniștii vor câștiga cu 70 de procente. Cu puțin înainte de alegeri, ambasadorul sovietic la București Serghei Kavtaradze spunea că partidul comunist român *„prin anumite tehnici (...) poate obține chiar și 90% din voturi"*. Din păcate, ambii au avut dreptate.

Alegerile din 19 noiembrie 1946 au reprezentat — spunea profesorul Dinu C. Giurescu — „*cea mai mare fraudă din întreaga istorie parlamentară a României*". Toate trucurile posibile au fost întrebuințate pentru ca Blocul Partidelor Democrate (alianța comuniștilor) să iasă învingător — bilete băgate în urnă înaintea voturilor, intimidarea și manipularea votanților sau raportarea falsă a rezultatelor pe județe.

În urma alegerilor trucate din noiembrie 1946, alianța condusă de comuniști a obținut rezultatul uriaș de 83,8%. Țărăniștii și liberalii din opoziție au obținut sub 9% din voturi. Istoria electorală a sistemului statal comunist începea astfel cu o mare farsă.

Această farsă a continuat vreme de 43 de ani, până în noiembrie 1989, când Nicolae Ceaușescu avea să fie reales, iarăși, în unanimitate, conducător al partidului. Peste doar câteva săptămâni, Ceaușescu urma să fie împușcat.

Morala poveștii noastre este că ceea ce a început ca o mare minciună avea să se termine exact la fel. Cum spunea cineva, deseori Istoria are *rimele* ei, peste timp.

Un intelectual la curtea comunismului: Lucrețiu Pătrășcanu (1900–1954)

În analiza trecutului, istoria și memoria lucrează cu unități de măsură diferite. Este și cazul eroului din povestea ce urmează. Pentru unii, personajul despre care vorbim rămâne o șansă ratată a comunismului românesc. Pentru alții, el a fost doar un funcționar al represiunii, care a căzut în plasa pe care chiar el o întindea altora. Vă propun, așadar, să pătrundem în tainele vieții și morții lui Lucrețiu Pătrășcanu.

Lucrețiu Pătrășcanu s-a născut în noiembrie 1900, la Bacău, în familia unor intelectuali de origine boierească. Tânărul Pătrășcanu a absolvit în 1923 Facultatea de Drept din București, iar peste alți trei ani, în 1926, obținea un Doctorat în economie la Universitatea din Leipzig. Aceasta era fața vizibilă a lui Pătrășcanu — pentru că el mai avea și o față ascunsă: membru al Partidului Comunist încă de la înființarea acestuia, în 1921, Pătrășcanu a devenit un ilegalist atunci când partidul a fost scos în afara legii, în 1924.

În perioada interbelică, Lucrețiu Pătrășcanu a fost unul dintre rarii intelectuali români ce nutreau convingeri comuniste. În numele acestui crez, el a participat la câteva congrese din clandestinitate ale partidului, iar în anii 1934 și 1935 a mers în Uniunea Sovietică, la unele conferințe ale Cominternului. În calitate de avocat, Pătrășcanu i-a apărat pe acei tovarăși de idei care erau arestați. În ceea ce-l privește, fiind cunoscut în lumea politico-mondenă de la București, Pătrășcanu era în anii '30 un fel de comunist tolerat de autorități. El a fost arestat pentru scurt timp, între anii 1940 și 1942, iar în lagărul de la Târgu Jiu s-a întâlnit cu un alt comunist de marcă: Gheorghe Gheorghiu-Dej. Cei doi nu s-au simpatizat deloc. Gheorghiu-Dej spunea despre Pătrășcanu că este un comunist de operetă, iar Pătrășcanu spunea despre Dej că este prea needucat ca să-i conducă pe alții. Trebuie spus că mareșalul Ion Antonescu s-a purtat relativ bine cu Pătrășcanu: între anii 1942 și 1944, acesta a avut un regim de *domiciliu obligatoriu* într-o vilă din Poiana Țapului, nu departe de Sinaia — timp în care a scris trei dintre cărțile sale (și unele dintre cele mai bune pagini ale sale, de altfel). Destinul lui Lucrețiu Pătrășcanu părea că intră pe un drum ascendent în seara zilei de 23 august 1944, când el devenea ministru fără portofoliu în primul Guvern al României postbelice.

Din noiembrie 1944 și până în februarie 1948, Pătrășcanu a fost ministrul Justiției în guvernul procomunist al epocii. Adevărul este că el, în calitate de ministru, a avut un rol nefast în confiscarea Justiției de către regimul comunist. În timpul mandatului său s-a judecat procesul trucat al lotului lui Iuliu Maniu, alți foști lideri politici sau generali ai armatei au fost arestați, iar Regele Mihai a fost forțat să abdice. Pătrășcanu este cel care a luat balanța din mâna Justiției și a pus-o, strâmbată, în mâinile comuniștilor.

Neînțelegerile dintre Gheorghiu-Dej și Lucrețiu Pătrășcanu erau vechi, dar ele s-au acutizat în februarie 1948. Pătrășcanu a devenit atunci ținta unui atac combinat, în care oameni din tabăra lui Dej și alții din tabăra Anei Pauker l-au acuzat că ar fi *„căzut sub influența burgheziei"*. Destituit din guvern în februarie, Pătrășcanu a fost arestat în aprilie 1948, sub acuzația de *„înaltă trădare"*. Vreme de șase ani, el a suportat un arest extrem de dur. În primăvara anului 1954, Gheorghiu-Dej a început să se teamă că proaspătul lider sovietic Nikita Hrușciov i-ar putea cere eliberarea lui Pătrășcanu. În mare grabă, lui Pătrășcanu i s-au regizat un proces şi o condamnare la moarte. A fost executat în noaptea de 16 spre 17 aprilie 1954, în închisoarea Jilava.

Există multe detalii confuze în legătură cu Lucreţiu Pătrăşcanu. Lui i se atribuie fraza „*înainte de a fi comunist, sunt român*" — pe care ar fi spus-o într-un discurs rostit la Cluj, în faţa studenţilor, în anul 1946. În realitate, Pătrăşcanu nu a spus niciodată aceste cuvinte. Ceea ce a spus el era „*sunt comunist pentru că sunt român*" — dar fraza i-a fost răstălmăcită mai apoi tocmai de Gheorghiu-Dej, care voia să-l acuze pe Pătrăşcanu de naţionalism.

Un alt detaliu este că, la Jilava, Pătrăşcanu nu a ajuns niciodată în faţa plutonului de execuţie. El a fost împuşcat în cap, de la spate, în timp ce era plimbat pe lângă un morman de nisip din incinta închisorii — după care nisipul îmbibat de sânge a fost strâns în grabă.

Morala poveştii noastre arată că tocmai Justiţia pe care Pătrăşcanu o pusese în mâna comuniştilor s-a întors în cele din urmă împotriva lui.

Reforma învățământului din august 1948

În pagina ce urmează vă propun să redeveniți pentru câteva minute elevi — pentru că vom vorbi despre aventurile politice ale școlii românești. Pe acest teren, al școlii, Spiru Haret s-a bătut în manuale cu Stalin, iar limba franceză s-a duelat în cuvinte cu limba rusă. Chiar dacă nici azi nu suntem mulțumiți de reformele din școlile noastre, vă propun să recapitulăm cea mai nefastă reformă pe care a cunoscut-o vreodată învățământul românesc: reforma școlară comunistă din august 1948.

La sfârșitul secolului al XIX-lea, în anul 1899, România avea un procent al analfabeților de 78 la sută. Era un procent enorm, ce nu făcea onoare țării. Cu alte cuvinte, doar unul din cinci români știa să scrie și să citească. Atunci, a apărut un autentic reformator, sub înfățișarea bonomă a unui profesor de matematică. Numele lui era Spiru Haret. Ca inspector general și mai apoi ca ministru al Învățământului, la cumpăna dintre secolul al XIX-lea și secolul XX, Spiru Haret a reformat din temelii sistemul de educație național.

Efectele benefice ale reformelor lui Haret s-au văzut apoi timp de decenii. În prima parte a secolului trecut, liceele și universitățile din România erau printre cele mai serioase din Europa.

Dar spiritul haretist a fost curmat brusc în anul 1948. După acapararea puterii de regimul comunist, modelul occidental din educația românească a fost eradicat cu forța. În ziua de 3 august 1948, echipa lui Gheorghe Gheorghiu-Dej a pus în aplicare o reformă a învățământului ce impunea copierea deplină a modelului școlar sovietic. Școlile particulare sau bisericești au fost desființate, iar toți învățătorii sau profesorii au devenit clienți ai sistemului, obligați să repete la clasă propaganda partidului unic. Studiul limbilor străine a fost drastic limitat — cu excepția limbii ruse, care a devenit materie școlară obligatorie: toți copiii o aveau în orare, la loc de cinste, începând cu clasa a IV-a primară. Totodată, în școli și în licee au apărut manualele unice, publicate de stat, care prezentau versiunea oficială a *adevărului* în toate disciplinele.

Toți elevii care treceau prin școala românească trebuiau să studieze *Istoria URSS* — în care Lenin și Stalin erau prezentați ca niște supraoameni ce vegheau asupra lumii comuniste. Dar cel mai celebru exemplu de carte stalinistă publicată în România îl reprezintă manualul de *Istorie a RPR*, coordonat de Mihail Roller. În cele 800 de pagini ale acestuia, istoria României devenea o anexă la istoria sovietică și tot ce existase înainte de comunism era criticat cu asprime. După 1948, vreme de un deceniu, manualul lui Roller a fost una dintre cele mai influente și mai dăunătoare cărți din cultura română.

Reforma învățământului din vara anului 1948 era menită să transforme România într-o copie la scară mică a Uniunii Sovietice. Toate bibliotecile instituțiilor din țară au fost curățate de cărțile ce contraveneau versiunii oficiale comuniste. Cine intra într-un centru cultural al unei ambasade occidentale putea fi arestat pe loc. Lunga tradiție a culturii românești, care crease un învățământ după modelul francez și german, era acum înlocuită cu o *școală de tip nou* ce trebuia să producă *oameni de tip nou*. Eroii care erau dați ca exemple copiilor români erau luptătorii sovietici din al Doilea Război Mondial sau muncitorii *stahanoviști*, care sacrificau orice pentru depășirea planului de producție.

Această etapă tristă din istoria învățământului românesc a durat un deceniu și jumătate. La începutul anilor '60, în mod discret, regimul lui Gheorghe Gheorghiu-Dej a operat o schimbare semnificativă. Începând din anul școlar 1963–1964, limba rusă a încetat să mai fie o materie obligatorie în școală. Treptat, a reapărut studiul limbilor franceză, germană, iar mai apoi engleză — dar aceasta este deja o altă poveste.

Ca decan al Facultății de istorie din București, am un birou ale cărui ferestre se deschid către statuia lui Spiru Haret din centrul Bucureștiului. Trecând zilnic pe lângă acest monument, îmi aduc aminte că părinții mei au învățat obligatoriu în școală, în anii '50, limba rusă, iar eu, la mijlocul anilor '70, într-o școală de cartier obișnuită din Craiova, am început studiul limbii franceze din clasa a II-a primară.

Morala poveștii noastre este că toate aceste evoluții atât de diferite compun, de fapt, istoria paradoxală a comunismului românesc.

Un accident
care putea să schimbe istoria României
(noiembrie 1957)

De multe ori, întâmplarea și-a jucat rolul ei în istoria politică a României. În schimb, accidente propriu-zise au fost relativ puține. Acesta este motivul pentru care vă propun în continuare povestea unui accident de avion care putea să schimbe fața comunismului românesc — și vom vedea mai ales care sunt enigmele rămase în urma lui.

În România anului 1957, regimul comunist părea mai solid ca niciodată. Pe plan intern, țara era sub mâna fermă a liderului Gheorghe Gheorghiu-Dej, iar politica externă a țării era ghidată încă după direcțiile trasate la Moscova. De fapt, anul 1957 era chiar prilejul unei mari sărbători: în toamnă se aniversau 40 de ani de la *Marea Revoluție Socialistă din Octombrie 1917*, momentul de naștere a sistemului sovietic.

De la această aniversare nu puteau să lipsească, evident, nici comuniștii români. Drept care povestea noastră începe în dimineața zilei de 4 noiembrie 1957, când o delegație română de partid și de stat s-a îmbarcat pe aeroportul Băneasa într-un avion cu destinația Moscova. Avionul era un model *Iliușin-14*, iar echipajul de zbor era și el sovietic. Cât privește delegația, ea era alcătuită din membri de frunte ai partidului, printre care Alexandru Moghioroș, Leonte Răutu, Grigore Preoteasa sau Ștefan Voitec. Unul dintre cei mai tineri aflați la bord era Nicolae Ceaușescu — în acel moment membru al Biroului Politic al Comitetului Central. Conducătorul delegației era

Chivu Stoica — atunci prim-ministru al României. De fapt, liderul Gheorghe Gheorghiu-Dej ar fi trebuit să conducă acea delegație, dar el a absentat sub pretextul (poate real) al unei gripe de toamnă care l-a forțat să rămână la București.

Anumite întâmplări parcă au anunțat de la bun început că acel zbor va fi unul cu ghinion. După o escală în orașul Kiev, avionul a decolat spre capitala Uniunii Sovietice, dar la scurt timp a fost întors din drum, pentru că aeroportul de destinație anunța o proastă vizibilitate deasupra Moscovei. După câteva ore, avionul a decolat din nou — și drama s-a produs exact deasupra aeroportului moscovit Vnukovo. Aici, în lumina serii, avionul a ratat pista de aterizare și s-a prăbușit apoi într-o pădure învecinată. În accident au murit trei dintre piloții sovietici ai avionului și liderul comunist român Grigore Preoteasa. Ultimele cuvinte ale acestuia din urmă au fost o încercare de glumă: la primele zmucituri ale avionului el a mai apucat să spună „Asta nu era prevăzut", după care a fost aruncat violent într-unul dintre pereți.

Imediat după accident, regimul lui Dej a decretat o zi de doliu național, iar casa de cultură a studenților din București a primit numele lui Preoteasa. Dar speculațiile referitoare la accident au apărut imediat — și ele continuă până astăzi.

În primul rând, există ipoteza că acel accident nu ar fi fost chiar întâmplător. Potrivit acestei versiuni, absența lui Dej nu s-ar fi datorat gripei, ci temerii sale că Moscova ar încerca înlocuirea sa, prin orice mijloace. Adepții teoriei complotului susțin că Grigore Preoteasa ar fi fost doar o victimă colaterală și că adevărata țintă a acelui accident era chiar Dej — pentru a cărui dispariție sovieticii ar fi acceptat orice, inclusiv moartea propriului echipaj al avionului.

Această teorie a accidentului pus la cale de Moscova este, desigur, spectaculoasă, dar nu e validată de nicio dată concretă. Adevărul este că sovieticii aflaseră încă de la București — sau, cel mai târziu, la Kiev — că Gheorghiu-Dej nu era în avion.

Dacă ținta lor ar fi fost Dej, nu avea rost să-și sacrifice un echipaj și un avion pentru a omorî doar o parte din elita de la București.

Partea într-adevăr de reținut a acestui incident este alta și ea are legătură cu Nicolae Ceaușescu. Pe atunci un tânăr activist de 39 de ani, Ceaușescu a scăpat din accident cu o sperietură și cu câteva zgârieturi. Din acel moment, el nu s-a mai temut niciodată de zbor — și probabil va rămâne în istoria noastră ca liderul care a petrecut cele mai multe ore în avioane sau elicoptere. Desigur, rămâne să ne gândim cum ar fi arătat în continuare comunismul românesc dacă Nicolae Ceaușescu s-ar fi aflat și el printre victime în acea seară de 4 noiembrie 1957.

Morala poveștii este una simplă: întâmplarea are rolul ei în istorie, iar comuniștii au avut și ei, ca oricare om, noroc uneori sau ghinion altădată.

Pământul și sovietizarea:
colectivizarea agriculturii
(1949–1962)

Din literatură și din istorie știm că viața satului românesc rareori a fost liniștită. De la ocupațiile turcești sau sovietice și până la grindina din zilele de vară, lumea satului a fost într-o continuă luptă pentru supraviețuire. Povestea ce urmează vorbește despre cea mai dramatică lovitură pe care țăranii din România au suportat-o vreodată: cooperativizarea agriculturii, începută de regimul comunist în anul 1949.

Dintotdeauna, viața țăranului român a fost direct legată de pământul pe care-l avea în grijă. În lumea satului, pământul era principala valoare. Pentru pământ se făceau și se desfăceau familii și tot pentru pământ se stabileau relații de prietenie sau de dușmănie. Altfel spus, pământul era principala rațiune de-a fi a țăranului român.

În România de după cel de-al Doilea Război Mondial, țăranii reprezentau aproape 70% din populație. Imediat după ce a preluat puterea, în primăvara anului 1945, guvernul pro-comunist al lui Petru Groza a instituit un sistem de cote pe care țăranii erau obligați să le dea statului: cote de cereale, de lână sau de alte produse. La începutul lui martie 1949, un decret al Marii Adunări Naționale lichida toate proprietățile mari din țară. Moșiile au fost expropriate cu tot inventarul lor agricol. Cu acest prilej au trecut în proprietatea statului peste 340 000 de hectare, care au devenit *gospodării agricole de stat* — adică *GAS*-uri, înființate după modelul *sovhozurilor* sovietice.

Şi tot atunci, în zilele de 3–5 martie 1949, a avut loc o Plenară a Comitetului Central al Partidului Muncitoresc Român, care a declanşat o campanie de colectivizare a tuturor pământurilor deţinute de ţărani. Potrivit acestei decizii, toţi capii de familie din satele româneşti trebuiau să-şi dea loturile de pământ în grija (şi în proprietatea) statului. Modelul cooperativizării agriculturii româneşti a fost, de la bun început, cel sovietic. Aşa au luat naştere *Gospodăriile Agricole Colective* — sau *GAC*-urile —, care erau o copie a *colhozurilor* din Uniunea Sovietică.

Pentru toţi ţăranii care aveau pământ, colectivizarea a fost o lovitură dramatică. De-a lungul anilor '50, în România au avut loc sute de răscoale ţărăneşti, în toate regiunile ţării. Bineînţeles, presa comunistă nu vorbea despre ele.

La începutul anilor '50, regimul lui Gheorghiu-Dej a început vânătoarea politică a *chiaburilor*. Erau numiţi *chiaburi* cei care aveau loturi mai mari de cinci hectare de pământ şi nu acceptau să le dea statului. În propaganda partidului unic, chiaburii erau prezentaţi ca nişte monştri veroşi, care se opun progresului. Ca formă de şantaj, copiii lor erau excluşi din şcoli sau din facultăţi.

Interesant este că toată elita comunismului românesc a fost prinsă în această campanie de colectivizare. Cel care conducea campania era, bineînţeles, Gheorghe Gheorghiu-Dej. Guvernul, în acei ani, era condus de Petru Groza — care el însuşi era moşier, dar devenise un tovarăş de drum al comuniştilor. Ana Pauker, în poziţia ei de viceprim-ministru, a jucat de asemenea un rol important în campanie. Puţini dintre români ştiu azi că până şi mai tânărul Nicolae Ceauşescu a fost parte din acest proces, în calitatea lui de ministru adjunct al Agriculturii.

De-a lungul anilor '50, sute de mii de ţărani care refuzau colectivizarea au ajuns în închisori. De la Aiud până în Balta Brăilei şi de la Râmnicu-Sărat până la coloniile de muncă de la Canalul Dunăre – Marea Neagră, partea cea mai mare dintre prizonierii politici ai regimului au alcătuit-o țăranii. În paralel, în satele României se desfășurau procese-spectacol în care chiaburii sau țăranii încăpățânați să-și păstreze pământul erau acuzați de sabotarea economiei naționale. Singura alternativă pentru cei care nu mai doreau — sau nu mai puteau — să se opună regimului era să dea în grija statului pământurile, caii, vitele și mijloacele de lucru. Însuși procesul de colectivizare a agriculturii a durat 12 ani și, în cuprinsul ei, a avut mai multe faze.

Procesul cooperativizării agriculturii s-a încheiat în aprilie 1962. 96 la sută din suprafața arabilă a țării era organizată în cooperative agricole sau în ferme de stat. Peste 3 200 000 de familii de țărani erau cuprinse în această agricultură zisă socialistă. Pe termen scurt, a fost o victorie a comuniștilor. Dar, pe termen lung, ea a condus la haosul care mai există și azi în agricultura României.

Cooperativizarea agriculturii operată între 1949 și 1962 a schimbat din temelii realitatea satului românesc. Morala poveștii noastre se vede cu ochiul liber, oriunde în România. Rănile produse atunci încă nu s-au închis. Azi, România importă bunuri alimentare pe care cu ușurință le-am putea produce în țară. O explicație pentru această anomalie trebuie căutată și atunci, în anul 1949.

Intelectualii și puterea
(sau lozinca și țigara)
(anii 1950)

Unele dintre capitolele cele mai fascinante ale istoriei românilor privesc relația dintre intelectualii nației și puterea politică. Nu este numai cazul României. Particularitatea spațiului est-european este aceea că, la mijlocul secolului XX, intelectualii — ca și restul societății — au fost obligați să treacă într-un timp foarte scurt de la un regim politic la un altul foarte diferit. Vă propun, în cele ce urmează, să vedem ce țigări fuma Gheorghe Gheorghiu-Dej — și ce legătură are acest lucru cu istoria culturii române.

Încă de la începuturile culturii române, în Evul Mediu, intelectualii acelor vremuri au depins mult de conducătorii politici ai epocilor respective. Toți cronicarii istoriei noastre medievale au fost, de fapt, intelectuali aflați sub protecția vreunui domnitor. Din acest punct de vedere, putem spune că literatura și istoriografia românilor s-au născut din simbioza culturii cu puterea politică.

În epoca modernă, principalele momente în care intelectualii români au dirijat istoria au fost Revoluția de la 1848 și, mai apoi, Unirea Țării Românești și Moldovei din 1859. În a doua jumătate a secolului al XIX-lea, adică în timpul Regelui Carol I, intelectualii români au avut ocazia de a crea instituții și de a deveni persoane publice. Mai apoi, după Marea Unire din 1918, intelectuali precum istoricii Nicolae Iorga, Gheorghe Brătianu sau poetul Octavian Goga au jucat și un rol politic, dar trebuie spus că ei nu au fost reprezentativi pentru politica românească. Mai apoi, cu toate controversele sale, Carol al II-lea a fost un rege care efectiv a investit bani mulți în cultura românească. Intelectualii anilor '30 rămân până astăzi un reper în cultura noastră — chiar dacă trebuie spus că unii dintre ei au fost veritabili clienți ai puterii politice.

Și astfel ajungem în anii regimului comunist. Cea mai mare parte a intelectualilor români au fost forțați să se supună partidului unic — confirmând ceea ce cronicarul Miron Costin spunea acum aproape 350 de ani: „*Nu sunt vremurile sub om, ci bietul om* [este] *sub vremi.*" După 1945, mulți intelectuali români — precum Lucian Blaga ori Vasile Voiculescu sau alți mulți, mulți alții — au avut de suferit de pe urma comuniștilor. Dar, pentru cei care respectau regula jocului ideologic, regimul Gheorghiu-Dej a fost foarte darnic.

Mari intelectuali români, precum prozatorul Mihail Sadoveanu, biologul și medicul Constantin Parhon, compozitorul George Enescu sau criticul literar și scriitorul George Călinescu au găsit propriile rețete de acomodare cu regimul comunist. Fiecare caz dintre acestea trebuie analizat în sine, pentru că nu seamănă unul cu celălalt. În generația următoare, un romancier precum Marin Preda sau un poet precum Adrian Păunescu au avut propriile strategii de colaborare cu sistemul politic — chiar dacă amândoi rămân printre cei mai importanți scriitori ai României în secolul XX. Dar probabil că, dintre toate, cazul cel mai spectaculos este cel al poetului Tudor Arghezi. El a reușit performanța de a scrie articole laudative atât în timpul Regelui Carol al II-lea, cât și în timpul liderului comunist Gheorghe Gheorghiu-Dej.

Tudor Arghezi a fost practic interzis în anul 1948, dar apoi, după câțiva ani, el a fost treptat recuperat de regimul Gheorghiu-Dej. În legătură cu acest poet, există o legendă care este atât de frumoasă, încât nu mai contează dacă este adevărată. Se spune că la începutul anilor '50 Tudor Arghezi urma să fie reabilitat şi a fost chemat la o discuţie de însuşi Gheorghiu-Dej. Vreme de minute bune, liderul comunist i-a vorbit poetului despre marile realizări ale epocii comuniste care tocmai începuse. La un moment dat, Arghezi — care era un mare fumător — a cerut permisiunea să-şi aprindă o ţigară. Dej, care era şi el fumător, i-a dat voie. Văzând că poetul scoate un biet pachet mototolit cu ţigări modeste, făcute în România pentru clasa muncitoare, Gheorghiu-Dej l-a servit din propriul pachet de ţigări americane, *Viceroy*. Iar atunci Arghezi i-ar fi spus liderului comunist: *„Tovarăşe Dej, văd că una vorbim şi alta fumăm.“*

Aceasta este şi morala poveştii noastre. În interacţiunea de principii dintre lumea intelectuală şi politica românească, cel mai adesea *„una vorbim şi alta fumăm“*.

Un ecran mic într-o țară (ceva mai) mare:
Televiziunea Română

Vă propun acum o poveste în care s-au ciocnit interesele Germaniei, Angliei și Uniunii Sovietice, în care vom vorbi implicit despre zborul omului pe Lună și despre zborul Nadiei Comăneci printre paralele inegale, în care vom aminti despre vedete și despre moartea încă misterioasă a unor oameni. Cu alte cuvinte, vă propun azi să pătrundem acolo unde puțini dintre dvs. au ajuns: anume, în spatele camerelor de filmat ale Televiziunii Române.

Primele experimente de televiziune din România au avut loc în anul 1925, într-un laborator al Universității din București. Mai apoi, în a doua jumătate a anilor '30, România a ajuns terenul de confruntare al unor mari puteri în domeniul electrotehnicii. În acel moment, cei mai avansați în domeniul de pionierat al televiziunii erau englezii. Imediat, de teamă că firmele britanice ar putea cuceri piața noastră, în anul 1939 un mare concern german* a adus în Capitala României un sistem integrat de televiziune prin cablu. Dar, cum se știe, în chiar acel an Europa și lumea întreagă au intrat în devastatorul Război al Doilea Mondial. Rămâne să medităm cu toții care ar fi fost cursul ultimei conflagrații mondiale dacă statele beligerante ar fi dispus și de arma propagandistică a televiziunii.

---

* Firma Siemens.

După impunerea regimului comunist în România, e de la sine înțeles că pionieratul televiziunii noastre s-a desfășurat cu tehnologie sovietică, produsă la Leningrad. De fapt, inaugurarea unei televiziuni naționale făcea parte din obligațiile primului plan cincinal al României, demarat în anul 1951. În anul 1955, în pregătirea zilei naționale de 23 august, o transmisie experimentală de câteva ore a avut loc din localul Poștei Vitan din București. Iar prima adevărată emisiune a televiziunii române a avut loc în noaptea de Revelion a anilor 1956–1957. Primul personaj politic care s-a adresat românilor — cu un mesaj preînregistrat — a fost președintele Marii Adunări Naționale din acel moment, Petru Groza. Atunci, câteva studiouri noi fuseseră construite în strada Molière din București, iar antenele stației se aflau în vârful Casei Scânteii.

Primele transmisii *live* ale Televiziunii Române au avut loc în anul 1957: prima vedetă care a avut parte de o transmisie în direct din afara studiourilor TV a fost artistul francez Yves Montand, care tocmai susținea un concert la București. Iar primul eveniment sportiv difuzat în direct a fost, în luna mai 1957, un meci de rugby între România și Franța, de pe stadionul „23 August" din București.

În ciuda controlului politic, epoca de aur a Televiziunii Române din timpul regimului comunist a debutat la începutul anilor '60 și avea să dureze aproape două decenii. Cu nostalgie ne aducem aminte de câteva emisiuni legendare — cum ar fi *Teleenciclopedia* (apărută în 1965), *Telecinemateca* (lansată în 1967) sau prima transmisiune a Festivalului *Cerbul de Aur*, din 1968. Copiii acelei epoci cu siguranță își amintesc emisiunea de desene animate *1001 de seri*, lansată în mai 1970. În anul 1968, TVR pleca din strada Molière și se muta în noile studiouri din Calea Dorobanți — unul dintre cele mai moderne sedii de televiziune din toată Europa de atunci. În acea perioadă, Televiziunea Română a fost o veritabilă fereastră deschisă spre lume. În iulie 1969, românii au putut urmări în direct primii paşi ai omului pe Lună — spre deosebire de televiziunea sovietică de la Moscova, care a amintit doar în treacăt despre Neil Armstrong, ca a cincea ştire într-un telejurnal de seară.

În anii '70, emisiunile de divertisment ale profesioniştilor români erau de o calitate comparabilă cu tot ce se făcea mai bun în Occident. Cele mai de succes seriale americane — de la *Mannix* până la *Columbo* şi până la *Dallas* — au intrat şi în casele românilor, prin micul ecran alb-negru. Paradoxal, Televiziunea Română a început să emită în culori abia în anul 1983 — exact în perioada în care viaţa românilor devenea mai cenuşie. În ianuarie 1985, ca urmare a unei ierni foarte dure, canalul doi al televiziunii şi studiourile teritoriale au fost închise, iar programul televiziunii centrale a fost redus la două ore — aproape în totalitate dedicate cuplului Nicolae şi Elena Ceauşescu.

În zilele Revoluţiei din decembrie 1989, Televiziunea a fost epicentrul schimbării. Din păcate, în curtea Televiziunii au murit oameni, ucişi de gloanţe trase de mâini misterioase (?). Istoricii viitorului vor elucida, probabil, acele evenimente. Povestea noastră se termină aici, dar istoria Televiziunii naţionale merge mai departe.

Retragerea armatei sovietice din România
(1955–1958)

Vă propun să vorbim acum despre unul dintre actele politice reuşite ale lui Gheorghe Gheorghiu-Dej. Potrivit unor analize, acesta a fost una dintre marile sale victorii. După alte interpretări, acest act a fost nefast pentru ţară, pentru că el a deschis calea comunismului naţionalist al lui Nicolae Ceauşescu. Vom vedea, aşadar, cum şi de ce s-a retras armata sovietică din România, în vara anului 1958.

Povestea noastră începe în mai 1955, când Uniunea Sovietică, condusă atunci de Nikita Hruşciov, a semnat tratatul de pace cu Austria. În aceste condiţii, se punea în discuţie şi prezenţa armatei sovietice în România. După al Doilea Război Mondial, Moscova spusese că are nevoie de o prezenţă armată în România pentru a asigura legătura cu Austria.

Echipa conducătoare comunistă de la Bucureşti, în frunte cu Gheorghiu-Dej, profitase din plin de prezenţa armatei sovietice în România. După 1944, România fusese practic o ţară ocupată — şi tocmai această ocupaţie a permis instaurarea regimului comunist. Dar, în vara anului 1955, Gheorghiu-Dej şi tovarăşii săi erau cu totul stăpâni pe situaţie. Toate fostele partide democratice erau desfiinţate, iar foştii reprezentanţi ai acestora erau în închisoare.

În privinţa datării momentului în care Gheorghiu-Dej i-a cerut lui Hruşciov să-şi retragă armata din România sunt încă multe lucruri neclare. Memoriile liderilor comunişti nu sunt nici ele foarte precise. Ion Gheorghe Maurer spune că această cerere s-ar fi produs în anul 1954. La rândul lui, Gheorghe Apostol spune că această cerere s-a făcut în iunie sau în august 1955, când Nikita Hrușciov a vizitat România. Unii spun că discuția ar fi avut loc pe un teren de vânătoare, iar alții rememorează că ea s-ar fi purtat la locuința lui Dej de pe malul lacului Snagov. Foarte probabil este că atunci, în vara lui 1955, Emil Bodnăraș — la sugestia lui Dej — i-a cerut lui Hrușciov să ia în calcul retragerea armatei sovietice din țara noastră.

La început, Hrușciov a fost surprins de această cerere și chiar s-a enervat. El le-a reproșat liderilor români că nu mai sunt recunoscători pentru toate câte a făcut Uniunea Sovietică pentru ei. Dar argumentul comuniștilor români era acela că prezența armatei ruse este inutilă din moment ce România era înconjurată de țări cu regimuri comuniste. De altfel, potrivit planurilor militare de la Moscova, oricând o armată sovietică ar fi putut ajunge la București pe calea aerului, în numai trei ore.

Vreme de câteva luni, până în noiembrie 1955, despre această propunere nu s-a mai vorbit deloc. Evident că ea nu a apărut în presa de partid, nici la București și nici la Moscova. Pe neașteptate, în noiembrie 1955, cu ocazia aniversării revoluției bolșevice, Hrușciov a declarat delegației române conduse de același Bodnăraș că Moscova este dispusă să-și retragă armata din România. Acordul, verbal și neoficial, a rămas secret până în anul 1958. În virtutea acestui acord, Gheorghiu-Dej s-a comportat fidel în toamna anului 1956, când România și alte țări comunizate au făcut front comun pentru înăbușirea revoluției anticomuniste din Ungaria. Abia în aprilie 1958 s-a semnat, de miniștrii român și sovietic ai Apărării, Acordul referitor la retragerea armatei sovietice din România. Plecarea efectivă a trupelor a avut loc între iunie și august 1958. Soldații

187

sovietici au fost conduşi spre gări cu muzică de fanfară şi cu buchete de flori, ca la despărţirea de nişte prieteni dragi.

Astfel a luat sfârşit cea mai lungă ocupaţie militară pe care România a suportat-o în ultimii 300 de ani de istorie. Armata sovietică a stat la noi 14 ani — din 1944 până în 1958. Retragerea armatei sovietice a fost o mişcare abilă a lui Gheorghiu-Dej, dar ea nu a schimbat deloc regimul din România. Dimpotrivă: în chiar toamna acelui an a urmat un nou val de arestări politice — prin care Gheorghiu-Dej dorea să arate că este pe mai departe şi cu totul stăpân pe situaţie.

Totodată, se poate vorbi, în cazul ţării noastre, despre un efect pervers al acelui an 1958. În ţări precum Ungaria, Cehoslovacia sau Polonia, trupele sovietice au staţionat până în 1990. Din acest motiv comunismul, acolo, a fost mereu considerat ca o formă de control străină. În schimb, la noi, mai ales sub Nicolae Ceauşescu, regimul comunist s-a împletit cu naţionalismul şi a rezultat un hibrid bizar care ne-a marcat ceva vreme chiar şi după 1990.

Morala poveştii este aceea că, prin cel puţin una dintre consecinţele ei, retragerea armatei sovietice din vara lui 1958 a fost un fel de cadou otrăvit.

Karl Marx îl ajută
pe Gheorghe Gheorghiu-Dej
(1964)

În povestea ce urmează voi aminti o carte apărută în urmă cu 50 de ani — dar, cum se va vedea, n-a fost o carte ca oricare alta. Publicat la București în plin regim comunist, acel volum a condus la o criză tacită între București și Moscova. Autorul cărții era Karl Marx — și vă propun să vedem cum echipa lui Gheorghe Gheorghiu-Dej l-a folosit pe Marx pentru a polemiza cu Uniunea Sovietică. Aventurile ce urmează sunt demne de un roman polițist — doar că este vorba despre istoria noastră contemporană.

Povestea noastră debutează la începutul anilor '60, la celălalt capăt al Europei, în orașul Amsterdam. Acolo, un cercetător polonez, pe numele lui Stanislaw Schwann, investiga arhiva Marx și Engels depozitată în Institutul Internațional de Istorie Socială din capitala Olandei. Într-o zi, în cursul căutărilor sale, polonezul Schwann a descoperit câteva dosare încă necunoscute ale manuscriselor lui Marx. Surpriză: acele dosare vorbeau inclusiv despre relațiile istorice dintre România și Rusia.

Imediat și fără să bănuiască ce va urma, cercetătorul polonez a trimis această știre la București. Responsabilii comuniști din România, surprinși de veste, au decis să continue investigația. Aici este momentul să ne aducem aminte că, la începutul anilor '60, liderul Gheorghe Gheorghiu-Dej începuse deja o îndepărtare ideologică față de Moscova, promovând un comunism național care atunci părea de bun augur.

Pasul următor al acestei povești a fost întâlnirea dintre cercetătorul polonez Schwann și istoricul român Andrei Oțetea, care a fost trimis de autoritățile de la București ca să vadă despre ce e vorba în acele misterioase dosare ale lui Marx. Celor doi li s-a alăturat un al treilea personaj: doctorul în Istorie Rüter, un savant olandez care conducea în acel moment Institutul din Amsterdam. Și astfel a luat naștere una dintre cele mai reușite operațiuni de propagandă ale României comuniste. În relativ secret — dar cu acordul regimului lui Gheorghiu-Dej — Oțetea și Schwann au pregătit pentru tipar acele manuscrise ale lui Marx. A rezultat un volum elegant, de 185 de pagini, publicat la Editura Academiei Republicii Populare Române, care (sub titlul banal *Karl Marx — Însemnări despre Români*) constituia una dintre cele mai acide critici scrise vreodată la adresa Rusiei. Este drept, era vorba despre Imperiul Țarist — Marx scria acolo despre comportamentul de vecin incorect al Rusiei la adresa românilor, despre „*șiretlicurile*" Rusiei în relația cu noi, despre răpirea Basarabiei din 1812 de către Rusia, despre „*hoțiile ofițerilor și despre barbaria soldatului rus*" ș.a.m.d. La un moment dat, ca să fie foarte clar, Karl Marx nota acolo că „*țăranul român nutrește pentru muscalul moscovit numai ură*" și alte și alte considerații asemănătoare.

Acest volum a fost unul dintre cele mai dibace acte politice la adresa Moscovei ale epocii lui Gheorghiu-Dej. Pentru toate partidele comuniste, numele lui Marx era un nume sfânt. Nici măcar Moscova, chiar dacă era capitala comunismului mondial, nu-l putea contrazice pe Marx. A fost o mișcare dibace din partea comuniștilor de la București.

Așa cum era de așteptat, acest volum a fost receptat cu neplăcere la Moscova; autoritățile sovietice au protestat pe canale diplomatice, iar revista *Literaturnaia Gazeta* a publicat câteva replici. Totuși, pentru a nu se compromite intrând în polemică deschisă cu însuşi Karl Marx, sovieticii au muşamalizat apoi cazul.

Morala acestei poveşti vorbeşte despre valoarea cărţii şi despre puterea literei scrise. Acel volum a fost publicat în noiembrie 1964, într-un tiraj de 20 500 de exemplare — un tiraj uluitor astăzi pentru o carte de istorie, dar care atunci s-a epuizat imediat. Între timp, regimurile comuniste de la Moscova şi de la Bucureşti au căzut. Cartea lui Marx rămâne însă în bibliotecile noastre, cu toate subiectele ei de meditaţie.

Moartea lui Gheorghe Gheorghiu-Dej
(martie 1965)

Unul dintre cele mai discutate episoade din istoria comunismului românesc îl reprezintă moartea — pentru unii misterioasă — a primului lider al României comuniste, Gheorghe Gheorghiu-Dej. Speculațiile au început chiar în martie 1965, când Gheorghiu-Dej a încetat din viață pe neașteptate. Și astăzi, deseori sunt întrebat dacă moartea liderului comunist a fost una naturală sau dacă nu cumva i-a fost prilejuită de o intervenție externă — eventual de la Moscova. Vă propun să zăbovim aici asupra acestui fragment de istorie.

România primăverii anului 1965 era, din multe puncte de vedere, cu totul alta decât România anului 1945, atunci când Gheorghiu-Dej devenise cel mai important om din statul român. Cariera de lider a lui Dej este o adevărată lecție de politică: el a început în 1945 prin a fi un dictator regional după modelul lui Stalin și și-a înlăturat fără milă toți potențialii adversari din interiorul țării și chiar și din propriul partid. Totuși, 20 de ani mai târziu, în 1965, el a sfârșit prin a fi un conducător național care se bucura — în România și chiar în lume — de o popularitate în creștere. La începutul anilor '60, Dej a dat startul unui proces de liberalizare a regimului, iar pozițiile ideologice ale comuniștilor români erau deseori diferite de cele ale Uniunii Sovietice. Despre secretele — și vedetele — vieții private a lui Gheorghiu-Dej o să vorbim, poate, și cu alt prilej. Cert este că Dej avea o reală putere de muncă şi, după modelul muncitoresc din anii '30, el era un mare fumă-tor — ţigările *Viceroy* fiind cele pe care le aprecia cel mai mult, chiar dacă ele nu se găseau în tutungeriile României comuniste. Şi astfel ne apropiem de nucleul poveştii noastre. Cum Gheorghiu-Dej era cunoscut a avea o constituţie solidă şi cum presa comunizată nu excela în transparenţă, vestea bolii sale a apărut ca un trăsnet. Primul buletin medical, datat 17 martie 1965 şi semnat de mai mulţi medici români, a apărut în *Scân-teia* de a doua zi, pe 18 martie. Dar imediat, pe 19 martie 1965, Gheorghiu-Dej a încetat din viaţă, în urma unui cancer generalizat. Iar pe 20 martie, tot ziarul *Scânteia* spunea că semnele bolii apăruseră „*în a doua jumătate a lunii ianuarie*".

Tocmai această precizare a dat naştere la speculaţii; ime-diat a început să se vorbească de faptul că Gheorghiu-Dej ar fi putut fi iradiat de sovietici. Într-adevăr, în ziua de sâmbătă, 16 ianuarie 1965, Gheorghiu-Dej şi o delegaţie de comunişti români plecaseră cu trenul din Gara Băneasa spre capitala Poloniei, la o întrunire a Tratatului de la Varşovia. În acea zi, liderul român era încă zâmbitor şi părea într-o formă bună. Delegaţia condusă de Dej s-a întors în ţară în ziua de vineri 22 ianuarie, iar peste doar câteva săptămâni, într-o apariţie televizată din 5 martie, Dej era tras la faţă şi livid. Două săp-tămâni mai târziu, se stingea din viaţă.

Unul dintre primele zvonuri care au apărut imediat spune că Gheorghiu-Dej ar fi putut fi iradiat la Varşovia, de sovie-ticii care ar fi dorit să scape de el pentru că Dej devenise prea naţionalist şi nu mai asculta de Moscova. Personal, am reţi-neri faţă de această ipoteză — dacă sovieticii l-ar fi iradiat pe Dej, atunci tot sovieticii ar fi avut grijă ca succesorul acestuia să fie altcineva decât Nicolae Ceauşescu — un lider mai tânăr, dar care încă de pe atunci era cunoscut ca fiind şi mai naţio-nalist decât Gheorghiu-Dej.

O altă ipoteză spune că Gheorghiu-Dej primise, cândva în anii '50, o floare de mină de la o exploatare minieră din Munţii

Apuseni. Neștiind că acea bucată de rocă era radioactivă, Gheorghiu-Dej ar fi pus-o într-o vitrină din spatele biroului său de lucru — astfel încât acea rocă radioactivă l-ar fi iradiat lent, vreme de ani întregi.

În fine, cea mai banală dintre ipoteze spune că moartea lui Dej s-a datorat pur și simplu stilului său de viață destul de dezordonat, cu mese luate după căderea serii și cu multe țigări de-a lungul zilei.

Evident, aceste speculații vor continua. Probabil că numai o analiză a rămășițelor lui Gheorghe Gheorghiu-Dej ne-ar putea lămuri — dacă urmașii săi ar dori acest lucru.

Cum a ajuns Nicolae Ceauşescu
în fruntea PCR
(martie 1965)

În istorie, detaliile contează foarte mult. De multe ori, varianta cea mai cunoscută privitoare la un eveniment nu este neapărat şi cea mai adevărată. Această constatare se aplică şi la un eveniment anume din ascensiunea lui Nicolae Ceauşescu. Drept care, vă propun aici să vedem cum a ajuns Ceauşescu în fruntea Partidului Comunist Român, în primăvara anului 1965.

În ultimii ani, deseori am întâlnit în discursul public un clişeu referitor la evenimentele prin care Nicolae Ceauşescu a ajuns la conducerea partidului comunist din România. După 1990, cea mai cunoscută explicaţie privind victoria lui Ceauşescu în cursa pentru putere provine de la fostul prim-ministru comunist Ion Gheorghe Maurer. Maurer a spus, pur şi simplu, că foştii tovarăşi ai generaţiei lui Dej l-ar fi ales în fruntea lor pe Nicolae Ceauşescu pentru că acesta era mai tânăr, mai neexperimentat şi părea mai uşor de manipulat de către veteranii partidului.

Adevărul însă e altul. După cum am reamintit mai sus, Gheorghe Gheorghiu-Dej a murit în ziua de 19 martie 1965. Dej nu a lăsat un testament politic propriu-zis, dar se pare că cel pe care el l-ar fi dorit ca succesor era Gheorghe Apostol — în acel moment prim-viceprim-ministru al guvernului. Totuşi, acesta nu avea o reală susţinere în partid.

Imediat după moartea liderului Dej, la vârful partidului existau doar doi competitori veritabili: unul era Nicolae Ceauşescu, iar celălalt era Alexandru Drăghici. Cei doi erau colegi de generație — chiar dacă Drăghici era mai mare cu patru ani. În acel moment, Drăghici părea mai puternic: el fusese ministru de Interne și mai ales fusese șef al temutei Securități a statului. În schimb, Ceaușescu s-a dovedit a fi mai abil. Dându-și seama de raportul de forțe, imediat după moartea lui Dej, Ceaușescu i-a vizitat pe cei mai importanți dintre membrii Comitetului Central și le-a cerut sprijinul promițând fiecăruia ceea ce ei doreau să audă. Lui Ion Gheorghe Maurer i-a promis că-l va menține în funcția de prim-ministru — pe care acesta o ocupa din anul 1961. Lui Chivu Stoica — un alt fost apropiat al lui Dej — Ceaușescu i-a promis că va fi viitorul președinte al Consiliului de Stat. În plus, Ceaușescu mai avea un mare avantaj: din anul 1955, în funcția sa de membru al Biroului Politic al PCR, el conducea comisia pentru probleme de cadre a partidului. În această calitate, el și-a format de timpuriu o garnitură de mai tineri activiști, pe al cărei sprijin se putea baza. Printre aceștia se numărau Paul Niculescu-Mizil, Ilie Verdeț, Ștefan Andrei sau chiar, până la un moment dat, Ion Iliescu.

Și astfel s-a ajuns la Plenara Comitetului Central din ziua de 22 martie 1965. În virtutea acelor promisiuni făcute și primite, Ion Gheorghe Maurer l-a propus pe Ceaușescu pentru înalta funcție de prim-secretar al partidului, iar Chivu Stoica și alții au susținut această propunere. Nu au făcut acest lucru pentru că Ceaușescu era mai ușor de manipulat, ci pentru a-și urmări propriile interese, pe care Ceaușescu le garantase.

Dar în anii următori Ceaușescu s-a dovedit a fi la fel de machiavelic precum fusese și Gheorghiu-Dej. El a început să se debaraseze de posibilii rivali, aparent promovându-i în funcții care păreau importante, dar erau doar decorative. În anul 1967, el i-a înlăturat de la conducere pe Chivu Stoica și pe Gheorghe Apostol. Primul se va sinucide în februarie 1975, iar al doilea va fi trimis în diplomație în țări ale Americii

Latine — ceea ce, în anii comunismului, însemna un fel de exil aurit. În anul 1968, a fost înlăturat principalul rival al lui Ceaușescu, Alexandru Drăghici — acesta fiind acuzat de excesele staliniste din procesul lui Lucrețiu Pătrășcanu. În paralel cu acești veterani maziliți, Ceaușescu îi punea în funcții de conducere pe cei mai tineri decât el, care-i deveneau astfel fideli. Ultimul înlăturat a fost însuși Maurer, care a fost forțat să-și dea demisia din funcția de prim-ministru în martie 1974.

Morala acestei povești este că Nicolae Ceaușescu nu a fost niciodată un naiv. El nu a ajuns la putere printr-o alegere, ci printr-un troc politic, în care fiecare a primit ceva și a dat altceva în schimb. Cei care poate doreau să-l manipuleze pe Ceaușescu au sfârșit prin a fi manipulați ei înșiși.

Natalitatea, „decreţeii" şi *Conducătorul*
(octombrie 1966)

Povestea ce urmează aduce în discuţie unul dintre cele mai controversate acte ale lui Nicolae Ceauşescu. Vom vorbi despre multe mame, dar mai ales despre o generaţie de copii care erau numiţi „decreţei". Chiar unii dintre dvs., cititorii, aveţi şanse să fiţi rodul acelei decizii de atunci a lui Ceauşescu. Vom vorbi, aşadar, despre decretul privind interzicerea întreruperilor de sarcină din toamna anului 1966.

În prima parte a secolului XX, România era una dintre ţările cu natalitatea cea mai mare din Europa: peste 30 de copii la mia de locuitori. Este adevărat că şi mortalitatea infantilă era foarte mare, dar cert e că populaţia ţării era în creştere constantă. Mai ales în lumea satului românesc familiile aveau mulţi copii, iar practica avortului era rar întâlnită — mai ales pentru că ea era condamnată de Biserică.

După al Doilea Război Mondial, după ce sute de mii de bărbaţi au murit pe front, regimul comunist a devenit direct interesat în creşterea demografică a ţării. Aventura pronatalistă a României a început cu Gheorghe Gheorghiu-Dej. Astfel, în anul 1948, s-a introdus un articol în Codul Penal care stabilea pedepse de până la 5 ani închisoare pentru femeile care făceau avort sau pentru cei care efectuau întreruperea de sarcină. Dar, nouă ani mai târziu, în 1957, acelaşi Gheorghiu-Dej a acordat permisivitate avortului la cerere. Liberalizarea întreruperilor de sarcină era mai ales o încurajare a femeilor să iasă din mediul casnic şi să intre în industria ţării.

Totuși, peste alți 9 ani, proaspătul lider Nicolae Ceaușescu a venit cu o altă viziune asupra politicii de familie. La recensământul din martie 1966, populația țării era de puțin peste 19 milioane de locuitori. Mai alarmant era faptul că apăreau deja semnele unei îmbătrâniri a populației. Indicele de creștere demografică scăzuse foarte mult. În aceste condiții, pe 1 octombrie 1966 a fost publicat celebrul decret 770, care interzicea întreruperile de sarcină și încuraja femeile să aibă cât mai mulți copii.

Practic, ca urmare a acestui decret, în România anilor 1967 și 1968 a apărut un fel de generație spontanee, foarte numeroasă. În glumele lor, românii îi numeau pe acești copii „decreței". Visul lui Nicolae Ceaușescu era ca România anului 2000 să fie o țară de 25 de milioane de locuitori. În momentul în care Ceaușescu a murit, cum se știe, în anul 1989, planul era aproape de împlinire: România avea atunci 22,5 milioane de cetățeni.

Decretul pronatalist din octombrie 1966 al lui Nicolae Ceaușescu a plecat de la o problemă reală, dar efectele sale au fost deseori dramatice pentru viața familiilor. Atât femeile, cât și medicii care recurgeau la întreruperi ilegale ale sarcinii erau pedepsiți cu ani de închisoare. Datorită mijloacelor improvizate la care apelau uneori pentru a întrerupe sarcina, se estimează că circa 11 000 de femei au murit. Pe termen scurt, populația țării a crescut notabil. La mijlocul anilor '70, în școli erau atât de mulți copii, încât programul se derula în trei schimburi. Propaganda a încurajat din plin această politică natalistă și a transformat-o într-o datorie de onoare pentru fiecare femeie. La mijlocul anilor '80, s-a ajuns la un tratament umilitor: adolescentele cărora li se depista o sarcină erau obligate să nască, iar femeile tinere aveau de suportat controale ginecologice periodice.

Ceaușescu și comunismul au dispărut, dar la fel de adevărat este că, în România de azi, problema natalității este mai gravă decât oricând în istoria noastră. Potrivit recensămintelor, populația de azi a țării coboară spre nivelul celei din 1966 — în jur de 19 milioane. Peste tot pe continentul nostru întreruperile de sarcină sunt liberalizate, iar familiile au puțini copii. Acestea sunt explicațiile pentru care Europa este un continent care îmbătrânește.

Astăzi, deși România îmbătrânește, este de neconceput un nou decret precum cel al lui Ceaușescu. Totodată, spre deosebire de România de acum un secol, Biserica nu mai are puterea de a influența viața familiilor. Paradoxul Istoriei face ca exact acea generație masivă născută la sfârșitul anilor '60 să fi fost cea care a ieșit din plin în stradă în decembrie 1989, marcând prăbușirea regimului comunist.

Morala poveștii noastre pare că vine din povestea cu „ucenicul vrăjitor": însuși Ceaușescu a ajuns, într-un fel, victima propriilor „decreței".

Vizita lui Charles de Gaulle în România
(mai 1968)

În luna mai a anului 1968, Nicolae Ceaușescu înregistra un succes politic al începutului său de carieră ca lider al comuniștilor români. Timp de cinci zile, președintele Franței, legendarul Charles de Gaulle, urma să fie oaspetele României. Era cea de-a treia vizită a lui de Gaulle într-un stat comunist — el mai fusese în anii precedenți în URSS și în Polonia. Dar era, mai ales, prima vizită a unui președinte francez pe teritoriul României din toată istoria relațiilor bilaterale dintre cele două țări. Vă propun aici să vedem câteva dintre detaliile din spatele scenei ale acestei vizite.

De fapt, de Gaulle dorise să vină la București cu un an mai devreme, în iunie 1967 — dar războiul israeliano-arab din acel moment a schimbat planurile. Odată ajuns pe pământ românesc la mijlocul lui mai '68, Charles de Gaulle a poposit la București, la Pitești și la Craiova; peste tot, a fost primit cu un imens entuziasm. Explicația bucuriei era dublă: pe de o parte, vizita președintelui francez se petrecea într-o perioadă aparent fastă a comunismului: nivelul de viață creștea constant în România socialistă, iar teroarea din anii '50 părea doar o amintire urâtă. Pe de altă parte, vizita în România a lui de Gaulle avea și un mesaj simbolic: de mai bine de un secol, Bucureștiul se uitase spre Paris ca la un frate mai mare — iar prezența lui de Gaulle alături de Ceaușescu părea a reprezenta reluarea legăturilor politice și culturale tradiționale, care fuseseră întrerupte în anii stalinismului. Rămâne de domeniul legendei faptul că, ajuns la București, de Gaulle a cerut să-și revadă unii dintre foștii lui colegi români de la școala militară Saint Cyr — știind foarte bine că mulți dintre aceștia trecuseră prin *gulagul* anilor '50.

Pe de altă parte, trebuie spus că de Gaulle avea și alte interese atunci când a vizitat România. În primul rând, el vedea în Ceaușescu un fel de discipol în relațiile cu marile puteri: așa cum Franța lui de Gaulle era un rebel în interiorul alianței NATO, la fel România se profila a fi un rebel în interiorul lumii comuniste. Dând mâna cu Ceaușescu, de Gaulle credea că întâlnește un lider asemănător lui.

Apoi, trebuie spus că la mijlocul anilor '60, atunci când liderii politici români au luat decizia dezvoltării unei industrii auto naționale, nu s-au orientat către un model rusesc și nici măcar către un model italian — deși firma *Fiat* i-a curtat insistent pe români. România s-a îndreptat către un model francez: anume mașina *Renault*. Așadar, dincolo de simbolistica politică, vizita în România a lui de Gaulle a avut și o clară componentă economică. La câteva luni după această vizită, în luna august 1968, era lansat pe piață primul automobil românesc, *Dacia 1100*, iar peste trei ani apărea și varianta românească a *Renault*-ului, anume mașina *Dacia 1300*.

Pe cât de bine a fost primit în România, pe atât de contestat era însă de Gaulle, chiar în acele zile, la el acasă. Studenții de pe malul stâng al Senei făceau o adevărată revoluție, ce amintea de Comuna din Paris de altădată. Tinerii scoteau pietre din pavaj și se luptau efectiv cu poliția. Haosul amenința să cuprindă lumea universitară din Franța. Confruntat cu această realitate, președintele francez și-a scurtat cu o zi șederea în România — și a părăsit Bucureștiul pe 18 mai, ducând cu el bucuria multor români de a-l fi văzut.

Morala acestei povești este simplă. De la acea vizită a trecut aproape o jumătate de secol. În Franța, de Gaulle este azi un personaj legendar, iar în România Ceaușescu se află undeva între caricatură și nostalgie. Dar, indiferent de această posteritate a fiecăruia, acel eveniment din mai 1968 rămâne unul dintre cele mai importante momente ale relațiilor româno-franceze din istoria contemporană.

Momentul de glorie
al lui Nicolae Ceauşescu
(august 1968)

Nicolae Ceauşescu s-a aflat la conducerea României vreme de 24 de ani. În povestea ce urmează voi insista pe o zi anume din tot acest interval. O zi care a fost cel mai important moment al întregii cariere politice a lui Ceauşescu: ziua de august în care el a apărut la balconul Comitetului Central din Bucureşti şi a spus că îşi va apăra cu orice preţ ţara — mai ales în faţa unei ameninţări sovietice.

Clipele de glorie ale lui Nicolae Ceauşescu s-au petrecut la mijlocul zilei de 21 august 1968. În acel moment, România era înconjurată numai de ţări socialiste — drept care singura ameninţare militară putea veni doar din partea Uniunii Sovietice. Ei bine, Nicolae Ceauşescu a avut curajul de a spune că românii îşi vor apăra ţara indiferent de cine va fi invadatorul. Ziua de 21 august 1968 rămâne momentul de glorie al lui Nicolae Ceauşescu.

Povestea noastră, de fapt, începe în ziua de 15 august 1968. În fruntea unei delegaţii de partid şi de stat, Nicolae Ceauşescu a făcut o vizită de două zile în Cehoslovacia. La Praga, Ceauşescu s-a întâlnit cu liderul comunist Alexander Dubček şi a repetat şi aici convingerea lui că fiecare ţară este liberă să construiască socialismul în manieră proprie. Pe 16 august 1968, în prezenţa lui Ceauşescu, România şi Cehoslovacia reînnoiau pentru următorii 20 de ani un tratat de prietenie care iniţial fusese încheiat în anul 1948. În acea vară a anului 1968, Nicolae Ceauşescu a fost foarte bine primit la Praga. În ochii populaţiei locale, liderul român era deja un disident faţă de Moscova.

În noaptea de 20 spre 21 august 1968, Nicolae Ceauşescu se afla la Bucureşti, în locuinţa sa din Cartierul Primăverii. În jurul orei 2 a dimineţii, un ziarist român — aflat în capitala Cehoslovaciei — a informat Bucureştiul despre o intervenţie a Pactului de la Varşovia împotriva *Primăverii de la Praga*. Imediat, Ceauşescu a fost trezit din somn. La ora 4:30 dimineaţa, el a convocat o şedinţă extraordinară a Prezidiului Permanent al Partidului Comunist Român.

În dimineaţa zilei de 21 august 1968, Nicolae Ceauşescu a fost într-adevăr surprins de intervenţia armatelor ţărilor socialiste în Cehoslovacia. Neavând încredere în liderul român, liderul sovietic Leonid Brejnev nu-l anunţase pe Ceauşescu de acest act. În mod firesc, Ceauşescu s-a temut că ar putea deveni următoarea victimă a răzbunării sovietice.

De la balconul Comitetului Central al Partidului Comunist, pe 21 august 1968 Ceauşescu a vorbit ca un adevărat lider naţional. Nu numai că a condamnat intervenţia în Cehoslovacia, dar a şi spus foarte clar că, în cazul unei invazii străine, România va lupta pentru independenţa sa. Românii au fost entuziasmaţi de acest mesaj. Un detaliu mai puţin cunoscut al acelei veri e că peste câteva zile, pe 24 august 1968, Ceauşescu a avut în oraşul sârbesc Vîrşeţ o întâlnire discretă cu Iosip Broz Tito, liderul de atunci al Iugoslaviei. Ceauşescu l-a întrebat pe Tito dacă i-ar permite să se retragă în Iugoslavia în cazul unui atac sovietic asupra României. Tito i-a răspuns afirmativ — cu condiţia ca liderul român să nu aducă şi trupe armate pe teritoriul iugoslav —, dar totodată l-a sfătuit pe Ceauşescu să nu-i provoace pe ruşi.

Printre cetăţenii de rând, atunci, în vara lui 1968, partidul comunist a fost mai popular ca niciodată. Prin curajul arătat, Ceauşescu părea un continuator al liderilor naţionali din istorie.

Uralele care s-au auzit în fața balconului Comitetului Central nu erau regizate de propagandă, ci erau mărturia sinceră a unui entuziasm popular real.

Din păcate, povestea balconului din august 1968 are și o parte mai puțin plăcută. Tocmai pentru a i se da Moscovei semnalul că tot partidul și tot poporul se află în spatele lui Ceaușescu, propaganda de la București a inițiat un cult al personalității *Conducătorului* care avea să ajungă la cote penibile. Morala poveștii noastre este că ceea ce începuse bine avea să se sfârșească prost. Aceasta este, de altfel, chiar ideea ce rezumă întreaga istorie a regimului Ceaușescu.

Vizita lui Richard Nixon la București
(august 1969)

La începutul lunii august a anului 1969, un eveniment aproape senzațional se petrecea la București: aeronava *Air Force One* a președintelui american Richard Nixon ateriza pe atunci noul aeroport Otopeni. Nu era prima vizită a unui lider occidental în România — cu un an mai devreme, președintele francez Charles de Gaulle fusese și el oaspetele lui Ceaușescu. Dar ineditul situației consta în altceva: era prima vizită a unui președinte american într-o țară cu regim comunist din lume și, totodată, era prima vizită din toată istoria a unui președinte american în România. Vă propun să vedem cum s-a ajuns la acest moment excepțional.

În acea vară a anului 1969, în ochii lumii occidentale liderul român Ceaușescu era cel mai bine cotat șef de partid al zonei comuniste europene. Ceaușescu trezise simpatii în toată lumea liberă atunci când, de la balconul Comitetului Central din București, spusese că România se va apăra cu arma în mână dacă va fi invadată de forțe sovietice, așa cum tocmai i se întâmplase Cehoslovaciei. Ajuns președinte în America în chiar acel an 1968, Richard Nixon știa foarte bine acest lucru.

De fapt, mulți nu știu că această vizită din august 1969 nu era chiar prima vizită a lui Nixon în România. El mai vizitase țara noastră în 1967, pe când încă nu era viitor candidat pentru Casa Albă din partea republicanilor. Anticomunist convins și obsedat de pericolul Uniunii Sovietice, Richard Nixon avea să devină unul dintre cei mai buni parteneri politici americani ai lui Nicolae Ceaușescu.

E logic, așadar, să ne întrebăm cum se explică vizita președintelui Nixon la București? Tocmai prin această venire a lui aici, el dorea să dea de înțeles că America nu privește lumea comunistă ca pe un bloc omogen. Vizitându-l cu mare fast pe Nicolae Ceaușescu, Nixon semnala că Statele Unite apreciază gesturile de independență ale României. Câtă vreme acționa ca un rebel comunist în coasta Moscovei, românul Ceaușescu putea fi un prieten al americanilor — cam acesta era mesajul diplomatic al președintelui american.

Cum era de așteptat, Richard Nixon a fost primit cu mare bucurie de români. Odată cu el, cel mai puternic simbol al lumii libere venea la București. În acel moment, relațiile economice și culturale dintre România și Statele Unite erau în plin avânt. Ceaușescu avea ambiția de a ajunge la un nivel de schimburi comerciale de 1 miliard de dolari pe an între cele două economii. În anii următori acestei vizite, relațiile româno-americane s-au dezvoltat și mai mult — de la cele economice sau politice și până la importul de produse culturale. Faptul că la televiziunea română din anii '70 au rulat multă vreme unele dintre cele mai noi seriale americane — de la *comisarul Colombo* până la *familia Ewing* din Dallas — are, trebuie s-o spunem, legătură și cu acea vizită a lui Nixon.

România acelor ani s-a implicat, alături de alte state, și în sprijinul diplomației americane: Bucureștiul a fost, după surse credibile, un canal real de comunicare între Washington și Beijing, și așa s-a ajuns la istorica vizită a lui Nixon în China, în 1971.

Morala poveștii vorbește despre cât de ironică este Istoria. Pe termen scurt, Nicolae Ceaușescu a părut mai norocos decât Richard Nixon: în chiar anul 1974, în care Nixon părăsea Casa Albă în urma scandalului Watergate, Nicolae Ceaușescu ajungea la apogeul puterii sale, devenind primul președinte al

României comuniste. Dar, pe termen lung, rolurile au fost inversate: Nixon este şi azi un preşedinte onorat al Americii, pe când amintirea lui Ceauşescu printre români, aşa cum spuneam, alternează între o inutilă caricatură şi o perdantă nostalgie.

Soţii Ceauşescu vizitează Asia
(vara 1971)

În timpul celor 24 de ani de conducere a României, Ceauşescu a făcut, cum se ştie, nenumărate călătorii în exterior. Dar nici-una dintre aceste vizite n-a fost la fel de comentată şi analizată precum cea despre care o să scriu aici. Deşi aparent cea mai cunoscută, vizita din Asia a lui Ceauşescu din iunie 1971 este şi cea mai plină de clişee, de legende sau de exagerări.

Lunga călătorie întreprinsă de Nicolae Ceauşescu în Asia, la începutul verii anului 1971, a însemnat de fapt patru vizite distincte. Între 1 şi 24 iunie acel an, Ceauşescu a vizitat patru state diferite, toate cu regim comunist. Astfel, el a petrecut opt zile în China, şase zile în Coreea de Nord, patru zile în Vietnam şi alte patru zile în Mongolia. Peste tot, Ceauşescu a fost primit cu o explozie de fast. A vizitat sedii de partid sau şantiere, a strâns în braţe lideri politici, muncitori sau pionieri, a luat parte la mitinguri de masă sau la spectacole de propagandă. La începutul vizitei, când a trecut prin piaţa Tien An Men din Beijing, Ceauşescu a fost uluit să vadă un spectacol-montaj cu mii de tineri chinezi, dintre care unii purtau costume tradiţionale româneşti şi păreau a dansa jocuri populare din Oltenia. Pe cer, mii de baloane şi mii de porumbei creau o atmosferă de sărbătoare cum Ceauşescu nu mai văzuse niciodată.

Privitor la această vizită, persistă până azi foarte multe clişee şi unele neadevăruri. În realitate, povestea vizitei în

Asia e mult mai nuanțată. În primul rând, nu China comunistă a lui Mao Zedong l-a impresionat cel mai mult pe Ceaușescu, ci Coreea de Nord, condusă atunci de Kim Ir Sen. Mai mult decât chinezii, nord-coreenii i-au părut lui Nicolae Ceaușescu a fi poporul ideal: la o populație aproape egală cu a României, toată lumea părea că e mulțumită, toți erau supuși total partidului și toți trăiau cu o mână de orez pe zi — timp în care aveau un zâmbet etern întipărit pe față. Așadar, dacă s-a petrecut o transformare cu Nicolae Ceaușescu după 1971, sursa ei nu trebuie căutată în China maoistă, ci în Coreea de Nord.

Dar marele mister pierdut din vedere al vizitei în Asia a lui Ceaușescu tocmai aici se află: în schimbarea pe care se presupune că liderul român ar fi suferit-o de-a lungul acestei călătorii. Imediat după revenirea din Asia, pe 6 iulie 1971, Ceaușescu a lansat celebrele *Teze din iulie*, care au semnificat un fel de redeșteptare a dogmatismului în cultura română. Unii contemporani prezintă acel eveniment ca și cum Ceaușescu ar fi plecat spre Asia ca un lider liberal și s-a întors de-acolo ca un dictator stalinist. Această interpretare este cu totul falsă.

În realitate, multe dintre ideile pe care Ceaușescu le-a expus în iulie 1971 le prezentase deja în anii anteriori, mai ales în anul 1968 — numai că atunci toată lumea era mai curând atentă la curajul lui Ceaușescu decât la dogmele sale culturale. Tot ce va predica Nicolae Ceaușescu după acele teze din iulie 1971 el spusese mai demult, în diferite forme. Vizita din China și Coreea de Nord nu a declanșat o revelație în mintea lui Ceaușescu, ci mai curând i-a dat de înțeles că utopia comunistă visată de el poate fi materializată mai repede.

În fine, un alt adevăr pe care mulți îl trec cu vederea este că prin China sau prin Coreea de Nord au trecut mai mulți lideri comuniști europeni. Mulți dintre ei au fost primiți cu spectacole la fel de grandioase. Dar niciunul dintre ei, la întoarcerea acasă, nu a avut evoluția nefericită a lui Ceaușescu.

Concluzia este că mintea lui Ceaușescu era un fel de teren deja pregătit dinainte, căreia călătoria din Asia doar i-a întărit impresia că drumul spre comunism poate fi scurtat prin propagandă.

Cum se știe, în acea vizită Nicolae Ceaușescu nu a fost singur — printre cei din echipa lui se afla și tânărul prim-secretar al CC al Uniunii Tineretului Comunist de atunci, pe nume Ion Iliescu. Cel care atunci era șeful unui tineret ce trebuia să facă trecerea de la socialism la comunism s-a dovedit a fi, peste două decenii, liderul unei generații care a întors România la capitalism.

De aici și morala acestei povești: nu uitați că Istoria, deseori, tinde să fie ironică!

Cultul personalității și beneficiarii acestuia

Nimeni din istoria noastră — fie ei domnitori, regi, patriarhi sau președinți — n-a mai avut parte de atâtea osanale precum Nicolae Ceaușescu. Nimeni până la el n-a mai fost numit *„geniul Carpaților"*... *„cel mai iubit fiu al poporului"*... sau *„stejarul gliei străbune"*. Vă propun să investigăm astăzi dacă, oare, Ceaușescu a fost singurul vinovat pentru acest aberant cult al personalității?

De-a lungul anilor '70 și '80, Nicolae Ceaușescu a fost imortalizat în zeci de mii de tablouri, tapiserii, lucrări de grafică, sculpturi, poezii, poeme, cântece, filme documentare, lucrări științifice sau simple articole de ziar. Aniversarea zilei sale de naștere, pe 26 ianuarie, era un adevărat festival al laudelor. Alături de el, cultul personalității s-a extins și asupra soției sale, Elena, omagiată ca *„tovarășa academician doctor inginer"*.

Și totuși, în această poveste există un adevăr simplu: Ceaușescu nu s-a pictat singur, nu s-a sculptat singur și nu și-a dedicat singur poeme. Înseamnă că alții au făcut-o pentru el. De fapt, la o analiză atentă, se va observa că acest cult al personalității a avut doi destinatari — Nicolae și Elena Ceaușescu —, dar mult mai mulți beneficiari. Nu cumva acești artizani ai cultului sunt cel puțin la fel de vinovați ca și Ceaușescu?

Exemplele sunt numeroase. Cu ani în urmă, l-am cunoscut pe Eugen Palade, unul dintre pictorii care au produs multe tablouri cu Ceaușescu. El mi-a spus că, la începutul anilor '80, un artist primea de la stat, pentru un tablou cu Ceaușescu, între 40 și 60 de mii de lei — o sumă enormă, dacă ne aducem aminte că un autoturism *Dacia 1300* costa atunci 70 de mii de lei. La mijlocul anilor '70, scriitorul Marin Preda a dorit să scrie un roman în care să apară mareșalul Ion Antonescu. Drept concesie, în aceeași carte pe nume *Delirul* el a inserat și un capitol în care amintea tinerețea revoluționară a lui Ceaușescu. Romanul a apărut și a fost un mare succes literar (și financiar totodată).

Ceaușescu nu a fost omagiat numai între granițele României. Atunci când l-a plimbat în caleașca regală, Regina Elisabeta a Marii Britanii nu a făcut-o pentru că-l simpatiza pe Ceaușescu — ci (așa cum vom vedea în următoarele pagini) pentru că guvernul englez dorea să vândă Bucureștiului o anumită tehnologie aeronavală. În ianuarie 1973, când Ceaușescu împlinea 65 de ani, președintele american Richard Nixon i-a trimis următorul mesaj: „*Vigoarea, spiritul independent, inteligența ascuțită și (...) priceperea dvs. (...) în problemele interne și (...) internaționale vă situează în primele rânduri ale liderilor lumii.*" Peste cinci ani, în aprilie 1978, Nicolae și Elena Ceaușescu erau oaspeții altui președinte american, Jimmy Carter. Pe o peluză a Casei Albe, în ceremonia de primire, Carter spunea textual: „*În această dimineață, poporul Statelor Unite e onorat să aibă ca oaspete un mare lider al unei mari țări. (...) Mi-a fost de mare folos mie ca președinte să am șansa de a mă consulta cu un lider național și internațional precum oaspetele nostru de azi* [a cărui] *influență internațională este excepțională.*" Acel lider atât de lăudat de Jimmy Carter era, ați ghicit, Nicolae Ceaușescu.

Desigur, se poate spune că atât Nixon, cât și Carter chiar credeau atunci în acele cuvinte. Pe de altă parte, e limpede că ei erau interesați în existența unui lider comunist rebel față de Moscova — așa cum era Ceaușescu. Același lucru se aplică Elenei Ceaușescu: fără îndoială că în străinătate se știa că toate cărțile ei de chimie erau scrise de alții — și, cu toate acestea,

Academia de Științe din New York și Institutul Regal de Chimie din Londra au primit-o printre membrii lor de onoare.

Morala acestei povești este aceea că, într-o anumită perioadă a vieții lor, Nicolae Ceaușescu și soția sa au traversat o incredibilă baie de omagii, meritate sau nemeritate, atât în țară, cât și în străinătate. E greu să rămâi lucid atunci când ți se spune zi de zi că ești genial. Soții Ceaușescu au căzut la acest examen. Numai că în acest examen ei nu a fost niciodată singuri, ci alături de toți lăudătorii lor.

„Tezele" din iulie 1971

Pentru foarte mulți istorici — și nu numai —, perioada cât
Nicolae Ceaușescu s-a aflat la putere se împarte în două mari
etape: una de până în anul 1971 și alta între 1971 și momen-
tul morții, 1989. De ce oare este atât de important acest an în
istoria lui Ceaușescu? Iată subiectul acestei povești: după ce
am prezentat în paginile precedente tabloul de ansamblu al
perioadei, voi insista aici pe detaliile cunoscute și mai ales
necunoscute ale anului 1971 în contextul a ceea ce a însem-
nat *regimul Nicolae Ceaușescu*.

Am amintit mai sus că între 1 și 24 iunie 1971, așadar,
într-un răstimp de aproape trei săptămâni, Nicolae Ceaușescu
a făcut o lungă vizită oficială în patru state comuniste asiatice:
China maoistă, Coreea de Nord, Vietnam și Mongolia. Întors
la București, Ceaușescu a început ceea ce se cheamă o *minire-
voluție culturală*, care punea capăt perioadei de deschidere de
până atunci. Cum a fost posibilă această schimbare în ideile
politice ale lui Ceaușescu? Sau, mai curând: a fost ea într-ade-
văr o schimbare?

Adevărul este, ca întotdeauna, cu mult mai banal. Nicolae
Ceaușescu era un admirator sincer al realismului socialist și
singura formă de artă pe care el o accepta era una care să res-
pecte principiile ideologiei comuniste. Din acest motiv, el nici
nu a înțeles vreodată că spectacolele cultului personalității
erau penibile. În viziunea lui, ele erau manifestări „normale"

ale artei comuniste. Încă din anul 1968, Nicolae Ceaușescu a expus nucleul esențial al ideilor sale privitoare la cultură. În întâlniri cu scriitorii sau cu artiștii plastici, în acel an el a spus foarte clar că ceea ce așteaptă este o artă angajată, care să ducă la crearea *„omului nou comunist"*.

Astfel că, după revenirea din Asia, în ziua de 6 iulie 1971, Nicolae Ceaușescu a adus în fața unei ședințe a Comitetului Executiv al CC al PCR, o serie de *„propuneri de măsuri"* care prevedeau, pur și simplu, reîntoarcerea rigorii ideologice în cultura românească.

Aceste *„propuneri de măsuri"* din 6 iulie 1971 au devenit apoi faimoasele *„Teze din iulie"* ale lui Nicolae Ceaușescu. Ele cereau creșterea *rolului conducător* al partidului și intensificarea muncii de propagandă în școli, edituri, presă sau emisiuni radiotelevizate. Impulsionat de ceea ce văzuse în China și în Coreea de Nord, Ceaușescu dorea să transforme România într-un paradis al ideologiei comuniste. Astfel, în primii ani '70, lua sfârșit cea mai „relaxată" perioadă a comunismului românesc.

„Propunerile de măsuri" prezentate de Nicolae Ceaușescu în 6 iulie 1971 au fost completate peste câteva luni cu un întreg set mai larg de prevederi. Între 3 și 5 noiembrie 1971, o Plenară a Comitetului Central al Partidului Comunist a adoptat un așa-numit *„program pentru îmbunătățirea activității ideologice, ridicarea nivelului general al cunoașterii și educația socialistă a maselor"*. Dincolo de cuvinte, acest program însemna o reîntoarcere la prevederile în esență staliniste ale *artei de partid*. Liberalismul inițial al epocii Ceaușescu dispărea din simpla voință a aceluiași lider. Comunismul românesc urma să intre din nou într-o fază de regres cultural.

Cum spuneam, *tezele culturale* din iulie 1971 ale lui Nicolae Ceaușescu fuseseră expuse cu trei ani mai devreme, pe parcursul anului 1968. Numai că atunci, în 1968, românii și toți observatorii lumii comuniste fuseseră cuceriți de curajul lui

Ceaușescu de-a se opune invaziei sovietice asupra Cehoslovaciei. În acel an, nimeni nu fusese atent la ceea ce Nicolae Ceaușescu spunea despre artă și cultură.

În cele două ședințe de partid, din iulie și noiembrie 1971, Nicolae Ceaușescu a stabilit noul curs ideologic al epocii sale. A urmat o perioadă tristă pentru cultura romană. Morala poveștii noastre este că Nicolae Ceaușescu și-a început bine domnia, dar în cele din urmă firea sa l-a trădat. El a avut momente mai bune sau mai rele — dar, de la un capăt la altul al conducerii sale, el a rămas, din păcate, un adept sincer al stalinismului cultural.

Cultura rock și rezistența anticomunistă

A fost odată ca niciodată în România o epocă în care un cântec putea să fie o armă de luptă. O vreme în care o chitară era mai puternică decât o mitralieră, iar o baterie de tobe era mai eficientă decât un tanc. În povestea ce urmează voi reaminti câțiva eroi care nu apar în cărțile de istorie. Este vorba despre niște tineri care au fost mai cunoscuți și poate mai eficienți împotriva comunismului decât mulți disidenți politici. Vă propun, așadar, să intrăm în tainele istoriei *underground* a României comuniste.

În limba engleză, termenul *underground* înseamnă la propriu „sub pământ". Chiar așa începe povestea noastră: într-o pivniță, pe strada Blănari nr. 14 din București. Aici, în luna martie a anului 1969, lua naștere „Clubul A" al Facultății de Arhitectură. Ideea plecase din partea studenților, care văzuseră cluburi similare în Polonia comunistă. Mobilierul „Clubului A" a fost plătit dintr-o chetă studențească: mese și scaune de stejar, asamblate într-un atelier care făcea butoaie pentru murat varza. Acest mobilier avea să reziste aproape 30 de ani. Legenda „Clubului A" dăinuie până astăzi.

De fapt, „Clubul A" al studenților de la Arhitectură apărea într-un peisaj românesc în care cultura pop-rock prinsese oricum rădăcini. Pornită ca o muzică a protestului în lumea occidentală, cultura rock avea deja adepții ei în România. Trupe precum *Roșu și Negru, Olimpic '64, Sideral* sau *Mondial* luaseră naştere în anii '60 — din iniţiativa unor studenţi îndrăgostiţi de muzică. Aceşti tineri, ca toată generaţia lor, au profitat din plin de relativa deschidere politică din a doua jumătate a anilor '60. Faptul că ei erau la curent cu tot ce se cânta atunci în Occident arată că, cel mai adesea în ciuda sistemului politic la putere, legăturile României cu lumea liberă nu au fost niciodată rupte cu totul.

În decembrie 1969 şi în mai 1971 au avut loc la Bucureşti primele două ediţii ale Festivalului Naţional de Muzică Pop „Club A". Serile muzicale aveau loc la Casa Studenţilor din Capitală, iar gala avea loc la Sala Palatului. Pe lângă trupele rock amintite mai sus, pe afişul festivalului din mai 1971 apăreau numele altor formaţii: din Bucureşti, Cluj, Iaşi, Târgu-Mureş, Sighişoara sau Arad — *Modern Grup, Metronom, Sfinx, Cromatic, Carusel* ş.a. Dar cea care avea să marcheze anii '70 era o trupă de băieţi din Timişoara: formaţia rock *Phoenix*.

Un detaliu mai puţin cunoscut este că organizatorii Festivalului de Muzică Pop din anul 1971 au fixat în mod intenţionat ziua de deschidere chiar pe 10 mai — adică fosta zi naţională a regatului României. Cenzura comunistă a sesizat coincidenţa, dar nu a dorit să dea amploare unui posibil scandal. La această ediţie a Festivalului „Club A" din mai 1971, formaţia *Phoenix* era doar una dintre multele trupe rock prezente, cu un mesaj pe care cenzorii epocii l-au considerat a fi dubios.

Formaţia de muzică rock *Phoenix* luase naştere în anul 1962, la Timişoara, iar în câţiva ani a ajuns la deplina maturitate artistică. În anul 1974, trupa Phoenix lansa albumul *Mugur de fluier*, care rămâne până astăzi un clasic al rockului românesc. Apoi, în vara anului 1975, apărea albumul *Cantofabule* — un alt produs de referinţă al epocii. Dar, în anul 1977, trei dintre cei patru membri ai formaţiei *Phoenix* decideau să fugă în Germania. Lua astfel sfârşit, cel puţin temporar, o legendă a muzicii româneşti.

Anii '80 au adus o altă promoție de trupe rock, în toată țara: *Compact, Metropol, Celelalte Cuvinte, Voltaj* și multe altele. Preferata mea rămâne cea care a fost trupa *Iris*, cu solistul Cristi Minculescu.

Deseori le povestesc studenților mei următoarea întâmplare: la sfârșitul anilor '80, unul dintre sloganurile propagandei comuniste era un apel către mineri, care spunea „*Țării cât mai mult cărbune!*". Ei bine, la un festival de muzică rock din Craiova anului 1989, pe un afiș scria: „*Țării cât mai mult Metal!*" — o aluzie la muzica *heavy-metal*, atunci la modă în Occident și cu mulți fani și în România. Deja, în acel moment, muzica rock era în mod fățiș o formă de protest politic. Rețineți că toate acestea se întâmplau pe când Nicolae Ceaușescu era încă la putere.

Competiția dintre muzica rock a anilor '60, '70 sau '80 și regimul comunist seamănă cu lupta biblică dintre micul David și uriașul Goliath. Trupele rock românești erau alcătuite din câțiva băieți, două chitare, o orgă electrică și câteva tobe. Dar ei au dat constant un mesaj de libertate pe care partidul unic nu a avut cum să-l suprime. Drept care, morala poveștii noastre este că, la fel ca în Biblie, rockul a ieșit învingător asupra comunismului.

Încă o dată, David l-a învins pe Goliath.

Ceauşescu, sceptrul şi Salvador Dalí
(martie–aprilie 1974)

Cu siguranţă, puţini dintre dvs. vi-l puteţi imagina pe Nicolae Ceauşescu în compania unui pictor celebru precum Salvador Dalí. Şi totuşi, oricât de curios ar părea, cei doi s-au intersectat la un moment dat, într-o manieră de-a dreptul spectaculoasă. Astfel încât povestea ce urmează vorbeşte despre un lider comunist, un pictor suprarealist, o telegramă, o gafă a ziarului *Scânteia* — toate acestea într-un eveniment care avea drept erou principal un sceptru. Un sceptru prezidenţial!

În anul 1974, Nicolae Ceauşescu era la apogeul puterii sale. Aflat de aproape 10 ani la conducerea României, liderul Partidului Comunist Român controla de fapt tot ce se întâmpla în ţară. Încă popular printre români şi cu o presă încă bună în străinătate, acel Ceauşescu era cu totul departe de cel ce avea să fie executat peste alţi 15 ani, la baza unui zid din Târgovişte.

Oficial vorbind, în primăvara acelui an 1974, Nicolae Ceauşescu era doar secretarul general al PCR. Şi astfel s-a ajuns atunci la o sesiune a Marii Adunări Naţionale care a adus o mică modificare Constituţiei ţării: special pentru Ceauşescu, desigur, a apărut funcţia de preşedinte al Republicii Socialiste România. E de la sine înţeles că singurul candidat pentru acea funcţie nou apărută a fost Nicolae Ceauşescu. Dar nimeni nu bănuia surpriza ce avea să urmeze. În ziua de 28 martie 1974, într-o şedinţă solemnă a Marii Adunări Naţionale, unul dintre veteranii partidului* i-a întins lui Ceaușescu o banderolă tricoloră pe care acesta și-a pus-o peste piept. Și veteranul i-a mai înmânat ceva: un sceptru aurit, aflat într-o cutie tapetată cu o catifea albastră. Probabil că unii dintre dvs. vă aduceți aminte de această imagine a lui Ceaușescu purtând eșarfă tricoloră și sceptru, ea fiind una dintre cele mai folosite în anii „epocii de aur".

Numai că această imagine s-a difuzat atunci și în presa internațională, și imediat ea a devenit obiect de amuzament. Peste tot în lume, foarte mulți s-au întrebat cum poate sta un sceptru în mâinile unui președinte. Astăzi, noi știm ceea ce contemporanii lui Ceaușescu nu cunoșteau: în realitate, liderul comunist de la București era foarte atras de ceremonialele și de ritualurile regale. Nu greșim dacă presupunem că Ceaușescu dorea să fie un *președinte monarhic* — oricât de bizar ar suna acest lucru.

Printre cei care au aflat de sceptrul lui Ceaușescu s-a aflat în martie 1974 și celebrul pictor suprarealist spaniol Salvador Dalí. Nici mai mult, nici mai puțin, acesta i-a trimis lui Ceaușescu o telegramă. Textul telegramei era următorul: „*Excelenței Sale Nicolae Ceaușescu, Președintele Republicii Socialiste România // Apreciez în mod profund actul dvs. istoric de intronizare a sceptrului prezidențial. // Al dvs. respectuos, Salvador Dalí.*"

De-a lungul carierei sale, Ceaușescu a primit probabil zeci de mii de telegrame — dar niciuna nu se compară cu aceasta. În mod evident, era vorba despre o ironie... suprarealistă — s-ar zice că Salvador Dalí lua peste picior pe Ceaușescu și ideea acestuia de a purta un sceptru în calitatea lui de proaspăt președinte. Pe de altă parte, Dalí la rândul său era atras de tot felul de bizarerii din viața de zi cu zi — drept care nicio mirare că gestul liderului de la București i-a captat atenția. De fapt, însăși ideea de *sceptru prezidențial* este un non-sens.

---

* Ștefan Voitec.

Cei doi termeni sunt incompatibili. Sceptrul aparține ritualului monarhilor, pe când președinții nu poartă sceptru.

Cu totul curios, aparent nimeni din elita propagandei de la București nu și-a dat seama de ironia pictorului Dalí. Telegrama sa a apărut la loc de cinste în ziarul *Scânteia*, la pagina a 5-a, în data de 4 aprilie 1974. Probabil că Salvador Dalí, dacă ar fi aflat vreodată ce succes a avut telegrama lui, s-ar fi amuzat copios.

Morala poveștii este că Ceaușescu însuși devenise un personaj suprarealist.

Tinerețe fără bătrânețe
și viață fără de moarte: Ana Aslan
(1897–1988)

Unul dintre cele mai fascinante basme populare ale românilor este cel intitulat *„Tinerețe fără bătrânețe și viață fără de moarte"*. Dar știm că nu numai românii au căutat așa ceva. Din Egiptul antic și până în lumea contemporană, tinerețea veșnică este o dorință eternă a omului. Undeva în anii '70, o româncă părea foarte aproape de a descoperi cel mai prețios secret al omenirii. Numele acestei femei era Ana Aslan.

În cele ce urmează vă propun, așadar, povestea vieții fără de moarte — în varianta acestei românce. În anii regimului comunist, Ana Aslan a fost o femeie care a adus mai multă valută României comuniste decât multe dintre uzinele mari ale țării. Cum anume a fost posibil acest lucru vom vedea aici, printre luminile și umbrele vieții celei numite *doamna Aslan*.

Ana Aslan s-a născut în ianuarie 1897, la Brăila. Copilăria ei a fost mai curând aventuroasă: rămasă de la 13 ani orfană de tată, tânăra Ana a oscilat între a deveni pilot de avion (!) sau medic. În timpul Primului Război Mondial, ea a îngrijit soldații răniți în spitalele din spatele frontului. În anii perioadei interbelice, Ana Aslan a trecut prin mai multe instituții medicale, din București sau Timișoara. Dar consacrarea sa va începe în anul 1949, când devine șefa secției de fiziologie la Institutul de Endocrinologie din București. În cursul unor tratamente, a observat că injecțiile cu procaină aveau un rezultat surprinzător în afecțiunile reumatice. În anul 1952, ea a preparat *vitamina H3*, care a devenit apoi medicamentul-minune *Gerovital*. Tratamentul împotriva îmbătrânirii cu *Gerovital* a fost brevetat în anul 1957. Începea astfel una dintre cele mai uimitoare povești ale medicinei românești.

Medicamentul-minune *Gerovital* promitea încetinirea procesului de îmbătrânire cu 30% sau chiar 40%, în funcție de starea pacientului. Dându-și seama de potențialul acestei descoperiri, autoritățile romane i-au creat Anei Aslan un Institut de Geriatrie, aflat la Otopeni, în apropierea Bucureștiului. Cert este că *Gerovitalul* și persoana doctoriței Aslan au devenit, în anii '60 și '70, două branduri de succes ale României socialiste.

Cum e de așteptat, multe dintre vedetele politice sau artistice ale lumii au venit în Institutul de la Otopeni într-o manieră discretă, fără mare publicitate. Un întreg tezaur de legende este legat de acest institut și de produsul *Gerovital* — se spune că lideri politici precum Charles de Gaulle, Iosip Broz Tito sau chiar președintele american John F. Kennedy s-ar fi tratat cu *Gerovital*, și la fel ar fi făcut-o artiști precum Marlene Dietrich, Charlie Chaplin sau Kirk Douglas. Oameni politici, sau mai ales soțiile lor, cu toții doreau varianta românească a tinereții fără bătrânețe. În toate aceste povești, adevărul este greu de separat de legende.

Ana Aslan, prin medicamentul pe care-l crease și prin institutul pe care-l conducea, a adus țării valută forte într-o vreme în care România lui Nicolae Ceaușescu avea mare nevoie de așa ceva. Conștientă de valoarea ei, Ana Aslan a condus institutul cu o mână de fier. Nu toți medicii din jurul său au iubit-o — cu atât mai mult cu cât doctorița avea o fire foarte dificilă —, dar toți au respectat-o. Ana Aslan s-a comportat ea însăși mai curând ca o vedetă internațională. Mai mereu între două curse de avion, ea a călătorit în peste 80 de țări — și peste tot era primită bine, ca femeia care aduce viața aproape veșnică.

Ana Aslan a murit în mai 1988, la vârsta notabilă de 91 de ani. Ea nu a fost căsătorită niciodată și nu a lăsat în urma sa niciun copil. Dar morala poveștii noastre spune că Ana Aslan a lăsat drept moștenire parte din cea mai atrăgătoare fantezie a omenirii — că viața ar putea fi mai lungă și că tinerețea fără bătrânețe ar putea exista.

Cutremurul din 4 martie 1977

A fost odată ca aproape niciodată o seară liniștită în România. Era seara unui început de primăvară, iar în programul din acel moment al Televiziunii Române rula un film artistic bulgăresc. Deodată, pe neașteptate, s-a produs dezastrul. Au urmat 55 dintre cele mai groaznice secunde pe care România le-a traversat în întreaga sa istorie. Aici vă propun să ne reamintim drama din 4 martie 1977 — și, mai ales, unele dintre consecințele sale.

La ora 21 și 22 de minute, în seara de 4 martie 1977, România a fost lovită de un cutremur de 7,2 grade pe scara Richter, cu epicentrul în zona seismică a Vrancei. Acest cutremur a fost al doilea ca putere în istoria secolului XX românesc. Unul mai puternic, de 7,4 grade pe scara Richter, afectase România în dimineața zilei de 10 noiembrie 1940. Dar seismul din 1977 a fost cu mult mai devastator decât cel din 1940, din simplul motiv că România — și mai ales România urbană — se dezvoltase notabil între timp.

Bilanțul cutremurului a fost de peste 1 570 de persoane decedate, alte peste 11 000 de răniți și peste 35 000 de locuințe distruse. Majoritatea acestor pierderi s-au înregistrat în București. Este cea mai mare catastrofă produsă în timp de pace din întreaga noastră istorie. Multe personalități ale culturii române s-au aflat printre victime: scriitorul Alexandru Ivasiuc,

228

regizorul Alexandru Bocăneț, actorul Toma Caragiu și mulți, mulți alții.

În momentul cutremurului, cuplul prezidențial Nicolae și Elena Ceaușescu se afla în Africa, la un dineu oficial dat de președintele Nigeriei. Informat despre cataclism, Ceaușescu și-a întrerupt vizita și a îndreptat avionul prezidențial înapoi spre București. Cum era de așteptat, românii au găsit un sâmbure de umor chiar și aici. O glumă din acele zile spunea că telegrama de urgență pe care Ceaușescu ar fi primit-o în Africa avea un singur cuvânt: VRANCEA. Adică: *Vino Repede Acasă, Nicule, Capitala E Avariată.*

Evident că nu a fost așa, iar acest banc vorbește mai mult despre firea românilor decât despre catastrofa cutremurului.

Ceea ce a urmat după acele 55 de secunde de coșmar n-a mai fost o glumă, ci o lecție din care România de azi ar trebui să învețe.

În primul rând, s-a văzut clar că, în lipsa lui Nicolae Ceaușescu, întreaga conducere de partid și de stat a fost paralizată. Măsurile de urgență din următoarele zile au fost luate numai după ce șeful statului s-a întors la București. Conducerea personală a lui Ceaușescu își arăta astfel fructele otrăvite.

O a doua lecție ține de subordonarea politică a presei: radioul și televiziunea din România au fost cu totul depășite de evenimente. Obișnuite cu un control strict, ele n-au putut să ofere informații în primele ore de haos de după cutremur. Drept care mulți români au mers pe undele postului *Europa Liberă* — care, în acele ore, a devenit practic, singurul *mass-medium* capabil să spună românilor ce se întâmpla în țară. Din acea primăvară a anului 1977, Radio *Europa Liberă* a câștigat mult în credibilitate și în popularitate, devenind o voce pe care o ascultau, pe ascuns, până și cei din conducerea partidului comunist.

Iar o a treia consecință a cataclismului a fost una de ordin urbanistic. În anii următori, Ceaușescu și conducerea statului au profitat de cutremur pentru a începe în forţă politica de sistematizare a Capitalei şi a ţării. Sub pretextul consolidării edilitare, au fost demolate biserici sau case unicat, pentru a face loc unor clădiri noi.

Morala poveştii cutremurului din 4 martie 1977 vorbeşte, totuşi, mai mult despre oameni decât despre ziduri. Trebuie spus că unii români, în acea dramă, s-au comportat ca nişte eroi. Mulţi oameni au fost salvaţi de sub dărâmături după zile întregi, datorită încăpăţânării unor pompieri şi militari de a căuta chiar şi atunci când părea epuizată orice speranţă. Alături de soldaţi şi pompieri, în căutări s-au implicat până şi cascadorii din studiourile cinematografice de la Buftea.

Ca toate popoarele Europei sudice, românii se mobilizează greu — dar, în faţa unui pericol comun, ei sunt capabili de un curaj şi de o generozitate fără limite. E bine să ţinem minte aceste lucruri — pentru că, din păcate, cutremure vor mai fi în România.

Greva minerilor din Valea Jiului, 1977

Nicolae Ceauşescu a condus România vreme de 24 de ani — între 1965 şi 1989. În toată această perioadă, anul 1977 apare ca o piatră de hotar. Pe de o parte, acest an se află exact la mijlocul „epocii Ceauşescu": 12 ani înainte, alţi 12 ani după el. Iar pe de altă parte, anul 1977 este un an plin de crize pentru regimul comunist autohton.

Mai întâi, în ianuarie 1977, avea loc mişcarea pentru drepturile omului iniţiată, după model cehoslovac, de câţiva intelectuali români — dintre care scriitorul disident Paul Goma este cel mai cunoscut. Apoi, în martie 1977, am văzut deja, un cutremur devastator afecta Bucureştiul şi alte oraşe din ţară. În rândurile ce urmează ne vom reaminti un alt eveniment excepţional din acel an: în vara lui 1977, minerii din Valea Jiului declanşau o grevă. Se producea astfel primul protest muncitoresc masiv din timpul regimului Ceauşescu.

La mijlocul anilor '70, în România minerii erau o categorie aparent favorizată. În ţară existau zeci de exploatări miniere, în care lucrau — în subteran sau la suprafaţă, plus în ramurile conexe — sute de mii de persoane. Dintre aceste exploatări, bazinul carbonifer al Văii Jiului cuprindea zece dintre cele mai importante mine ale ţării. În propaganda partidului unic, minerii erau prezentaţi ca un detaşament disciplinat şi conştient politic al clasei muncitoare. În realitate, viaţa lor era foarte dură, iar regimul le oferea recompense puţine şi promisiuni multe. În subteran, accidentele de muncă erau relativ dese. De exemplu, în toamna anului 1972 peste 40 de muncitori muriseră într-o explozie de la mina Uricani — dar presa trecea sub tăcere astfel de incidente.

La începutul lunii iulie a anului 1977, legislația muncii referitoare la mineri a fost modificată. Unele pensii de invaliditate au fost suprimate, iar vârsta de pensionare a crescut de la 50 la 52 de ani. În Valea Jiului, unde lucrau în sectorul minier aproape 100 000 de oameni, exista o mai veche problemă: regimul promisese construirea unor fabrici pentru soțiile minerilor, dar ele nu se materializaseră. În plus, ca în toată țara, aprovizionarea cu alimente și bunuri de consum din Valea Jiului era din ce în ce mai precară.

În aceste condiții, pe 1 august 1977 minerii de la exploatarea Lupeni au intrat în grevă. La primele ore ale zilei, ei au vrut să organizeze o delegație care să ducă la București revendicările lor. Totodată, ei au contactat tovarăși de-ai lor mineri, din Anina, Aninoasa, Paroșeni, Petroșani, Uricani și alte mine. De frică, oficialitățile au blocat trenurile care plecau din Valea Jiului. Aceasta i-a enervat și mai mult pe mineri. În aceste condiții, ei au venit cu o cerere insolită: au spus că nu vor relua lucrul până când conducerea țării de la București nu va veni în Valea Jiului pentru a sta de vorbă cu ei.

În acele zile de început de august, Nicolae Ceaușescu era în vacanță, în reședința de la Neptun, la Marea Neagră. Nedorind să-l deranjeze pe *Conducător*, secretarul Comitetului Central al partidului, Ilie Verdeț, și alți activiști au mers pe 2 august 1977 în mijlocul greviștilor de la Lupeni. Dar tonul arogant al lui Verdeț și mai ales amenințările pe care el le-a sugerat i-au întărâtat și mai mult pe mineri. După nici un sfert de oră de la sosirea lui în Valea Jiului, Ilie Verdeț a fost luat pe sus și a fost închis în ghereta unui portar de la o intrare în mină. Începând din acest moment, pretențiile minerilor au crescut: ei au cerut ca Nicolae Ceaușescu personal să vină să discute cu ei.

Și astfel se face că, în ziua de 3 august 1977, Nicolae Ceaușescu și-a întrerupt vacanța de la Marea Neagră și a venit la Lupeni, în mijlocul greviștilor. La întâlnirea cu el au participat 30 000 de mineri — ai căror reprezentanți *ad-hoc* au prezentat o listă de 26 de revendicări sociale. Ceaușescu a fost abil și, vreme de trei ore, le-a promis minerilor tot ceea ce ei doreau să audă. Dar, în săptămânile următoare, după ce oamenii s-au calmat, a început represiunea: aproape 800 dintre foștii greviști au fost interogați la sedii ale Securității din Petroșani sau Târgu Jiu. 15 lideri ai greviștilor au primit condamnări de până la cinci ani de închisoare, iar alți peste 40 de greviști au fost internați în spitale psihiatrice.

Greva minerilor din 1977 semnifică despărțirea definitivă dintre liderul Ceaușescu și clasa muncitoare pe care el spunea că o reprezintă. În vara acelui an, minerii din Valea Jiului s-au comportat ca niște autentici sindicaliști, curajoși și solidari.

Dar, prin ceea ce avea să urmeze, morala poveștii este ambivalentă. Din păcate, un deceniu mai târziu, în vara lui 1990, minerii au căzut pradă manipulării și au năvălit în București, făcând România de rușine în presa lumii. Dar despre acest episod o să povestim altădată.

Avioane și filme pentru adulți:
soții Ceaușescu la Londra
(iunie 1978)

În ultimii 20 de ani, în România au apărut multe zvonuri despre viața intimă a soților Ceaușescu. Mai ales despre Elena Ceaușescu se spunea că ar fi avut o tinerețe mai libertină — cel puțin până să-l întâlnească pe viitorul ei soț. Adevărul este că aceste povești sunt mai curând invenții răutăcioase și nu au legătură cu realitatea. Atât Elena, cât și Nicolae Ceaușescu erau copii de țărani și, în domeniul vieții sexuale, aveau inhibițiile firești ale mediului rural în care se născuseră.

Povestea ce urmează vorbește despre unul dintre momentele de vârf ale carierei externe a lui Nicolae Ceaușescu. Totodată, vom vedea cum președintele român și soția sa au trecut la doar câțiva metri de un cinematograf în care rula cel mai cunoscut film pornografic al anilor '70. Ce legătură este între producția de avioane și filmele pentru adulți ne va spune vizita pe care soții Ceaușescu au făcut-o la Londra, în iunie 1978.

În acel an, încă, Nicolae Ceaușescu era unul dintre cei mai frecventabili lideri ai lumii comuniste. Politica sa externă era apreciată în Occident, din Germania Federală până în Statele Unite ale Americii și din Franța până în Marea Britanie. Pe plan intern, cultul personalității se apropia de apogeu: în ianuarie 1978, Conducătorul Ceaușescu împlinise cu mare fast 60 de ani, ani dintre care propaganda spunea că 45 fuseseră dedicați „activității revoluționare".

În acest context, spre mijlocul lunii iunie 1978 cuplul Ceaușescu era primit cu mare fast într-o vizită de stat de patru zile în Marea Britanie. Vizita debuta într-o zi de marți, pe 13 iunie acel an. Dar Ceaușescu nu era o fire superstițioasă, drept care o zi de *marți 13* nu-l impresiona cu nimic. Avionul cu delegația română a aterizat la Londra la miezul zilei, la ora 12.30. Regina Elisabeta a II-a și soțul său, Ducele de Edinburgh, i-au așteptat pe oaspeții români la aeroport, după care cortegiul regalo-prezidențial a mers cu mașinie către Gara Gatwick și de acolo au luat trenul regal până în Gara Victoria. Iar partea cea mai spectaculoasă abia acolo avea să urmeze: de la Gara Victoria cele două cupluri au urcat în calești regale care i-au condus până la Palatul Buckingham. Nicolae Ceaușescu și Regina Elisabeta a II-a s-au aflat în prima caleașcă din alai, alături de translatorul Serghei Celac.

Cuplul Ceaușescu a fost primit cu multă pompă la Londra, în iunie 1978. Președintele român a fost tratat ca un șef de stat important, iar Elena Ceaușescu a fost făcută membră de onoare a Institutului Regal de Chimie. Trebuie spus că rațiunea acestei primiri ceremonioase era una economică. Odată cu vizita soților Ceaușescu, se parafau la Londra mai multe contracte între statul român și firmele britanice *Rolls Royce* și *British Aerospace*. Aceste contracte, atunci importante pentru industria britanică, au condus la construirea în colaborare a avionului *Rom-Bac 1-11*, unul dintre cele mai moderne proiecte aeronautice românești ale timpului.

Un detaliu mai puțin cunoscut al vizitei soților Ceaușescu la Londra îl constituie apropierea lor — din punct de vedere… geografic — de un cinematograf în care rula unul dintre cele mai cunoscute filme pornografice ale acelor ani. Pe imaginea filmată a acelei plimbări cu caleașca se vede cum, în drumul lor, Nicolae Ceaușescu și Regina Elisabeta a II-a au trecut prin fața unui cinematograf al cărui afiș anunța filmul „*Deep Throat*". Acesta este un film *XXX* devenit între timp un exemplu clasic de peliculă pornografică. În România socialistă era de negândit ca un astfel de film să ruleze la cinematograf, iar cuvântul „pornografie" era la noi doar o noţiune de dicţionar.

Acest detaliu este sugestiv pentru diferenţa din epocă dintre România socialistă, în care orice apariţie a liderului era regizată de propagandă, şi societatea liberă a Marii Britanii, cu luminile şi umbrele sale.

Morala poveştii noastre n-are nicio legătură cu filmele pentru adulţi, ci vorbeşte despre cât de perisabilă este gloria politică. În iunie 1978, Ceauşescu a fost primit la Londra ca un mare şef de stat, dintr-o ţară cu care Marea Britanie dorea să facă afaceri. Zece ani mai târziu, în 1988, acelaşi Ceauşescu era un personaj falimentat politic, pe care niciun lider occidental nu mai dorea să-l întâlnească — cu sau fără caleaşcă.

Politică şi paranormal:
„Meditația transcendentală"
(1977–1982)

Povestea ce urmează trimite la unul dintre cele mai mari scandaluri ale anilor '80 din România regimului comunist. Pentru a înțelege mai bine ceea ce urmează, vă rog să vă imaginați ce legătură poate fi între celebra formație *The Beatles* şi Elena Ceauşescu; sau între aceeaşi Elena Ceauşescu şi formația britanică *Rolling Stones*. Probabil veți răspunde că nu vedeți posibilă nicio conexiune. Ei bine, adevărul e că o legătură există. Iată care este aceasta.

Povestea aparent misterioasă a *meditației transcendentale* începe la sfârşitul primăverii anului 1977, când un cetățean româno-francez pe nume Nicolae Stoian venea alături de soția sa pe malul Mării Negre, la Neptun, pentru a-şi petrece un fel de vacanță. Deocamdată este neclar ce anume a făcut turistul Stoian în cele două săptămâni petrecute în România. Nimeni nu bănuia atunci scandalul ce avea să urmeze.

La scurtă vreme după ce s-a întors în Franța, în vara aceluiaşi an 1977, Nicolae Stoian s-a adresat Ambasadei Române din Paris, propunând un fel de *program de educație spirituală* ce urma să sporească performanțele oamenilor muncii din România. Cum el însuşi spunea, Stoian promitea să aducă la Bucureşti o *„ştiință a inteligenței creatoare"*. Dorind probabil să se facă remarcat, un ataşat cultural de la Ambasada României în capitala Franței* l-a ajutat pe Stoian să transmită ideile sale către oficialitățile de la București.

Și astfel s-a născut filiala românească a „meditației transcendentale". Această formă de activism spiritual fusese creată în anii '50 de un călugăr indian pe nume Maharishi Mahesh Yogi. În deceniul următor, această formă de meditație a ajuns în Occidentul european, iar membrii celebrelor formații *The Beatles* sau *Rolling Stones* s-au declarat a fi adepți ai acestei mișcări. Meditația transcendentală a debutat la București în decembrie 1977, când Nicolae Stoian și soția sa au susținut, în diferite spitale și institute din București, câteva conferințe despre avantajele acesteia. Peste câteva luni, Ministerul Educației și Învățământului — condus atunci de activista Aneta Spornic — îi dădea lui Stoian acordul pentru a organiza la București un curs pentru un număr de 20 de specialiști români.

Adevărul este că Stoian a obținut suspect de ușor aprobările din partea oficialităților comuniste — probabil pentru că el promitea un fel de program de educație mentală prin care românii care urmau cursul deveneau un fel de supermuncitori, niște *oameni noi* ce urmau să dea un randament mai bun la muncă fără să mănânce sau să cheltuiască mai mult. Cu alte cuvinte, *meditația transcendentală* urma să creeze un fel de *stahanoviști* moderni, de tip nou. •

În plasa acestei afaceri au căzut unii dintre cei mai importanți intelectuali români ai acelei epoci. Poetul Marin Sorescu, psihologul Aurora Liiceanu, filosofii Mihai Șora sau Andrei Pleșu, muzicienii Gheorghe Zamfir sau Nicolae Florei și mulți alții au urmat acele cursuri ale *meditației transcendentale*. În mai 1982, o Plenară a Comitetului Central a atacat activitatea așa-numiților „cursanți" ai meditației; în total, circa 1 500 de persoane au fost interogate de Securitate, iar peste 250 dintre

---

* Pe nume Stelian Oancea.

acestea au fost pedepsite în diferite forme. Însăşi Aneta Spornic, ministru al Învăţământului, a fost destituită pentru „lipsă de vigilenţă".

Speculaţiile în legătură cu meditaţia transcendentală continuă până astăzi. Interpretarea din presa oficială spunea că transcendentalii erau o sectă care urmărea să se infiltreze în sferele puterii. A apărut chiar şi un film, *Secretul lui Nemesis**, care — sub forma unei comedii cu succes la public — va caricaturiza acest episod politico-spiritual.

Alţii spun că principala vinovată ar fi chiar Elena Ceauşescu, care ar fi fost rugată de omul de afaceri Iosif Constantin Drăgan să dea aprobările necesare. Opinia mea este că invocarea Elenei Ceauşescu este legitimă în acest context, dar ea riscă să ofere mai curând un ţap ispăşitor decât o explcaţie.

Morala? Ce rol a jucat Securitatea în toată această afacere încă nu este foarte clar — dar cu siguranţă l-a jucat.

---

* După scenariul lui Titus Popovici şi sub regia lui Geo Saizescu, filmul a avut premiera în noiembrie 1987. Eroul negativ al filmului se numea *N.M. Siseanu* (de aici legătura cu *Nemesis*) — iar cei care ştiau povestea reală a lui Nicolae Stoian au înţeles foarte bine mesajul.

Fuga generalului Pacepa
(iulie 1978)

Povestea ce urmează vorbeşte despre un fugar celebru din România socialistă. Acest fugar se născuse în Capitala ţării, în octombrie 1928. La sfârşitul anilor '40, el studia Chimia Industrială la Bucureşti — dar, simultan, a fost racolat de Securitatea regimului comunist, în care a ajuns ofiţer. Aşadar, această pagină este dedicată lui Ion Mihai Pacepa. Ajuns unul dintre cei mai de încredere oameni ai lui Nicolae Ceauşescu, Pacepa este şi cel care i-a făcut liderului comunist cea mai neplăcută surpriză.

În vara anului 1978, Nicolae Ceauşescu era încă la apogeul puterii. Politica sa internă era tot mai rigidă, dar nimic nu-l ameninţa în interior. Chiar şi minerii din Valea Jiului, care făcuseră o grevă cu un an mai devreme, păreau că între timp s-au cuminţit şi chiar îl declaraseră pe Ceauşescu „miner de onoare". Pe plan extern, Ceauşescu tocmai făcuse o vizită triumfală la Londra, unde se plimbase în caleaşcă alături de Regina Elisabeta a II-a. Şi totuşi, în acel an 1978, Nicolae Ceauşescu va primi o lovitură de unde se aştepta mai puţin: chiar de la vârful spionajului românesc.

Sub acoperirea de specialist economic, Ion Mihai Pacepa a ajuns în anul 1956 să fie adjunct al misiunii diplomatice române în Republica Federală Germania. În realitate, el era acolo şeful rezidenţei de spionaj a României. În anul 1966, Pacepa a devenit adjunct al temutei DIE — Direcţia de Informaţii Externe. În această calitate, el a fost o piesă foarte eficientă a sistemului. Drept care, în primăvara lui 1972, Pacepa a devenit consilierul lui Nicolae Ceaușescu pentru securitate națională și, totodată, prim-adjunct al șefului Direcției de Informații Externe și secretar de stat în cadrul Ministerului de Interne, cu gradul de general-locotenent. Așadar, la mijlocul anilor '70, Ion Mihai Pacepa era unul dintre puținii oameni în care liderul Ceaușescu avea încredere deplină.

Pe cât de mare era încrederea lui Ceaușescu în Pacepa, pe-atât de mare a fost surpriza atunci când, în ziua de 24 iulie 1978, Pacepa — aflat la Bonn, în Germania — a cerut azil în Statele Unite ale Americii.

Odată cu fuga lui Pacepa, unele dintre cele mai secrete operațiuni ale lui Nicolae Ceaușescu erau livrate americanilor. Surpriza, la București, a fost imensă. Ceaușescu a rămas perplex, iar apoi a reacționat schimbând din temelii sistemul și personalul Securității externe a României. Pacepa era cel mai galonat defector din serviciile secrete românești și unul dintre cei mai importanți din întregul lagăr comunist.

Enigmele fugii generalului Pacepa rămân încă numeroase. Există varianta că motivul prezenței sale la Bonn, în iulie 1978, era un mesaj secret din partea lui Ceaușescu pentru cancelarul german Helmut Schmidt. Altă variantă spune că el avea în servieta sa câteva milioane de dolari, pentru un contract discret între statul român și o firmă germană. Din punct de vedere politic, după căderea eșafodajului comunist din România persoana fostului general a fost reabilitată, iar Pacepa este considerat azi drept unul dintre cei care au contribuit major la destructurarea comunismului în estul Europei. Dar alții (cadre din fosta Securitate română, dar nu numai*) încă

---

* La sfârșitul verii anului 2013, ideea unui director al unui institut de istorie din București de a-l invita în România pe Ion Mihai Pacepa (deși nimeni nu era sigur dacă personajul dorea să vină — sau dacă mai este în viață, chiar) s-a lovit de rezistența unor colegi (un fost persecutat politic, în acest caz) chiar din interiorul aceluiași institut.

îl consideră pe Pacepa un trădător şi chiar spun că el ar fi fost un agent triplu: ar fi lucrat simultan pentru Bucureşti, pentru Moscova şi pentru Washington. Polemicile, fără îndoială, vor continua.

În legătură cu aventura generalului Pacepa, există câteva detalii puţin discutate. În primul rând, trebuie spus că volumul pe care fostul general l-a publicat în SUA în anul 1987, sub titlul „*Orizonturi roşii*", este mai curând un pamflet. Puţine dintre detaliile pe care Pacepa le dă despre viaţa familiei Ceauşescu au fost validate de cercetarea istorică. De exemplu, Pacepa spunea că în fiecare seară se ardea costumul pe care Ceauşescu îl purtase peste zi — dar astfel de zvonuri nu s-au confirmat. Este adevărat că Ion Mihai Pacepa a jucat un mare rol în compromiterea imaginii lui Nicolae Ceauşescu, dar relatările sale despre viaţa dictatorului rămân subiective şi chiar caricaturale.

Apoi, un alt detaliu priveşte consecinţa directă a fugii generalului Pacepa. Oricât de curios ar părea, cea care a profitat cel mai mult de pe urma defectării lui Pacepa a fost Elena Ceauşescu. După dezamăgirea imensă produsă de Pacepa în 1978, Nicolae Ceauşescu a devenit mai bănuitor faţă de cei din jurul său — drept care, treptat, el a ajuns să se bazeze numai pe soţia sa.

De aici şi morala acestei poveşti: pe termen lung, fuga lui Pacepa a şubrezit regimul lui Nicolae Ceauşescu. Dar, pe termen scurt, defectarea aceluiaşi Pacepa a dus la întărirea puterii politice a Elenei Ceauşescu. Cum spuneam şi altădată, Istoria este deseori ironică şi paradoxală.

Trecute vieți de domni și de domnițe

Viețile copiilor conducătorilor României sunt deseori poate mai dramatice decât viețile părinților lor. Primul rege al României, Carol I, n-a avut decât o fetiță, botezată Măriuca, dar ea din păcate a murit la numai 4 ani — astfel încât istoria abia dacă o reține. În schimb, despre tinerețea aventuroasă a băiatului cel mare al Regelui Ferdinand — adică cel care avea să devină Regele Carol al II-lea al României — s-au scris și se vor mai scrie cărți savuroase. Parafrazând o carte celebră, vă propun aici povestea unor *trecute vieți de domni și de domnițe* din istoria noastră contemporană — mai precis, vom vorbi despre cei mai cunoscuți doi copii ai nomenclaturii comuniste din România: Lica Gheorghiu și Nicu Ceaușescu.

Gheorghe Gheorghiu-Dej, cel care avea să devină liderul necontestat al stalinismului românesc, s-a căsătorit în 1926 cu fiica unui sifonar din Galați, pe nume Maria Alexe. Din căsătorie au rezultat două fiice: Vasilica (alintată Lica), născută în martie 1928, și Constanța (alintată Tanți), născută în 1931. Fetele erau încă mici atunci când mama lor, Maria, a divorțat de Gheorghe-Gheorghiu-Dej — care tocmai fusese arestat pentru activitatea-i comunistă. Dar roata vieții s-a învârtit într-un mod neașteptat: din 1945, Gheorghe Gheorghiu-Dej a devenit cel mai important om din statul român. El nu a mai reluat niciodată legăturile cu fosta soție, dar nici nu s-a mai recăsătorit — în schimb, există multe legende referitoare la relaţiile lui cu unele dintre cele mai frumoase actriţe din România anilor '50.

Neîndurător cu adversarii politici, Gheorghiu-Dej şi-a iubit însă fetele — aşa cum se spune în popor — *ca pe ochii din cap*. Cele două fete au beneficiat şi ele de poziţia tatălui lor. Mai modestă, Tanţi Gheorghiu a devenit ingineră şi s-a căsătorit cu Cezar Grigoriu — un cântăreţ popular în România anilor '50, membru al aşa-numitului *Trio Grigoriu*. Mai ambiţioasă, Lica Gheorghiu, a început studii economice, dar visul ei secret era să devină actriţă. Datorită poziţiei tatălui său, Lica a fost curtată şi complimentată de mulţi dintre regizorii vremii, care chiar au distribuit-o în filme — precum producţiile *De-aş fi Harap alb*, *Tudor*, *Lupeni '29* şi altele. În planul vieţii private, Lica Gheorghiu s-a căsătorit iniţial cu juristul Marcel Popescu, dar, nefericită în căsnicie, a făcut apoi o pasiune devoratoare pentru medicul bucureştean Gheorghe Plăcinţeanu. Această legătură a însemnat pentru Plăcinţeanu condamnarea la moarte — el va fi arestat sub un motiv inventat şi va muri în închisoarea din Râmnicu-Sărat în anul 1961.

Divorţată de Marcel Popescu, Lica Gheorghiu a fost aparent obligată să se căsătorească cu Gheorghe Rădoi, directorul fabricii *Steagul roşu* din Braşov. Iar declinul artistic a început pentru Lica Gheorghiu imediat ce tatăl său a încetat din viaţă, în 1965. Regizorii care-i spuseseră că e talentată au uitat-o, după cum au uitat-o foştii ei colegi de ecran. A murit în anonimat, în martie 1987. Legenda spune că în momentul morţii încă mai păstra în portmoneu o fotografie a marii sale iubiri, medicul Plăcinţeanu.

La diferenţă de câteva decenii, povestea lui Nicu Ceauşescu seamănă în bună parte cu cea a Licăi Gheorghiu. Născut pe 1 septembrie 1951 şi absolvent al Facultăţii de Fizică din Bucureşti, Nicu a fost ulterior îndreptat de tatăl său către o carieră politică — ajungând lider al organizaţiei tineretului comunist şi, în 1986, prim-secretar al organizaţiei PCR din

Sibiu. Deși Nicu a avut mai multe povești de dragoste — inclusiv cu Donca, fata înfiată a liderului de partid Paul Niculescu-Mizil —, tot părinții i-au aranjat în cele din urmă mariajul cu Poliana Cristescu, șefa din epocă a organizației pionierilor din țară. Ca și Lica Gheorghiu, Nicu Ceaușescu a avut mulți prieteni doar câtă vreme tatăl său a fost la putere — după care toți foștii prieteni l-au uitat. Imediat ce părinții săi au fost executați, în decembrie 1989, Nicu a devenit un paria al noii Românii și a fost învinuit de moartea a 100 de persoane în Sibiu — o acuzație care nu s-a probat niciodată. Părăsit inclusiv de femeile care anterior îi juraseră iubire, Nicu Ceaușescu a murit într-un spital din Viena, în septembrie 1996.

Paradoxal sau nu, de pe urma celor doi au rămas cel puțin două lucruri: Licăi Gheorghiu i se datorează construirea Studiourilor cinematografice de la Buftea, care sunt folosite și azi, iar în urma lui Nicu Ceaușescu au rămas, pe lângă multe legende, relatările pozitive ale multor sibieni, care și-l reamintesc cu o oarecare nostalgie.

Morala poveștii este aceea că nu-i deloc ușor să fii copil de lider politic în România!

Flotila prezidenţială
a lui Nicolae Ceauşescu

În rândurile ce urmează vă propun să vorbim despre românul care, fără să fie pilot, şi-a petrecut cele mai multe ore în aer — în elicoptere sau în avioane. Personajul poveştii noastre a avut în total câteva mii de ore de zbor. A zburat către toate colţurile patriei şi spre aproape toate continentele. O parte dintre dvs. deja au ghicit: vom vorbi despre Nicolae Ceauşescu şi despre flotila sa prezidenţială.

Până la sfârşitul anilor '50, conducătorii politici ai României zburau numai în avioane conduse de piloţi sovietici. Dar — cum am văzut într-una dintre paginile precedente —, în toamna anului 1957 o delegaţie de partid românească a avut un accident cu un avion *Iliuşin 14* pe aeroportul sovietic Vnukovo. În acel accident a murit liderul comunist Grigore Preoteasa, iar Nicolae Ceauşescu, şi el aflat în avion, a scăpat cu câteva vânătăi.

După accidentul de avion al delegaţiei guvernamentale româneşti din 1957, Gheorghe Gheorghiu-Dej a decis renunţarea la piloţii sovietici şi înfiinţarea unei unităţi speciale de transport aerian pe lângă ministerul român al Forţelor Armate. Dar, în octombrie 1962, Gheorghiu-Dej a avut şi el un incident de zbor deasupra Chinei, cu un avion sovietic *Iliuşin 18*. Din acel moment, Dej s-a speriat de avion şi a mers numai cu trenul. Cel care avea să profite din plin de nou apăruta flotilă prezidenţială urma să fie Nicolae Ceauşescu. La început, după mijlocul anilor '60, el avea la dispoziţia sa două avioane sovietice *Iliuşin 18*, care erau conduse de piloţi români atent selecţionaţi. Zborurile cu Ceauşescu la bord erau considerate *misiuni de importanţă deosebită*. Înaintea fiecărui zbor, aeronavele erau atent verificate, iar motoarele avioanelor din flotila prezidenţială erau înlocuite după ce ajungeau la 60 la sută din termenul de garanţie.

La începutul anilor '70, regimul Ceauşescu a negociat atât cu ruşii, cât şi cu americanii achiziţionarea unor avioane mai noi. Şi astfel au intrat în flotila prezidenţială două avioane *Boeing 707* — unul în 1974, iar un altul în 1979. Deseori, Ceauşescu mergea cu un avion american *Boeing* la întâlnirile pe care le avea în ţările socialiste. Aceasta este încă o dovadă a spiritului său de frondă — pentru că la toate aceste întâlniri ceilalţi lideri comunişti veneau de regulă cu avioane sovietice.

Numele de cod al flotilei prezidenţiale în anii lui Nicolae Ceauşescu era *Flotila 50 Aviaţie-Transport*. Ea cuprindea în principal două avioane şi patru elicoptere. Efectivul uman al flotilei era alcătuit din patru echipaje pentru avioane şi şase echipaje pentru elicoptere. Piloţii şi mecanicii lucrau cu schimbul şi erau gata oricând pentru un zbor al cuplului Ceauşescu. Din familia conducătorului, cel căruia-i plăcea cel mai mult să zboare era fiul cel mic, Nicu Ceauşescu — acesta chiar şi-a luat un brevet de pilot, dar mama sa, Elena, nu l-a lăsat niciodată să piloteze un avion. Dintre piloţii din flotila prezidenţială, pilotul de avion Viorel Onica şi piloţii de elicopter Alexandru Popa şi Vasile Maluţan au povestit în anii din urmă amintiri din *misiunile lor speciale*.

Ca detaliu amuzant, Ceauşescu se obişnuise atât de mult cu elicopterele, încât le folosea frecvent pentru vizitele de lucru din ţară şi uneori chiar şi pentru partidele lui de vânătoare. La un moment dat, pilotul Popa povestea că Ceauşescu a împuşcat câteva trofee chiar din elicopterul în care se afla. Tot ca detaliu picant, să mai spunem că interiorul avionului prezidenţial se dezinfecta şi se parfuma înaintea fiecărui zbor. Din acest punct de vedere, Ceauşescu era foarte grijuliu.

În ziua de 22 decembrie 1989, la ora 12 şi 6 minute, cuplul Ceauşescu a fugit de pe acoperişul Comitetului Central într-un elicopter *Dauphin*, de producţie franceză, din flotila prezidenţială, condus de pilotul Vasile Maluţan. Cu un alt elicopter din flotila prezidenţială, condus de Alexandru Popa, s-au întors la Bucureşti cadavrele soţilor Ceauşescu, peste trei zile, în noaptea de 25 decembrie.

Morala poveştii noastre ar putea fi aceea că Nicolae Ceauşescu a rămas în aer până în ultimele sale clipe.

Ceauşescu, Burebista şi Iranul
(1971–1980)

Probabil că puţini dintre dvs. s-au întrebat vreodată ce legătură ar putea să existe între liderul comunist Ceauşescu, regele dac Burebista şi şahul Iranului Reza Pahlavi. Ei bine, o conexiune există — şi încă una directă. Poate o să vi se pară greu de crezut, dar Nicolae Ceauşescu l-a descoperit pe Burebista nu în cărţile de istorie româneşti, ci în urma unei vizite în Iran. Vă propun în cele ce urmează câteva dintre tainele acestei poveşti adevărate.

Una dintre cele mai mari ceremonii propagandistice ale „epocii" Nicolae Ceauşescu avea loc la începutul lunii august a anului 1980, pe stadionul *23 August* din Bucureşti. Printr-o uriaşă mobilizare de forţe, regimul de la Bucureşti aniversa nici mai mult şi nici mai puţin decât *„2050 de ani de la crearea primului stat dac centralizat şi independent pe teritoriul României"*. Pe arena stadionului, în faţa conducerii de partid şi de stat, un actor ce juca rolul lui Burebista se îndrepta la un moment dat către tribuna în care se afla Ceauşescu şi îi preda acestuia o ştafetă simbolică. Mesajul era clar: Ceauşescu era continuatorul peste milenii al lui Burebista. În paralel, în Bucureşti avea loc un Congres Mondial de Istorie la care participau peste 3 000 de specialişti veniţi din toată lumea. Fără îndoială că mulţi dintre ei au înţeles mesajul.

În legătură cu acest uriaş eveniment al propagandei dăinuie până azi mai multe întrebări. În primul rând, oare de ce a fost ales Burebista și de ce nu era folosit Decebal, care era mult mai cunoscut printre români? Răspunsul e simplu: nu numai că Burebista era un rege mai... vechi decât Decebal, dar, mai ales, spre deosebire de Decebal — care fusese înfrânt de Traian —, Burebista nu fusese învins pe câmpul de luptă de Imperiul Roman. Așa cum Burebista rezistase prin diplomație (și prin noroc) marelui împărat roman Cezar, la fel Ceaușescu dorea să arate că va rezista în fața oricărei mari puteri vecine — cum ar fi fost Uniunea Sovietică, în fapt singurul imperiu de care se temea Ceaușescu.

O altă întrebare este de unde oare i-a venit lui Nicolae Ceaușescu ideea acestei celebrări a statului dac? La drept vorbind, istoria dacilor nu are o cronologie precisă, astfel încât niciun istoric nu putea fi sigur că în anul 1980 se aniversau fix 2050 de ani de la statul lui Burebista.

Și astfel ne apropiem de cheia problemei. Ideea acelei mari acțiuni propagandistice nu i-a venit liderului Ceaușescu din vreo carte de istorie — ci dintr-una din vizitele externe care lui îi plăcuseră cel mai mult. La mijlocul lui octombrie 1971, Nicolae și Elena Ceaușescu fuseseră invitați în Iran — acolo unde șahul Reza Pahlavi organizase manifestări fastuoase pentru celebrarea a (atenție!) 2500 de ani de la apogeul fostului Imperiu Persan, care înflorise pe teritoriul Iranului sub Regele Cyrus cel Mare. La această sărbătorire au venit zeci de lideri mondiali: regii și reginele Belgiei, Danemarcei, Olandei, Norvegiei; președintele iugoslav Iosip Broz Tito era și el acolo, la fel și președintele Sovietului Suprem al Uniunii Sovietice, Podgornîi și mulți, mulți alții. Ceaușescu a fost atât de impresionat de ceea ce a văzut în Iran, încât imediat și-a dat seama de valoarea propagandistică a unui astfel de eveniment. Șansa lui Ceaușescu a fost că, în anul 1975, Congresul Mondial de Istorie care a avut loc în America, la San Francisco, a acceptat propunerea României ca viitorul congres, din 1980, să fie organizat la București. Iar Ceaușescu a decis să profite de prezența istoricilor străini la noi pentru a le da o lecție despre vechimea poporului român.

Morala acestei povești este o stranie coincidență ce marchează atât manifestarea din Iran, cât și cea din România. La opt ani după organizarea celebrării lui Cyrus, monarhul iranian Reza Pahlavi a fost înlăturat de la putere, în 1979, printr-o revoluție. Similar, la nouă ani după organizarea celebrării lui Burebista, Nicolae Ceaușescu a fost și el înlăturat de la putere, în 1989, tot printr-o revoluție.

Concluzia este că liderii politici pot controla trecutul, dar nu și viitorul.

„Lupta pentru pace"
a lui Nicolae Ceauşescu
(deceniul 1980)

Una dintre lozincile cele mai vehiculate în timpul regimului comunist era cea care vorbea despre *„lupta pentru pace"*. Chiar dacă alăturarea celor două cuvinte — *luptă* şi *pace* — era prin ea însăşi bizară, acest clişeu al propagandei a străbătut de la un capăt la altul istoria comunismului românesc. În povestea ce urmează vă propun să vedem ce legătură există între aceste campanii pentru pace şi una dintre cele mai mari ambiţii personale ale lui Nicolae Ceauşescu.

Începutul poveştii noastre ne duce la Geneva, într-una dintre primele zile ale lunii aprilie 1969. Atunci şi acolo, reprezentanţii României propuneau Comitetului Internaţional de Dezarmare întrunit în acel oraş ca deceniul 1971–1980 să fie declarat de Organizaţia Naţiunilor Unite ca un *Prim deceniu al dezarmării*. Această iniţiativă românească a fost bine primită. Dar Nicolae Ceauşescu nu avea să se oprească aici.

În următorii ani, tema *dezarmării* — şi în special a *dezarmării nucleare* — a devenit una dintre temele favorite ale discursurilor lui Ceauşescu. Propunerile sale erau cu totul curajoase — chiar dacă erau irealizabile. Astfel, el era unul dintre liderii politici care vorbeau des despre necesitatea desfiinţării simultane a celor două blocuri militare — NATO şi Tratatul de la Varşovia. În decembrie 1975, Marea Adunare Naţională a României a adresat un *apel* tuturor parlamentelor din ţările care semnaseră Tratatul de la Helsinki pentru ca acestea să-şi sporească eforturile în vederea dezarmării şi consolidării păcii. Prezentat de propria propagandă drept un *Erou al Păcii Planetare*, Nicolae Ceauşescu a decis reducerea cheltuielilor militare din bugetul României pe anii 1979 şi 1980 şi mai apoi, tot la iniţiativa lui Ceauşescu, România a anunţat că va îngheţa cheltuielile militare la nivelul celor din 1982. Totodată, liderul român le cerea tuturor omologilor săi din lume să facă acelaşi lucru. În anul 1978, la o reuniune de la Moscova a Pactului de la Varşovia, Ceauşescu i-a scandalizat pe sovietici spunând că România nu-şi va spori cheltuielile militare — deşi doctrina militară a Pactului cerea acest lucru.

În anul 1986, eu însumi eram soldat într-o unitate din apropierea Bucureştiului. Atunci, în ziua de duminică 23 noiembrie, în România s-a desfăşurat un mare referendum — prin care populaţia a fost întrebată (pur propagandistic, pentru că răspunsul era ştiut dinainte) dacă este de acord cu reducerea cu 5% a armamentului, efectivelor şi cheltuielilor militare. În acea zi de duminică, noi, soldaţii, am fost treziţi chiar mai devreme decât de obicei şi am fost duşi în coloană la secţia de vot — astfel încât armata a fost prima instituţie din stat care a raportat că efectivul ei a votat DA în proporţie de 100% la acel referendum.

La începutul anilor '90, toate oraşele ţării au devenit scene ale luptei pentru pace iniţiate de Nicolae Ceauşescu. Sub genericul *Tineretul României doreşte pacea*, pe 14 noiembrie 1981 la Bucureşti avea loc un uriaş marş al tinerilor — manifestaţie la capătul căreia a fost lansat un *Apel* al celor 6 milioane de copii şi tineri din România socialistă pentru toate organizaţiile de tineret din lume. În decembrie 1982, tot la Bucureşti, o uriaşă adunare populară de 300 000 de participanţi a scandat pentru pace şi dezarmare sub privirile mulţumite ale *Conducătorului*. În anul următor, pe 12 noiembrie 1983, un nou marş al tineretului aducea pe străzile tot mai gri ale Bucureştiului

100 000 de participanți. Manifestații similare aveau loc în toate orașele mari ale țării.

Campania pentru pace a lui Nicolae Ceaușescu pare la prima vedere una dintre ideile lui lăudabile. În realitate, această luptă nu avea drept scop numai pacea planetară. Ceaușescu își dorea ceva mult mai concret: el a crezut că prin aceste uriașe manifestații pacifiste va atrage asupra sa atenția Comitetului Nobel. Ceaușescu își dorea foarte mult și chiar a sperat o vreme un Premiu Nobel pentru Pace. Această distincție ar fi fost încununarea supremă a carierei lui.

După cum se știe, Ceaușescu nu a primit până la urmă Premiul Nobel. După anul 1985, mega-manifestațiile pacifiste au încetat — dar „lupta pentru pace" a continuat în paginile ziarelor sau în emisiunile radio-televizate. Sumele de bani și energiile investite în acea campanie pentru pace nu au adus niciun beneficiu. Morala poveștii noastre este că în Istorie, ca și într-o sală de concerte, zgomotul nu face niciodată muzica.

Zvonuri ale *epocii Nicolae Ceauşescu*

Zvonul politic a fost o constantă în toată istoria comunismului românesc. În lipsa unei prese libere, deficitul de informaţie era suplinit de zvonuri dintre cele mai diverse. Politologul american Ken Jowitt spunea odată că, dacă România comunistă şi-ar fi putut exporta zvonurile, ea ar fi fost mai dezvoltată decât Germania. Drept care vă propun, în această poveste, să analizăm câteva dintre cele mai cunoscute zvonuri politice ale *epocii* lui Nicolae Ceauşescu.

Un astfel de zvon — care mai circulă şi astăzi — este presupusa existenţă a unor legături de natură homosexuală între Nicolae Ceauşescu şi predecesorul său la conducerea partidului, Gheorghe Gheorghiu-Dej. Ce este, oare, adevăr şi ce este ficţiune în această poveste?

Zvonurile despre existenţa unei legături intime, de natură erotică, între Nicolae Ceauşescu şi Gheorghiu-Dej au la bază câteva detalii reale. Este adevărat că cei doi au trecut împreună, în acelaşi timp, prin mai multe închisori. Născut în noiembrie 1901 (cum am văzut mai sus), Gheorghe Gheorghiu-Dej era cu 17 ani mai mare decât Nicolae Ceauşescu. Gheorghiu-Dej fusese arestat în anul 1933 şi în următorul deceniu a fost deţinut la Jilava, Văcăreşti, Craiova, Ocnele-Mari, Aiud, Doftana, Caransebeş şi Târgu Jiu. Datorită felului său de-a fi şi mai ales pentru că era un veteran al închisorilor, deja la sfârşitul anilor '30 lui Gheorghiu-Dej i se spunea — ştim deja din paginile precedente — *Bătrânul*. La fel, este adevărat că — mai ales în lagărul de la Târgu Jiu — Gheorghiu-Dej s-a comportat protector față de mai tânărul Ceaușescu. Bârfa referitoare la existența unei legături homosexuale dintre cei doi pe vremea în care erau închiși a apărut în anii '80. Paradoxal sau nu, cei care colportau acest zvon erau mai ales activiștii de la vârful partidului. În acest fel ei își explicau ascendentul pe care Elena Ceaușescu îl căpătase față de soțul său. Se spunea chiar că Elena și-ar fi șantajat soțul cu acest detaliu intim. Pe această cale, zvonul a pătruns și în lucrările unor istorici români sau străini. Adevărul este că, din ceea ce știm azi, această poveste rămâne doar o supoziție denigratoare. E adevărat că în lagărul de la Târgu Jiu Ceaușescu a fost un protejat al lui Gheorghiu-Dej, dar existența unei legături de altă natură între ei este pură speculație.

Un alt zvon referitor la familia fostului președinte comunist al României îl vizează pe Valentin Ceaușescu. Potrivit zvonurilor, acesta ar fi fost fie înfiat de soții Ceaușescu, fie ar fi fost doar copilul Elenei Ceaușescu, rezultat dintr-o aventură a ei cu un alt bărbat, cândva în primăvara anului 1947.

Este adevărat că mai mulți lideri comuniști — precum Paul Niculescu-Mizil, George Macovescu și alții — au înfiat copii. Dar adevărul este că Nicolae Ceaușescu nu a făcut acest lucru. Soții Nicolae și Elena Ceaușescu s-au căsătorit în anul 1945 — după ce se pare că se cunoscuseră încă din 1939. După toate informațiile serioase de care dispun istoricii, toți cei trei copii — Valentin, Zoe și Nicu — au fost copiii lor. Ca și zvonul privind homosexualitatea lui Nicolae Ceaușescu, și acest zvon privindu-l pe Valentin Ceaușescu este doar o bârfă răutăcioasă.

În fine, un alt zvon foarte spectaculos și care a avut o largă circulație în ultimii ani ai regimului comunist îi privește pe Nicu Ceaușescu și pe îndrăgitul actor român Florin Piersic. Potrivit unei variante a acestui zvon, Florin Piersic s-ar fi aflat la volan și, la un moment dat, ar fi depășit în trafic o mașină condusă de Nicu Ceaușescu. Acest lucru l-ar fi enervat foarte mult pe fiul cel mic al *Conducătorului*. Cei doi s-au întâlnit apoi într-o benzinărie și, pentru că Nicu Ceaușescu ar fi devenit insolent și violent, Florin Piersic i-ar fi tras câțiva pumni.

După 1990, în mai multe interviuri, actorul Florin Piersic a negat în repetate rânduri acest zvon. Adevărul, simplu și banal, este că Piersic nu l-a bătut niciodată pe mezinul Ceaușescu. Ca și celelalte exemple amintite, nici acest zvon nu are acoperire.

Astăzi, suntem obligați să acceptăm evidența: toate aceste zvonuri și bârfe plecau din sentimentul de neputință al românilor. Nicolae Ceaușescu părea etern și intangibil. Drept care românii se răzbunau colportând astfel de pseudo-informații. Morala poveștii noastre este aceea că, în timpul regimului comunist, zvonurile — ca și bancurile — au fost și ele o formă de rezistență împotriva sistemului.

Soldați, studenți și multe urale: Canalul Dunăre – Marea Neagră (1949–1984)

Foarte mulți români nu concep să treacă vara fără a merge măcar o dată spre plajele Mării Negre. Dar puțini dintre noi își dau seama că un drum spre litoral este, de fapt, un drum prin istorie. În primul rând, țărmul românesc al Mării Negre este în fapt un întins șantier arheologic: din sud, unde sub orașul Mangalia se află ruinele cetății antice Callatis, și până în nord, unde Constanța de azi era în Antichitate cetatea Tomis. Apoi, un alt obiectiv istoric este frumosul pod de la Cernavodă al inginerului Saligny — pod care a semnificat unirea României cu Dobrogea, după Războiul de Independență din 1877.

Dar, în povestea ce urmează, voi aminti un alt obiectiv încărcat de istorie. Este vorba despre un canal. Pentru unii, el este un simbol al comunismului. Pentru alții, el semnifică legătura noastră navigabilă cu Europa. Vă propun, așadar, să urmărim istoria construcției Canalului Dunăre – Marea Neagră.

Trebuie spus că primele planuri ale canalului care să lege Dunărea de Marea Neagră nu au nicio legătură cu comunismul. Despre necesitatea unui astfel de canal s-a vorbit prima dată la sfârșitul secolului al XIX-lea, după ce Dobrogea a intrat în granițele statului român. Apoi, în perioada interbelică, și Regelui Carol al II-lea i s-au prezentat câteva astfel de proiecte — dar cursul istoriei n-a permis începerea lucrărilor. Cel care avea să inaugureze lucrările la Canalul Dunăre – Marea

Neagră a fost regimul comunist al lui Gheorghe Gheor-ghiu-Dej. Ambalat propagandistic ca fiind o mare realizare a „noii ere de democrație populară", lucrările pe acest șantier au început în anul 1949. În acei ani, la lucrări erau folosiți mii de deținuți politici — drept care, putem spune că acest canal a fost și un uriaș lagăr de muncă forțată, un punct pe harta Gulagului românesc. Dar adevărul este că pe șantier lucrau și mulți muncitori liberi, care erau atrași de marile salarii pe care regimul le asigura acolo. Totuși, în ciuda efortului depus și în ciuda ajutorului sovietic de care propaganda făcea mare caz, lucrările la canal nu au putut fi duse la capăt — drept care prima etapă a șantierului s-a oprit în anul 1955.

La mijlocul anilor '70, a fost rândul lui Nicolae Ceaușescu să reia acest proiect ambițios. El dorea să demonstreze, prin-tre altele, că România socialistă a epocii sale era net superi-oară României populare a lui Gheorghiu-Dej. În consecință, o plenară a CC al PCR din iunie 1973 relansa construcția canalului, sub numele *Complexul hidrotehnic și de navigație Dunăre – Marea Neagră*. Noua etapă a lucrărilor a început în anul 1975 și avea să se întindă pe următorii nouă ani.

Pentru construcția canalului au fost necesare peste 300 de milioane de metri cubi de excavații și au fost turnate 4 mili-oane de metri cubi de beton. Lucrările de taluzare au acoperit 4,1 milioane de metri pătrați. La ansamblul lucrărilor au par-ticipat 38 de institute de studii și proiectare din țară. În perioada de vârf a lucrărilor, pe șantier erau 7 000 de mașini, 510 excavatoare, 488 de buldozere și 177 de macarale auto. Numărul celor care au lucrat la canal în anii lui Ceaușescu este de aproximativ 30 000 de muncitori sau soldați în termen, dar și studenți sau elevi — care își făceau acolo *practică în pro-ducție*. La capătul acestui efort, canalul care leagă localitățile Cernavodă și Poarta Albă este de 64,2 kilometri lungime, cu o lățime între 70 și 90 de metri și cu o adâncime medie de 7,5 metri. Pentru canal au fost construite 36 de poduri rutiere şi feroviare. Pe lângă această ramură principală a canalului, mai există una între localităţile Poarta Albă şi Midia Năvodari, lungă de 31 de kilometri. Aşadar, în total, Canalul Dunăre – Marea Neagră are peste 95 km lungime şi scurtează drumul spre Portul Constanţa cu 400 km. Capacitatea anuală de transport a acestei artere navigabile este de 100 de milioane de tone-marfă.

Costul total al acestei uriaşe investiţii a fost estimat, în anii '80, la circa 2 miliarde de dolari. Panglica inaugurală a Canalului Dunăre – Marea Neagră a fost tăiată de Nicolae Ceauşescu în ziua de 26 mai 1984. De atunci şi până azi, românii se raportează diferit la această realizare. Pe de o parte, ea aduce aminte de abuzurile epocii comuniste. Pe de altă parte, este un fapt că acest canal românesc a devenit o parte importantă a impresionantului canal fluvial european Rin–Main–Dunăre care leagă Marea Nordului de Marea Neagră.

Morala poveştii ar trebui să ne invite la mai mult pragmatism. Început ca un mormânt al burgheziei române şi terminat ca un loc de practică pentru studenţii epocii Ceauşescu, Canalul Dunăre – Marea Neagră rămâne una dintre marile realizări ale României în secolul XX. Atunci când, în drumul nostru spre mare, ne intersectăm cu această panglică de apă, ne vom aduce aminte că pe aceste maluri a fost şi suferinţă, dar şi bucurie. Toate acestea, azi, se cheamă comerţ internaţional.

România la Jocurile Olimpice din 1984

Tuturor oamenilor le plac victoriile. Victoriile personale devin destin, iar victoriile naționale devin istorie. În povestea ce urmează, voi vorbi despre o uriașă victorie a României în timpul regimului comunist. N-a fost o victorie politică, ci una sportivă. De fapt, s-ar putea spune că a fost cea mai mare victorie din întreaga istorie a sportului românesc. Probabil ați ghicit că voi intra în enigmele participării românești la Jocurile Olimpice de la Los Angeles, din anul 1984.

Povestea noastră începe în anul 1979, când Uniunea Sovietică a decis să intre cu trupele în Afganistan, pentru a impune acolo un guvern comunist. Pentru a protesta față de această invazie, în anul 1980 Statele Unite ale Americii și alte țări occidentale au boicotat Jocurile Olimpice care aveau loc la Moscova. Iar peste alți patru ani, în 1984, când Olimpiada s-a mutat pe pământ american, a fost rândul țărilor comuniste să boicoteze Jocurile. Cu câteva excepții. Printre aceste excepții s-a numărat și România.

Jocurile Olimpice de la Los Angeles s-au desfășurat între 28 iulie și 12 august 1984. Dar pregătirea lor a demarat cu multe luni înainte. Drepturile pentru televizarea Olimpiadei fuseseră cumpărate de compania *American Broadcasting Corporation* — ABC —, pentru suma uriașă atunci de 70 de milioane de dolari. Dar toată această investiție a fost amenințată atunci când, în iarna anului 1984, 14 state din blocul comunist au anunțat că vor boicota Jocurile americane. Cum se știe, sportivii din Uniunea Sovietică, Republica Democrată Germană și Cuba erau atunci printre cei mai buni din lume. Absența lor de la Olimpiadă punea nu numai probleme de ordin sportiv, ci și de ordin economic.

În aceste condiții, organizatorul-șef al Olimpiadei americane, Peter Ueberroth, și-a concentrat atenția pe restul țărilor comuniste. Curând, China și Iugoslavia au anunțat că vor participa la Los Angeles. Mai rămânea România. Și astfel începe un fragment de istorie pe care puțini români îl cunosc.

La începutul primăverii anului 1984, Peter Ueberroth s-a întâlnit în secret cu reprezentanți ai Comitetului Olimpic Român, într-un hotel discret și liniștit din Elveția. Bineînțeles, delegația română venise la această discuție cu acordul autorităților de la București. Încă nu știm astăzi ce anume a promis organizatorul american în schimbul participării românești. Dar este sigur că, atunci, membrii COR nu au făcut nicio promisiune concretă.

La începutul lunii iunie 1984, Nicolae Ceaușescu a făcut o vizită oficială la Moscova. Nu știm deocamdată dacă acolo s-a discutat și subiectul Jocurilor Olimpice americane. Dar ceea ce știm este că, imediat după întoarcerea lui Ceaușescu din Uniunea Sovietică, Comitetul Olimpic Român a anunțat că țara noastră va participa la Olimpiadă. În seara zilei de 28 iulie 1984, pe marele stadion *Coliseum* din Los Angeles, delegația sportivă a României — condusă de trăgătorul de tir Corneliu Vlad — a fost aplaudată la scenă deschisă de toți spectatorii. Printre cei aflați în tribune se afla însuși președintele american Ronald Reagan. Peste câteva luni, organizatorul Peter Ueberroth avea să fie desemnat *omul anului* de către revista *Time* — foarte probabil, inclusiv pentru eforturile lui de a aduce România la Jocurile Olimpice.

Participarea noastră la Jocurile Olimpice de la Los Angeles din 1984 a fost un adevărat triumf. Cu 61 de medalii olimpice,

România s-a clasat pe locul 2 pe națiuni, după țara-gazdă, Statele Unite. Pe locurile 3 și 4 s-au clasat Germania Federală, respectiv China. Acesta a fost cel mai mare succes românesc din istoria Olimpiadelor. E greu de spus când și dacă un astfel de succes ar mai putea fi repetat.

Aceste Jocuri Olimpice din 1984 au fost și un mare succes de politică externă pentru Nicolae Ceaușescu. Din păcate pentru el, avea să fie chiar ultimul. În scurtă vreme, Ceaușescu avea să devină un proscris al politicii internaționale.

De aici și morala poveștii noastre: deseori, politica și sportul sunt îngemănate și ambele dau culoare Istoriei.

Orgolii și trofee: vânătorile lui Ceaușescu

Deseori, istoricii spun că firea unui conducător nu se vede neapărat din actele lui mari, ci mai ales din plăcerile lui mărunte, de zi cu zi. Aceasta este valabil pentru noi toți. Fiecare lucru pe care îl facem ne trădează personalitatea. În povestea ce urmează vă propun să pătrundem printre tainele celei mai mari pasiuni pe care a avut-o Nicolae Ceaușescu. Vom vedea care a fost ea și mai ales ce anume ne spune ea despre firea fostului lider comunist.

Despre omul Nicolae Ceaușescu știm că mânca destul de cumpătat, bea cu măsură, îi plăcea să joace șah și se mai uita din când în când la serialele polițiste americane ale anilor '70[*]. Până aici, plăceri rezonabile, împărtășite de mulți români. Dar nimic nu-i făcea o plăcere mai mare lui Ceaușescu decât vânătoarea. De fapt, vânătoarea a fost pentru Ceaușescu mai mult decât o plăcere — a fost o adevărată pasiune. Pentru el, România, era printre altele, și un imens teren de vânătoare.

Astăzi dispunem de multe mărturii filmate ale vânătorilor lui Ceaușescu. De asemenea, avem câteva mărturii scrise de la cei care l-au însoțit în aceste expediții. Unul dintre ei a fost Alexandru Popa, pilot pe elicopterele din flotila prezidențială. Un altul a fost Mitică Georgescu, un inginer silvic care l-a înso-țit pe Ceaușescu, ani la rând, în 46 de partide de vânătoare

---

[*] Precum serialul *Kojak*.

pe carc acesta le-a făcut numai în județul Argeș. Amândoi descriu foarte bine ambiția lui Ceaușescu de a-și trece în palmares cele mai mari trofee ale țării. În tinerețea lui, Ceaușescu a fost probabil gelos pe performanțele vânătorești ale unui alt lider comunist: Ion Gheorghe Maurer, cel care a fost prim-ministru atât sub Gheorghe Gheorghiu-Dej, cât și sub Ceaușescu, din 1961 până în 1973. Dintre liderii comuniști din țările vecine, Ceaușescu se simțea în concurență cu mai vârstnicul Iosip Broz Tito, conducătorul Iugoslaviei, care era și el un vânător redutabil. Dar, în istoria cinegetică a României, Ceaușescu va rămâne nu atât prin calitatea trofeelor sale (notabilă și ea), ci mai ales prin plăcerea maniacală de a împușca zeci și zeci de animale aproape la fiecare partidă. În mod ciudat, nu numai calitatea trofeelor îl excita pe Ceaușescu, ci mai ales cantitatea lor.

Astfel, numai într-o singură zi, la o vânătoare dintr-o pădure din județul Galați Ceaușescu a împușcat 80 de mistreți. În altă zi, într-o vale alpină, el a împușcat 46 de capre negre. Cei care-i plăceau cel mai mult lui Ceaușescu erau cerbii care aveau până la 16 ramificații ale coarnelor — sau raze, cum se numesc ele în limbajul vânătorilor. *„Îmi plac cerbii cu coarnele ca un candelabru"* — ar fi mărturisit Ceaușescu odată.

Vânătorile prezidențiale erau bine regizate dinainte. De fapt, Ceaușescu era singurul om din România care putea vâna oriunde și oricât dorea. Unele păduri erau rezervate lui în exclusivitate. Pilotul Alexandru Popa își amintește că odată Ceaușescu a observat din elicopter niște animale și nici măcar nu a mai avut răbdarea de a coborî la pământ — drept care, a deschis ușa elicopterului și a început să tragă din aer. Secretarii județeni de partid erau într-un fel de competiție între ei — fiecare se străduia să-i organizeze partide cât mai memorabile. Deseori animalele — mai ales urșii — erau momite într-un anumit loc, astfel încât Ceaușescu să le poată vâna fără mare efort. De regulă, Ceaușescu era însoțit la vânătoare de un armurier-aghiotant, care-i purta armele — printre ele, trei carabine *dublu expres* marca *Holland & Holland*, de calibru 375. Uneori, pentru aducerea animalelor în bătaia puștii Conducătorului erau folosiți până la 300 sau chiar 500 de hăitași.

Ceaușescu era amabil cu însoțitorii lui la vânătoare, dar era neiertător cu animalele: în câteva rânduri, el a împușcat capre negre care erau însoțite de câte un ied — după care a împușcat și iezii. Ceaușescu a vânat, practic, până în ultimele sale zile: ultima partidă de vânătoare a vieții sale s-a desfășurat la mijlocul lunii decembrie 1989, într-o rezervație de fazani de lângă satul Gherghița din județul Argeș.

Un detaliu mai puțin cunoscut, pe care l-am mai amintit aici, este că cel care a adus cadavrele soților Ceaușescu la București, pe 25 decembrie 1989, a fost chiar pilotul de elicopter care-l dusese în mai multe rânduri pe *Conducător* în vânătorile sale.

Morala poveștii noastre este aceea că fostul vânător Ceaușescu a sfârșit prin a fi el însuși o pradă de lux, la celălalt capăt al puștii.

Ceață politică de toamnă la Brașov
(noiembrie 1987)

La sfârșitul anilor '80, România socialistă era o societate gri, tăcută și aparent paralizată sub controlul poliției politice a Securității. Cum până și zidurile păreau a avea urechi, ceea ce puteau face românii era să șoptească bancuri și să asculte pe ascuns Radio *Europa Liberă*. Și totuși, cu toată apăsarea dictaturii, un miracol civic s-a întâmplat la Brașov la mijlocul lunii noiembrie a anului 1987.

Povestea noastră vorbește, așadar, despre un protest care a prefațat căderea lui Nicolae Ceaușescu și prăbușirea comunismului. În toamna anului 1987, Brașovul era o citadelă industrială a României socialiste, în care aproximativ 60 la sută dintre locuitori lucrau în numeroasele fabrici și uzine din oraș. Ziua de sâmbătă, 14 noiembrie, a fost o zi de salariu în întreprinderile orașului — și, cu acest prilej, mai multe mii de muncitori au avut surpriza de a primi doar jumătate din banii la care se așteptau.

Pe foile de plată înmânate muncitorilor scria, fără detalii, că banii lipsă reprezentau „rețineri sociale". Obsedat de ideea lichidării datoriei externe, regimul Ceaușescu ajunsese să ia bani până și din salariile muncitorilor. Confruntați cu această reducere salarială, în noaptea de 14 spre 15 noiembrie 1987 muncitorii din schimbul 3 de la „Secția 440 — Matrițe" a Uzinei *Steagul Roșu* din Brașov au amenințat cu întreruperea lucrului. În dimineața zilei de duminică, 15 noiembrie, muncitorii din schimbul 1 veniți la lucru s-au solidarizat și ei și, în jurul orei 8, aproape 5 000 de muncitori s-au adunat în curtea întreprinderii. În mod spontan, ei au început să vocifereze la adresa conducerii uzinei, iar geamurile birourilor administrative au fost sparte cu pietre.

În mod evident, organele de partid din Brașov au fost prinse pe picior greșit de acest protest spontan al muncitorilor. De fapt, atenția nomenclaturii de partid era concentrată pe altceva: în acea zi de duminică, 15 noiembrie, în toată țara aveau loc alegeri pentru structurile de putere locale ale partidului unic. În jurul orei matinale 11, circa 400 de muncitori de la *Steagul Roșu* s-au îndreptat către sediul județean de partid din Brașov. Pe drum, s-au alăturat alte sute de manifestanți, majoritatea muncitori la uzinele *Tractorul* sau *Hidromecanica*. Ei strigau „*Dați-ne banii noștri!*" și „*Vrem lumină și căldură!*".

Sediul Comitetului Județean de Partid și cel al primăriei au fost luate cu asalt, iar portretele lui Ceaușescu au fost aruncate în stradă. Muncitorii brașoveni au fost enervați și mai mult atunci când au văzut că sediile puterii erau pregătite deja pentru sărbătorirea de după alegerile din acea zi. Primarul Dumitru Calancea a încercat să-i amenințe pe manifestanți, dar s-a trezit imediat cu arcada spartă. La fel, prim-secretarul județean de partid Petre Preoteasa a fost atacat cu vârful ascuțit de la bățul unui steag și numai paltonul său gros, de iarnă, l-a ferit de un deznodământ dramatic.

Vestea revoltei muncitorilor din Brașov a ajuns în aceeași zi în presa occidentală și, prin intermediul postului Radio *Europa liberă*, în zilele următoare toți românii au aflat ce se întâmplase. Cum era de așteptat, regimul a acționat cu duritate. Mai multe sute de muncitori au fost anchetați, iar 61 dintre ei au primit sentințe de condamnare între 6 luni și 3 ani. Zeci de alți muncitori, care fuseseră identificați printre manifestanți, au fost expulzați din Brașov și mutați cu

domiciliu obligatoriu la diferite fabrici din țară, din Oltenia și
până în Moldova. Din fericire pentru ei, sistemul care i-a con-
damnat avea să se prăbușească peste doar doi ani.

Această poveste adevărată din Brașovul anului 1987 vor-
bește atât despre istoria, cât mai ales despre firea românilor.
Deseori s-a spus că românii sunt un popor prea răbdător și
care nu se revoltă ușor. Totuși, acele zile de toamnă brașo-
veană au arătat altceva.

Cu toată prezența asfixiantă a Securității, timorați de frig
și de foame, românii au ieșit în stradă exact când autoritățile
comuniste s-ar fi așteptat mai puțin. Morala ne-ar putea-o
spune chiar și fostul primar brașovean Calancea: românii se
aprind greu, dar atunci când o fac se lasă cu sânge.

Lichidarea datoriei externe
(primăvara anului 1989)

În istoria universală există expresia *victorie à la Pyrrhus*. Acum aproape 2500 de ani, Pyrrhus era un rege al macedonenilor care a dus câteva lupte victorioase împotriva romanilor, în care pierderile pe care le-a suferit armata sa au fost impresionante. În cele din urmă romanii l-au învins. De atunci, *victorie à la Pyrrhus* înseamnă să câștigi o bătălie, dar cu un preț care echivalează cu o înfrângere — și, în final, să pierzi războiul. În ultimul său an de viață, Nicolae Ceaușescu a avut și el o astfel de victorie — drept care, în povestea ce urmează voi vorbi despre lichidarea datoriei externe a României, în primăvara anului 1989.

Povestea economică a României în timpul regimului comunist este ca un peisaj de pe planeta Marte, în care munți înalți sunt urmați de văi foarte adânci. La sfârșitul anilor '60, nivelul de viață din România se îmbunătățea constant, iar Produsul Intern Brut avea o creștere mai mare de 6% pe an. Cu fiecare zi trecută, se părea că România devine o țară tot mai dezvoltată, cu o industrializare accelerată și cu o agricultură din ce în ce mai modernă.

Nicolae Ceaușescu a ajuns la putere, în anul 1965, într-un context economic bun pentru România. Încă de la începutul mandatului său, Ceaușescu a încurajat investiții masive în domenii care atunci păreau de viitor — precum industria petrolieră, industria chimică sau industria grea și constructoare de maşini. Din bugetul naţional, investiţiile reprezentau o cotă de circa 30%, iar consumul era totdeauna ţinut sub control. Aşa cum şcolile patriei erau din ce în ce mai pline de copii, la începutul anilor '70 uzinele noi din ţară păreau un fel de stupi uriaşi, cu mii de muncitori fiecare. Dar, privită în profunzime, situaţia economică a ţării anunţa un declin iminent. Începând din anul 1972, România a devenit importatoare de petrol. Pentru necesităţile industriei româneşti, petrolul care se extrăgea la noi din ţară nu mai era suficient, şi atunci trebuia adus din afară. Dar, pe plan internaţional, preţul petrolului pur şi simplu a explodat în acei ani. Două crize ale petrolului — în 1973 şi 1979 — au lovit puternic şi industria românească, deşi presa dominată de un partid unic (comunist) n-a recunoscut acest lucru. În decembrie 1972, România lui Nicolae Ceauşescu a surprins pe toată lumea anunţând aderarea ţării la Fondul Monetar Internaţional (FMI) şi la Banca Internaţională de Reconstrucţie şi Dezvoltare (BIRD — Banca Mondială).

În acel moment, România era singura ţară socialistă din Pactul de la Varşovia care avea legături cu FMI şi BIRD. În deceniul următor, aceste instituţii ne-au acordat împrumuturi, pe care guvernul român le investea apoi în industrie. Dar sămânţa crizei viitoare se afla deja în chiar aceste investiţii. Aşa se face că, de la mijlocul anilor '70, România a început să acumuleze datorii externe.

La nivelul anilor 1983–1984, datoria externă a României ajunsese la aproximativ 12 miliarde de dolari. Era o sumă mică, dacă o comparăm cu datoria de aproape 40 de miliarde din acel moment a Poloniei socialiste. Totodată, ea era o sumă suficient de mare pentru a-l îngrijora pe Nicolae Ceauşescu. Teama liderului român era că îndatorarea financiară va afecta independenţa ţării. Drept care, începând cu anul 1981, Ceauşescu a început un program accelerat de rambursare a datoriei. Şi astfel a început marea criză a anilor '80. Exportul masiv de materii prime, penuria alimentară, lipsa de combustibil, cozile la benzinării, întreruperile de energie electrică din locuințe, sistarea unor cheltuieli sociale pentru școli, spitale sau biblioteci — toate acestea au legătură cu această ambiție a lui Ceaușescu de a lichida datoria externă a țării.

Și astfel ne apropiem de momentul culminant al poveștii noastre. În ziua de 12 aprilie 1989, se deschidea la București o Plenară a CC al PCR în care Nicolae Ceaușescu anunța, triumfător, că România și-a lichidat datoriile externe. Pentru *Conducător* era un succes. Dar pentru români era prea puțin și prea târziu. Sacrificiile impuse de-a lungul anilor '80 rupseseră orice punte de încredere între popor și conducători. Ceaușescu devenise, încet, dar sigur, *inamicul public numărul unu* al majorității românilor.

Lichidarea datoriei externe a țării, în aprilie 1989, a fost efectiv ultima victorie a lui Nicolae Ceaușescu. Dar morala poveștii noastre spune că ea a fost o *victorie à la Pyrrhus*. Regimul Ceaușescu a ieșit atât de slăbit din această bătălie victorioasă încât, peste doar câteva luni, avea să piardă definitiv războiul.

Ultima vizită a lui Nicolae Ceauşescu: Iran, decembrie 1989

De-a lungul celor 24 de ani cât a condus România, Nicolae Ceauşescu a făcut zeci de vizite în străinătate. Unele dintre ele — precum cea din Marea Britanie din 1978, despre care am scris mai sus — au rămas celebre, iar altele s-au pierdut în uitare. Dar niciuna dintre vizite nu pare mai misterioasă decât cea pe care Ceauşescu a făcut-o în Iran, în decembrie 1989 — în chiar ultima lui săptămână de viaţă. Vă propun să intrăm aici în detaliile acestei ultime deplasări externe a lui Nicolae Ceauşescu.

Aşadar, Nicolae Ceauşescu a plecat spre Iran în dimineaţa zilei de 18 decembrie 1989, lăsând-o la conducerea ţării pe soţia sa, Elena. Decolarea de la Bucureşti a avut loc la ora 9.05, iar aterizarea la Teheran s-a produs la ora locală 12. Cel care-l primea acolo era preşedintele Iranului, Ahbar Haşemi Rafsanjani. Dar, mai presus de aceste detalii, rămâne întrebarea: ce anume l-a determinat pe Nicolae Ceauşescu să plece în Iran tocmai când situaţia din România se agrava cu fiecare ceas? La Timişoara, ciocnirile forţelor de ordine cu manifestanţii deja produseseră victime, iar posturile de radio străine — de la *Europa liberă* şi până la programele din Iugoslavia sau Ungaria — vorbeau despre începutul unui măcel. Cum se explică plecarea lui Ceauşescu?

Pentru a înţelege mai bine motivul real al acestei vizite, voi spune că relaţiile dintre România şi Iran crescuseră mult după începutul anilor '60: România comunizată exporta acolo utilaje şi tractoare, iar Iranul dădea la schimb ţiţei, gaze şi bumbac. Nicolae Ceauşescu a avut o bună relaţie cu şahul Iranului, Reza Pahlavi. Numai că în anul 1979 monarhul Pahlavi a fost înlăturat şi Iranul a devenit o republică islamică, sub conducerea *ayatolahului* Homeini. Noii lideri de la Teheran, profund religioşi, nu-i vedeau cu ochi buni pe comunişti, pe care-i considerau atei. Dar, de nevoie, relaţiile politice şi economice au fost menţinute — cu atât mai mult cu cât Iranul a traversat după 1980 un război de aproape 10 ani cu vecinul său, Irakul.

Şi iată-l pe Ceauşescu ajuns în Iran, pe 18 decembrie 1989. Unii spun că liderul român ar fi transportat la Teheran câteva lăzi cu lingouri de aur şi mari sume de dolari. Alţii cred că Ceauşescu i-ar fi cerut iranianului Rafsanjani trupe de mercenari care să-l ajute în reprimarea revoluţiei ce începuse în România. Iar alţii spun că motivul vizitei ar fi fost un plan prin care România, Iranul şi alte ţări cu rezerve monetare ar fi dorit să pună bazele unei bănci de dezvoltare, la concurenţă cu Banca Mondială sau cu Fondul Monetar Internaţional.

Din păcate, adevărul e mai puţin spectaculos. Ceauşescu nu a dus cu el nici bani şi nici lingouri, după cum nici nu a adus de acolo mercenari. Miza reală a vizitei e aproape banală. Iranianul Rafsanjani ajunsese preşedinte la Teheran în luna august a anului 1989 şi niciun şef de stat nu se grăbise să-l viziteze. Drept care, în luna septembrie, a fost adresată o invitaţie către Nicolae Ceauşescu — care şi el, la rândul său, nu prea mai era primit în nicio capitală importantă.

În cele două zile ale vizitei, Ceauşescu şi Rafsanjani au discutat mai ales subiecte economice. S-a convenit ca România să exporte către Iran grâu, iar Teheranul să dea la schimb ţiţei şi gaze. Cât timp a stat la Teheran, Ceauşescu era vizibil încordat şi, foarte des, o suna la Bucureşti pe soţia sa Elena, pentru a-i cere detalii despre situaţia din ţară. Gazdele iraniene au fost amabile cu Ceauşescu, astfel încât niciun jurnalist occidental de la Teheran nu a putut să-i adreseze vreo întrebare stânjenitoare liderului român.

Morala poveştii trimite la un episod consumat imediat după execuţia soţilor Ceauşescu. Puţină lume ştie că a existat şi o *victimă* iraniană în toată această poveste: e vorba despre ambasadorul Iranului la Bucureşti, care a fost chemat la Teheran şi pedepsit (profesional) pentru că nu-i avertizase pe şefii săi despre cât de urât era Ceauşescu de români.

Ce ție nu-ți place...

Unul dintre proverbele românilor spune că cine sapă groapa altuia mai devreme sau mai târziu va pica el însuși acolo. Acest lucru se verifică foarte bine și în istoria ultimului secol românesc. Drept care, în povestea ce urmează vă propun trei astfel de întâmplări, care îi au drept eroi pe Regele Carol al II-lea, pe mareșalul Ion Antonescu și pe liderul comunist Nicolae Ceaușescu.

Primul exemplu pe care-l voi reaminti privește natura relației dintre Regele Carol al II-lea și mișcarea legionară. După datele de care dispunem astăzi, rezultă clar că, la mijlocul anilor '30, Carol al II-lea era de-a dreptul gelos pe popularitatea liderului legionar Corneliu Zelea Codreanu. Atunci, Codreanu părea a avea asupra tineretului român o influență din ce în ce mai mare — iar regele nu avea, din acest punct de vedere, motive de bucurie.

La începutul anilor '30, Regele Carol al II-lea a încercat să folosească mișcarea legionară în propriile scopuri. Însă nici Corneliu Zelea Codreanu și nici tovarășii săi nu se arătau foarte dispuși să accepte tutela regelui. Mai mult: unii legionari nu făceau niciun secret din faptul că-l disprețuiau pe Carol al II-lea, din motive reale sau doar inventate. În toamna anului 1938, Regele Carol al II-lea a crezut că va lichida mișcarea legionară dacă-l va elimina pe liderul acestuia. În acord cu ministrul de interne Armand Călinescu, regele a dispus — în noaptea de 29 spre 30 noiembrie 1938 — asasinarea a 14 legionari, în frunte cu Corneliu Zelea Codreanu. Dar ironia istoriei a făcut ca povestea să nu se oprească aici. Peste doar doi ani, după căderea Franței și după ce România a pierdut Basarabia, Bucovina și Nordul Transilvaniei, Carol al II-lea a părăsit tronul și țara. În septembrie 1940, România devenea stat național-legionar. Iar pe când garnitura de tren a fostului rege părăsea România în chiar acele zile, legionarii au tras focuri de armă asupra vagonului. Carol al II-lea vedea astfel că *ce ție nu-ți place este bine să nu faci nici altora.*

Un al doilea exemplu este legat de închisoarea Jilava, aflată la 20 km de București. La sfârșitul secolului al XIX-lea, acest bastion de la Jilava fusese construit ca un fort de apărare al Capitalei. Dar el a devenit închisoare la începutul secolului XX. Iar printre primii săi deținuți au fost țăranii arestați în urma răscoalei din anul 1907.

Aici, trebuie să reamintim că unul dintre ofițerii români care au participat la reprimarea răscoalei din 1907 a fost căpitanul Ion Antonescu — care tocmai terminase Școala de Cavalerie de la Târgoviște. Peste aproape 40 de ani, după ce între timp ajunsese mareșal al României și *conducător* al țării în cel de-al Doilea Război Mondial, Ion Antonescu a devenit și el un prizonier al închisorii Jilava.

Aici, la Jilava, pe un platou de lângă închisoare, Antonescu a fost executat, în ziua de 1 iunie 1946.

În fine, un al treilea exemplu îl are drept personaj pe Nicolae Ceaușescu. Procesul său din decembrie 1989, de la Târgoviște, rămâne unul dintre cele mai discutabile acte din istoria Justiției românești. Soții Ceaușescu au avut acolo un avocat din oficiu, dar acesta a acționat mai curând ca un acuzator. De fapt, se poate spune că Ceaușescu a fost omorât de propriul sistem. Aceeași formă de așa-zisă justiție, în care condamnarea era fixată dinainte, servise până atunci regimul comunist. Pentru cine dorește să înțeleagă cum a fost posibil procesul trucat al lui Nicolae Ceaușescu trebuie să revadă procesul trucat al grupului de țărăniști condus de Iuliu Maniu, din octombrie–noiembrie 1947. Ca și în cazul lui Ceaușescu, condamnarea lui Maniu și a colegilor săi era fixată de la bun început, iar așa-zisul proces a fost doar o mascaradă. Justiția pe care comuniștii au folosit-o pentru a-și elimina adversarii s-a întors în cele din urmă împotriva lor, a comuniștilor — iar Nicolae Ceaușescu a văzut acest lucru, cum se spune (în acest caz, la modul propriu), pe propria-i piele.

Toate aceste trei episoade istorice vorbesc despre un aparent paradox. În aceste cazuri, soarta s-a întors împotriva personajelor noastre, cu exact aceleași mijloace pe care aceste personaje le folosiseră împotriva adversarilor lor politici.

De aici și morala poveștii: în politică și în istorie, totdeauna există o zi de mâine, în care balanța puterii se poate schimba. Drept care, nu este bine să faci altora ceea ce nu vrei să ți se facă ție.

Despre patriotism — de la Carol I
la Ceaușescu

Unul dintre avantajele în a fi un profesor de istorie care apare la televizor — așa cum e cazul meu — este acela de a fi invitat deseori prin liceele patriei. Acolo, cea mai comună întrebare care mi se pune este *„ce anume putem face pentru a încuraja patriotismul românilor"*. Drept care, în povestea ce urmează vă propun să vorbim despre avantajele, dar și despre capcanele patriotismului.

Încă de când eram elev la școala generală, profesoara mea de Istorie ne spunea că *patriotismul* și *naționalismul* nu înseamnă același lucru. De exemplu, eroina din Primul Război Mondial Ecaterina Teodoroiu este un bun exemplu de patriotism. În schimb, Horia Sima, cel de-al doilea lider al legionarilor, pentru că a fost un naționalist fanatic și a dus o politică extremistă, a avut o influență nefastă asupra țării. Dar nu despre deosebirea dintre *patriotism* și *naționalism* vă propun să vorbim astăzi — ci, așa cum spuneam, despre capcanele patriotismului.

Potrivit interpretării acceptate de noi toți, patriotismul este o calitate necesară oricărui cetățean. Totuși, rămâne să ne întrebăm cum putem judeca patriotismul unor lideri politici a căror activitate nu a fost benefică pentru țară. În istoria noastră modernă și contemporană avem și astfel de exemple.

Un prim exemplu posibil este omul politic conservator Petre P. Carp. Cu siguranță acesta era un autentic patriot. Dar Carp avea și o obsesie politică — aceasta era teama de Rusia țaristă. Atunci când cei mai mulți oameni politici, în frunte cu Regele Ferdinand, au spus că România trebuie să intre în război de partea Franței, Rusiei și Angliei, Petre P. Carp n-a fost de acord. Mai mult: el a pronunțat o frază care până astăzi sună foarte bizar: *„Mă voi ruga la Dumnezeu ca armata României să fie bătută"* — spunea Carp. Astăzi, când știm că Petre P. Carp nu avea dreptate, oare ce putem spune despre patriotismul lui?

Un alt exemplu îl oferă Corneliu Zelea Codreanu — liderul fondator al legionarismului românesc. Cu siguranță, și el iubea România. Din patriotism, s-a înrolat voluntar pe frontul Primului Război Mondial, pe când avea doar vârsta de 16 ani. În schimb, viziunea lui despre viitorul României nu era numai una *patriotică* — ci era una încărcată de un naționalism primitiv, în care antisemitismul și obscurantismul jucau un rol esențial.

Conservatorul Petre P. Carp și legionarul Zelea Codreanu au fost personaje foarte diferite în istoria noastră. Dar amândoi ne conduc spre aceeași lecție: patriotismul, în sine, NU reprezintă o rețetă a succesului. În fond, nimeni nu ar putea nega faptul că Adolf Hitler nu și-ar fi iubit Germania lui. La fel, și Ion Antonescu a fost un patriot. De asemenea, este limpede că și Stalin și-a iubit Uniunea Sovietică — în felul lui.

Dar, mai mult decât sentimentele, ceea ce contează întotdeauna sunt consecințele acestui patriotism. Și astfel ajungem la exemplul cel mai recent: Nicolae Ceaușescu.

Nicolae Ceaușescu este considerat astăzi un personaj negativ în istoria României. Totuși, dincolo de toate defectele sale, nimeni nu poate nega faptul că el și-a iubit țara. Dar, din păcate, el nu iubea România reală — ci o Românie din fantasmele lui ideologice. Ca și Corneliu Zelea Codreanu, Ceaușescu nu poate fi acuzat de lipsă de patriotism. Problema lor este că amândoi au canalizat patriotismul pentru materializarea unor utopii. Zelea Codreanu visa o Românie legionară *„ca soarele de* *pe cer*", iar Ceaușescu visa o Românie cu 25 de milioane de locuitori disciplinați care să meargă spre comunism. Ambele viziuni au fost niște utopii politice.

La drept vorbind, nu există o unitate de măsură pentru patriotism. Dacă ar exista, probabil am ajunge la concluzia că Nicolae Ceaușescu a fost mai patriot decât Regele Carol I. Primul a condus România 24 de ani, iar cel de-al doilea a domnit vreme de 48 de ani. Amândoi au condus mult timp țara — numai că Regele Carol I rămâne în istorie ca un rege glorios, iar Ceaușescu rămâne ca un dictator.

Morala poveștii noastre este că patriotismul trebuie mereu probat prin fapte. Din acest motiv, este bine ca românii de azi să înțeleagă faptul că nu este important ce spune un conducător — ceea ce contează este ce face el pentru țară. Singurele care atestă patriotismul sunt consecințele faptelor noastre.

Paradoxul românesc

Povestea ce urmează, de final de volum, este asemenea unui pahar umplut pe jumătate. Depinde de dvs. să spuneți dacă el este pe jumătate plin sau pe jumătate gol. Suntem oare condamnați să fim la coada Europei? Sau, oare, avem o capacitate de regenerare uriașă, în măsură să ne salveze din greșelile pe care le facem? Vă propun, așadar, să vorbim acum despre dezastre ce puteau fi evitate sau despre progrese impresionante. Cu alte cuvinte, vom vorbi despre *paradoxul românesc.*

Prima racordare a teritoriilor noastre la civilizația Occidentului s-a produs odată cu victoria Împăratului Traian asupra Regelui Decebal, în anul 106 — adică acum aproape două milenii. Mare parte din teritoriile României de azi au intrat atunci sub lumina culturii latine — care era cultura superioară a acelei epoci. Moștenirea noastră latină este prima noastră ancoră în civilizația europeană.

Începând cu secolul al IV-lea d.H. au urmat invaziile barbare și, mai apoi, cucerirea Europei de Sud-Est de către turcii musulmani. De-a lungul Evului Mediu, Europa a însemnat Europa catolică. În lupta lor împotriva Imperiului Otoman al Turciei, împărații și regii catolici sau protestanți i-au apreciat pe domnii noștri (ortodocși): pe Mircea cel Bătrân, pe Ștefan cel Mare sau pe Mihai Viteazul. Dar, la drept vorbind, teritoriul de atunci al României nu era văzut ca o parte a Europei. Pe la anul 1600, nici Bucureștiul, nici Sofia, nici Belgradul și nici Budapesta nu făceau parte din Europa. Civilizația epocii părea că se oprește undeva în jurul Vienei, în Austria de azi.

În cazul nostru, această situație a durat până spre anul 1800, când Valahia și Moldova erau încă două ținuturi de la marginea Europei, mai curând bizare și controlate când de turci și când de ruși. În următorul secol, al XIX-lea, s-a produs un adevărat miracol. În anul 1900, România era deja un regat tânăr și stabil, cu un rege respectat, cu o armată temută, cu o cultură înfloritoare și cu mari proiecte de modernizare. Acest salt impresionant ilustra ceea ce istoricul Constantin C. Giurescu scria într-o *istorie a Bucureștiului*: după fiecare incendiu, cutremur sau năvăliri ale turcilor, bucureștenii reconstruiau întâi casele, apoi hanurile, apoi bisericile. Acest detaliu este ilustrativ pentru un popor latin căruia îi plăcea viața și care avea o mare capacitate de regenerare.

Românii au luptat eroic în Războiul din 1877 și apoi în cele două războaie mondiale care au urmat. Disciplinat, nepretențios și curajos, țăranul din satele României a fost mereu în secolul XX un soldat foarte eficient — așa cum sunt încă soldații noștri și azi, în zonele de luptă din Irak sau Afganistan.

În anul 1900, românul generic vorbea la telefon de 16 ori mai puțin decât francezul. Peste puțin timp, în anul 1938, raportul era doar de 1:2 în favoarea Franței. În privința științei de carte, la sfârșitul anilor '30 România (cu 57 de alfabetizați la suta de locuitori) era în urma Franței, dar totodată era situată mai bine decât Portugalia, Uniunea Sovietică sau Grecia. În ultimul deceniu al perioadei interbelice, România părea destinată să recupereze cu succes din întârzierea sa istorică.

Oricare ar fi convingerile noastre politice, trebuie spus că în istoria modernă a României au fost *trei perioade în care românii au performat* neașteptat de bine. Una a fost perioada de 30 de ani de la sfârșitul secolului al XIX-lea — între 1870 și 1900. A doua perioadă a fost deceniul 1930–1940, sub domnia

Regelui Carol al II-lea. Iar a treia perioadă a fost reprezentată de ultimii ani ai lui Gheorghiu-Dej și primii ani ai lui Nicolae Ceaușescu, în care nivelul de viață al cetățeanului obișnuit a crescut și se părea că speranțele de mai bine ale românilor au un sens. După aceea a venit criza generalizată din anii '80 și castelul din cărți de joc al comunismului s-a prăbușit.

Astăzi părem a fi din nou la o cumpănă a Istoriei. Deși știm că am avut perioade mai bune și perioade mai rele în istoria noastră, suntem totuși nemulțumiți de prezentul româ-nesc. Mereu auzim că România e condamnată să fie la coada Europei. Eu nu cred în acest clișeu. Dimpotrivă: am mai multe argumente care arată că românii au făcut salturi impre-sionante în istoria lor. În plus, multe din defectele noastre (ca și multe din calitățile noastre) le au toți europenii din zonele de Sud și Sud-Est ale Europei — din Portugalia și până în Grecia. Oricât de penibilă ni s-ar părea în prezent politica românească, actualitatea europeană ne arată că politica din Grecia sau Italia, astăzi, arată chiar mai rău decât cea româ-nească. Deci, multe lamentații de-ale noastre privind politica prezentă (lamentații care dăinuie de când se face la noi politică!) țin mai mult de un clișeu comportamental decât de realitate.

Atunci când studenții îmi spun că nu mai au speranțe în privința viitorului, le aduc aminte că, în anul 1795, Țara Românească a fost lovită concomitent de secetă, de foamete, de o invazie de lăcuste și de o epidemie de ciumă. Puțin mai devreme, rușii și austriecii ocupaseră Moldova, iar peste câțiva ani turcii urmau să jefuiască Oltenia.

Morala poveștii spune că în istorie am avut perioade mult mai rele decât prezentul. Și cu toate acestea, am mers mai departe.

Poate că și astăzi mai avem, totuși, o șansă.

Cuprins

Editor: Grigore Arsene
Redactor: Constantin Vlad
Corector: Iuliana Anghel
Tehnoredactor: Dragoș Dumitrescu

CURTEA VECHE PUBLISHING

str. Aurel Vlaicu nr. 35, București, 020091
tel.: 021 260 22 87, 021 222 57 26
redacție: 0744 55 47 63
fax: 021 223 16 88
distribuție: 021 222 25 36
redactie@curteaveche.ro
www.curteaveche.ro

Tipărit la CNI „CORESI" SA